Ute Haffner

„Gut reden kann ich"

Das Entwicklungsproximale Konzept
in der Praxis – eine Falldarstellung –

Ute Haffner

„Gut reden kann ich"

**Das Entwicklungsproximale Konzept
in der Praxis – eine Falldarstellung –**

 verlag modernes lernen - Dortmund

© 1995 verlag modernes lernen, Borgmann KG, D - 44139 Dortmund

Herstellung: Löer Druck GmbH, 44139 Dortmund

  Bestell-Nr. 1903   ISBN 3-8080-0347-2

Inhalt

1. Einleitung

„Insgesamt gesehen stellt die entwicklungsproximale Sprachtherapie ein Denksystem dar, begründet auf wissenschaftlichen Gesichtspunkten und wertorientierten Entscheidungen. Sie kann nie zu einem operationalisierten Programm werden. Sie ist eine Konzeption und keine einfach übertragbare Methode; sie kennt keine simplen Lösungen, Schemata oder Rezepte. Dagegen ist sie eine große Herausforderung und ein hoher Anspruch an die personale und fachliche Substanz der Therapeutinnen, die sich auf sie einzulassen bereit sind." (DANNENBAUER/KÜNZIG 1991, S. 175 f)

Ich habe mich der Herausforderung, mich mit dieser Therapiekonzeption auseinanderzusetzen und sie in konkretes Geschehen umzusetzen, gestellt. Die Gelegenheit dazu bot mir die zweijährige Arbeit mit Daniel (Name geändert), einem dysgrammatisch sprechenden Kind [1].

Als Anfängerin hatte ich die Entscheidung zu treffen, auf welche Therapieform ich mich einzulassen bereit war; welche versprach, der Individualität des Kindes und selbstverständlich auch meiner gerecht zu werden.

Aus der theoretischen Auseinandersetzung mit der entwicklungsproximalen Therapiekonzeption gewann ich den Eindruck, daß sie eine echte Alternative zu den traditionellen Verfahren darstellen könnte. Die wissenschaftliche Fundierung, das implizierte Menschenbild und die innere Logik, durch die beides miteinander verbunden ist, überzeugten mich und verhalfen mir zu dem Entschluß, das Konzept auf seine Praxistauglichkeit hin zu erproben.

Vor die Aufgabe gestellt, ein gedankliches Gebäude in die wöchentlichen Therapiesitzungen mit Daniel zu überführen, machte ich vielfältige fachliche und persönliche Erfahrungen, von denen ich berichten möchte [2].

Ziel dieser Arbeit ist es somit, den Therapieverlauf in sehr konkreter Weise zu beschreiben, wodurch die Konzeption an Anschaulichkeit gewinnt. Dabei wird deutlich, daß diese Form der Sprachtherapie ständige Problemlösungsprozesse bei beiden Beteiligten impliziert.

---

[1] Die Therapie fand von September 1990 bis September 1991 einmal pro Woche in der Sprachheilschule oder im Kinderhort statt und von September 1991 bis Juli 1992 in der Lernbehindertenschule, die Daniel inzwischen besuchte.

[2] Zum Begriff der Falldarstellung: „Einzelfallstudien (single-subject designs) sind allerdings von Falldarstellungen (case studies) darin zu unterscheiden, daß letztere in der Regel narrativ erfolgen, also vor-experimentellen Charakter haben und so zur Ideen- und Hypothesenbildung beitragen." (SCHLOSSER 1992, S. 49)

2. Grundzüge Entwicklungsproximaler Sprachtherapie

Aus der Perspektive der von F.M. DANNENBAUER 1983 konzipierten entwicklungsproximalen Intervention[3] zur Förderung dysgrammatisch sprechender Kinder werden diese als aktiv lernende Wesen angesehen, die sich das System ihrer Muttersprache unter den erschwerten Bedingungen einer eingeschränkten Verarbeitungskapazität aneignen müssen (vgl. DANNENBAUER 1987).

Die Sprachlernprozesse, die es dabei zu bewältigen gilt, sind die gleichen wie bei normalspracherwerbenden Kindern. Die Regeln der Sprache müssen erschlossen und verinnerlicht werden. Dazu bedarf es eines Zusammenwirkens internaler und externaler Variablen. Auf der Grundlage konkreter Erfahrungen mit Objekten und Ereignissen, linguistischen Strukturen und interpersonalen Interaktionen (externale Faktoren) (vgl. BLOOM/LA-HEY 1978) lernt das Kind Schritt für Schritt über Prozesse der Hypothesen- und Strategienbildung, Generalisierungen usw. (internale Faktoren) den Code seiner Umgebung unter Kontrolle zu bringen (vgl. DANNEN-BAUER 1992a).

Die entwicklungsproximale Sprachtherapie sucht nicht nach einem grundsätzlich anderen Weg[4] für jene Kinder, die Schwierigkeiten haben, die alters- und umweltangemessenen Sprachstandards zu erreichen. Sie orientiert sich inhaltlich und methodisch eng an den Bedingungen, Prozessen und Phasen des natürlichen normalen Spracherwerbs[5]. Einflußfaktoren, deren Relevanz die Spracherwerbsforschung nachweisen konnte (vgl. DE VILLIERS/DE VILLIERS 1978), werden im Rahmen dieser Therapie bewußt manipuliert und optimiert, um den Kindern trotz ihrer eingeschränkten Ressourcen ein effektives Sprachlernen zu ermöglichen. Die inneren Verarbeitungsfunktionen können dabei nicht direkt korrektiv beeinflußt wer-

---

3. Die aktuellste und ausführlichste Beschreibung des entwicklungsproximalen Therapiekonzepts findet sich bei DANNENBAUER 1992a; weitere Darstellung bieten die Beiträge von 1983, 1985, 1987, 1988, 1990, 1991 und 1992d.

4. Solche Verfahren, die einer „remedialen", und nicht der „entwicklungsproximalen" Logik folgen, sind z.B. Konditionierung verbaler Reaktionen nach dem behavioristischen Therapieansatz, Einschleifen von Satzmustern auf die mechanische Art und Weise des „pattern drill" oder formelle Instruktion nach dem didaktischen Prinzip. Eine Beschreibung und die Kritik dieser Interventionsformen findet sich bei DANNENBAUER 1984a, 1985, 1992c

5 Auch JOHNSTON stellt fest: „A principled account of preschool language intervention can be derived from the nature of language learning in general and from our understanding of the needs of language-disordered children in particular." (dies. 1985, S. 125).

den, sie können jedoch durch günstige äußere Bedingungen angeregt und in ihrer Wirksamkeit erhöht werden (vgl. DANNENBAUER 1987).

Aufgrund dieser Vorannahmen soll nun das Bild eines solchen „inszenierten Spracherwerbs" (DANNENBAUER 1992a, S. 167), als den man entwicklungsproximale Sprachtherapie auch bezeichnen kann, skizziert werden[6]. Die „Inszenierung" bezieht sich auf die absichtsvolle Organisation eines erheblichen Mehr von dem, was im natürlichen Spracherwerb eher beiläufig geboten wird. Die Spracherfahrungen werden dadurch prägnanter und intensiver (DANNENBAUER 1992a).

Unverzichtbare Grundlage dafür muß eine tragfähige Beziehung zwischen Therapeutin[7] und Kind sein, die sich durch gegenseitige Achtung, Wertschätzung und Vertrauen auszeichnet. Diese Phase des wechselseitigen intensiven Kennenlernens erfüllt hauptsächlich zwei Funktionen. Zum einen bietet sie der Therapeutin Gelegenheit, die Persönlichkeit des Kindes, seine Bedürfnisse, Erfahrungen und sprachlichen Möglichkeiten wahrzunehmen und zu reflektieren. Ohne diese Basis wäre eine Planung und Durchführung der Therapie nach individuellen Kriterien nicht möglich (vgl. DANNENBAUER/KÜNZIG 1991). Zum anderen werden wichtige Grundlagen für Prozesse des Modellernens gelegt, die für das sprachliche Lernen von Kindern unerläßlich sind. Reden und Tun der Therapeutin müssen für das Kind attraktiv und wichtig sein, damit es ihr den Status eines Modells einräumt, dessen (sprachliches) Verhalten beachtens- und nachahmenswert ist (vgl. BANDURA 1979). Koordinierte Aufmerksamkeitsausrichtung und Handlungsregulation müssen gesichert werden, damit sie später verläßlich als „Transportsystem" für höher strukturierte Lehr-Lernsituationen genutzt werden können (vgl. DANNENBAUER/KÜNZIG 1991).

Als nächstes stellt sich für die Therapeutin die Aufgabe, ausgehend vom aktuellen Sprachentwicklungsstand des Kindes, diejenigen individuellen sprachlichen Therapieziele zu ermitteln, die in der „Zone der nächsten

---

6 Zu den entscheidenden Gemeinsamkeiten und Unterschieden zwischen „natürlichem" und „inszeniertem" Spracherwerb (Therapie) äußert sich auch JOHNSTON: „The challenge of intervention with the language-disordered child is to simplify the language learning task without changing its basic character. Language learning must remain integrated with intellect, motivated by communication, actively inductive, and self-directed if the language impaired child is to achieve linguistic competence. But language learning must also be facilitated in specific, well-calculated ways if we are to achieve true intervention. The challenge for educators is to manage this tension between the common and the extraordinary." (dies. 1985, S. 128)

7 Ich habe die weibliche Berufsbezeichnung gewählt, weil die Mehrzahl der im Bereich der Sprachbehindertenpädagogik tätigen Personen und ich selbst sich damit identifizieren können.

Entwicklung" (vgl. WYGOTSKI 1977) liegen und für die unmittelbare Weiterentwicklung der kindlichen Äußerungsstrukturen vordringlich sind. Das erfordert hypothesengeleitete Entscheidungen, die von einer Analyse des kindlichen Sprachverhaltens abgeleitet sind und sich an der Reihenfolge und Logik des normalen Spracherwerbs orientieren (vgl. LUND/DUCHAN 1988). Es sollen diejenigen Teilziele eruiert werden, die in den natürlichen Verlauf eingepaßt sind und daher mit ihm und nicht gegen ihn steuern (vgl. DANNENBAUER 1992a).

Sind Auswahl und Anordnung der relevanten Lerneinheiten festgelegt, so müssen sie in motivierende Sach- und Handlungskontexte eingebettet werden. Möglichst natürliche Situationen, die den Interessen und Neigungen des Kindes (bevorzugte Spielformen, Themen, Gegenstände) entsprechen (vgl. HUBBEL 1981), sollen seine Aufmerksamkeit auf die sprachliche Zielstruktur lenken, ihre Bedeutung klären, ihre Merkmale diskriminierbar machen und ihre funktionale Verwendung im Sachzusammenhang evozieren. Dazu bedarf es einer Vorstrukturierung der Situation, damit Sach- und Handlungskontext, Interaktionsformen und Strukturvermittlung sinnvoll aufeinander abgestimmt sind. Gleichzeitig müssen diese Situationen jedoch den Charakter offener Angebote haben, die dem Kind genügend Raum für Eigeninitiativen und Mitgestaltung bieten (vgl. DANNENBAUER/KÜNZIG 1991; KAMHI 1982).

Im Kontext solch gemeinsamen Tuns besteht nun die Hauptfunktion der

Bezeichnung	Funktion	Beispiel
Kindlichen Äußerungen vorangehende Sprachmodelle		
Präsentation	Situations- und rollentypische Sprechweisen werden demonstriert, um die Zielformen gehäuft einzuführen. Das Kind beobachtet; später kann es eine Rolle übernehmen.	Kontext: Dressurspiel; Sprachmodelle: „Du sollst Männchen machen / herkommen / Pfötchen geben ... jetzt sollst du ..." oder: „Soll ich durch den Reifen springen ... was soll ich ..."
Parallelsprechen	Kindliche Vorhaben und Wünsche werden sprachlich umgesetzt. Das Kind erfaßt sprachliche Zielformen in Bezug zu seiner aktuellen Bedürfnislage	Kontext: Spielvorbereitung (Kind öffnet Spielkiste); Sprachmodelle: „Du willst wohl die Autos holen ... wollen wir mit der Garage spielen ... du willst bestimmt ... ich will auch ..."
Linguistische Markierungen	Situationsmerkmale, auf die das Kind gerade achtet, werden versprachlicht, um die Zielstruktur in den Fokus seiner Aufmerksamkeit zu rücken.	Kontext: Parkgaragenspiel; Sprachmodelle: „Hier mußt du warten ... du mußt noch zahlen ... wir müssen nach oben fahren ... ich muß vorher aussteigen ..."

Bezeichnung	Funktion	Beispiel
FA-Fragen (forced alternative)	Zwei Modelle einer Struktur werden dem Kind zur Beantwortung angeboten. Antwortet das Kind elliptisch, kann eine Expansion erfolgen (siehe unten).	Kontext: Zauberspiel; T(herapeutin): „Zauberer, kannst du nur laufen oder kannst du auch fliegen?" K(ind): „Fliegen." T: „Du kannst also fliegen."

Kindlichen Äußerungen nachfolgende Sprachmodelle

Bezeichnung	Funktion	Beispiel
Expansion	Kindliche Äußerungen werden unter Einbau der Zielstruktur vervollständigt.	Kontext: Unfallspiel; K: „Jetzt der Feuerwehr abgeschleppt werden." T: „Ja, die Feuerwehr muß abgeschleppt werden."
Umformung	Kindliche Äußerungen werden in veränderter Form wiedergegeben, wobei die Zielstruktur eingeführt oder variiert wird.	Kontext: Autospiel; K: „Nimm das Lastauto!" oder: „Du sollst das Lastauto nehmen." T: „Gut, ich soll das Lastauto nehmen."
korrektives Feedback	Kindliche Äußerungen mit fehlerhafter Zielstruktur werden berichtigt wiedergegeben.	Kontext: Unfallspiel; K: „Der Krankenwagen nicht kommen muß." T: „Der Krankenwagen muß nicht kommen."
Modellierte Selbstkorrektur	Fehler des Kindes bei der Zielstruktur werden von der Therapeutin übernommen und sofort bei sich selbst korrigiert.	Kontext: Piratenspiel; K: „Wir muß uns beeilen." T: „Stimmt, wir muß ... ach, falsch! ... wir müssen schnell weg."
Extension	Es wird semantisch an die kindliche Äußerung angeknüpft und diese unter Verwendung der Zielstruktur logisch weitergeführt.	Kontext: Unfallspiel; K: „Tot wer?" T: „Ja, der Krankenwagen muß kommen."

(vgl. DANNENBAUER/KOTTEN-SEDERQVIST 1990)

Therapeutin darin, die ausgewählte Sprachstruktur durch Techniken des Modellierens zu vermitteln.

Diese Strategien, durch die Eltern absichtslos und von Intuitionen geleitet in den Interaktionen des natürlichen Spracherwerbs das Lernen ihrer Kinder fördern (vgl. GRIMM 1985), werden in der entwicklungsproximalen Sprachtherapie geplant, strukturiert und optimiert eingesetzt[8]. Die wiederholte hervorgehobene Präsentation der jeweiligen Zielstruktur in abwechs-

---

8 Das Modellieren kindlicher Äußerungen fördert sowohl unter natürlichen wie auch unter experimentellen Bedingungen das Sprachverhalten normaler und sprachentwicklungsgestörter Kinder und kann auch hinsichtlich ausgewählter einzelner Strukturen wirksam werden (vgl. dazu SCHERER/OLSWANG 1984 und DANNENBAUER 1984).

lungsreichen Modell- und Feedbackäußerungen im direkten Sachbezug und im Zentrum der Aufmerksamkeit des Kindes zielt zunächst auf die rezeptive Dimension der Sprachverarbeitung ab, mit der grammatisches Lernen grundsätzlich beginnt (vgl. DANNENBAUER 1987). Durch ein Modellieren der Zielstruktur mit erhöhter Frequenz, Intensität und Rekurrenz wird es dem Kind leichter gemacht, die Zielform zu diskriminieren und eine innere Repräsentation ihrer relevanten Merkmale aufzubauen (vgl. NELSON 1989). Über spontane Imitationen sowie spontane Produktionen von Vor- und Zwischenformen der Zielstruktur nähert sich das Kind Schritt für Schritt dem Ziel der rezeptiv-expressiven Beherrschung der korrekten Form an (vgl. SCHERER/OLSWANG 1984; 1989). Dabei wird es von der Therapeutin unterstützt, die ihm die Zielstruktur im dialogischen Hin und Her immer wieder zuspielt, wohlwollendes korrektives Feedback oder funktionale Bekräftigung gibt (vgl. DANNENBAUER/KÜNZIG 1991).

Das Kernstück entwicklungsproximaler Sprachtherapie ist somit die Vermittlung entwicklungsangemessener Sprachstrukturen über systematisch herbeigeführte Modellierungs- Imitationssequenzen, deren Wirksamkeit jedoch entscheidend davon abhängt, wie gründlich und stimmig sie in den Kontext individueller geistiger, sprachlicher und sozialer Entwicklungsbedingungen eingefügt sind (vgl. DANNENBAUER 1983; JOHNSTON 1985).

Um den Kreis zu schließen, möchte ich die einführenden theoretischen Vorannahmen noch einmal aufgreifen und vor dem Hintergrund der Konzeptionsbeschreibung zusammenfassen.

Nimmt man auf der Seite der Umwelt den sprachlichen Input und auf der Seite des Kindes einen zentralen sprachlichen Prozessor an, dann zielt entwicklungsproximale Sprachtherapie darauf ab, durch Einflußnahme auf das allgemeinpsychische System und die Interaktion, in deren Rahmen grammatisches Lernen eingebunden ist, den Input so aufzubereiten und vorzusortieren, daß er möglichst „intakefähig" wird. Mitbestimmend ist die entgegenkommende aufsuchende Aktivität des Kindes, das in Abhängigkeit von seinen sprachlichen und intellektuellen Fertigkeiten, Motivationen, Wahrnehmungsfähigkeiten usw. selektiv entscheidet, was von dem Gesamtinput in die weitere zentrale Verarbeitung eingeht (vgl. SLOBIN 1979)[9].

---

9 DANNENBAUER diskutiert die verschiedenen aktuellen Erklärungsansätze des Grammatikerwerbs und faßt die Haupterklärungsrahmen für eine integrative Sichtweise in einem Modell zusammen (vgl. ders. 1992, S. 141).

Die Therapie versucht Lehr-Lernbedingungen zu schaffen, die es dem Kind ermöglichen, auf der Grundlage seiner Voraussetzungen, Lernbedürfnisse und Intentionen sein Sprachsystem eigenaktiv auszubauen.

Die Darstellung der gedanklichen Eckpunkte des entwicklungsproximalen Therapiekonzepts soll an dieser Stelle genügen. Einzelne Schwerpunkte werden innerhalb der Falldarstellung diskutiert, nach Maßgabe ihrer Relevanz für die Planung und Durchführung der Therapie mit Daniel.

3. Anamnese

Als Daniel und ich uns zum ersten Mal begegneten, war der Junge 10;2 Jahre alt. Das heißt, er hatte 10 Jahre „Lebenserfahrung", die seine kleine Person geprägt und gebildet haben, so wie sie nun vor mir stand und wie ich sie kennenlernen sollte. Mir war klar, daß ich so etwas wie Verständnis für Daniel nur aufbauen konnte, indem ich mich mit seiner kurzen Biographie vertraut machte. Mein Interesse galt Vergangenem, wie z.B. Entwicklungsverläufen in verschiedenen Bereichen, besonderen Ereignissen oder Erfahrungen, und selbstverständlich dem darauf beruhenden Aktuellen, wie z.B. seinen verschiedenen Lebensräumen mit den entsprechenden (Bezugs-) Personen (sozialen Bindungen), seinen Vorlieben und Stärken ebenso wie seinen Problembereichen. Kurz gesagt, wollte ich mir ein Bild von Daniels Lebenswirklichkeit machen können.

Bevor ich von meinen Erfahrungen mit Daniel selbst berichte, möchte ich festhalten, was ich aus anderen Quellen erfahren konnte. Diese Informationen erhielt ich durch geplante und sich spontan ergebende (Telefon-) Gespräche mit den Eltern, mit der Studentin, die Daniel seit 2 Jahren sprachtherapeutisch betreute, mit der Klassenlehrerin, der Erzieherin im Kinderhort, sowie weiteren Personen, die Umgang mit Daniel hatten (z.B. Schulrektor, Pädagogische Assistentin, Schul- und Spielkameraden). Weiteres Wissen bezog ich aus Gutachten, Testergebnissen und Schulzeugnissen. Diese „Recherchen" sollten es mir ermöglichen, in meinem Umgang mit Daniel seine Lebensbezüge, Erfahrungen und Persönlichkeitsmerkmale zu berücksichtigen.

3.1 Familie

Daniels Familie besteht aus den Eltern, einer 2 Jahre jüngeren Schwester und einem 6 Jahre jüngeren zweieiigen Zwillingsgeschwisterpaar.

Der Vater ist aus beruflichen Gründen oft mehrere Tage, manchmal sogar Wochen nicht zu Hause. Er verhält sich der Ehefrau und den Kindern gegenüber sehr streng und autoritär. Um sich durchzusetzen, wendet er auch körperliche Gewalt an, neben anderen Mitteln, wie Schimpfen, Schreien, Drohen und Strafen.

Die Mutter ist nicht berufstätig. Sie erzieht die Kinder nicht so streng wie der Vater, erteilt ihnen jedoch in extremen Konfliktsituationen auch körperliche Strafen. Insgesamt erfahren Daniel und seine drei Geschwister eine inkonsequente Erziehungshaltung.

Erschwerend kommen die engen Wohnverhältnisse und die schwierige materielle Situation hinzu. Gegen den Wunsch der Eltern hält eine Mitarbeiterin des Jugendamtes den Kontakt mit der Familie durch Telefongespräche und Hausbesuche aufrecht und versucht, in Konfliktsituationen Beratung und Entscheidungshilfe zu bieten.

Daniels Beziehung zu seinem Vater ist ambivalent. Einerseits sind Vorbildfunktion und Identifikation mit ihm stark und Daniel ist sehr stolz auf seinen Vater, andererseits bestimmen Gefühle der Angst und der Ablehnung die Beziehung. Zu seiner Mutter hat Daniel ein ausgeglicheneres affektives Verhältnis. Die Bindung zwischen den Geschwistern ist ziemlich eng. Sie spielen trotz des Altersunterschieds viel und gerne zusammen.

3.2 Schwangerschaft, Geburt und frühkindliche Entwicklung

Während der Schwangerschaft lebte die Mutter in Scheidung von ihrem ersten Ehemann. Daraus ergab sich für die Schwangere eine starke psychische Belastung. Außerdem litt sie in dieser Zeit unter einer Nierenfunktionsstörung. Die Geburt verlief normal.

An Daniels Entwicklung in den ersten Lebensjahren kann sich die Mutter nicht detailliert erinnern. Da seine allgemeine Entwicklung den Eltern nicht auffällig erschien, gab es für sie auch keinen Anlaß zu besonderer Aufmerksamkeit oder gar Besorgnis. Er konnte mit 0;4 Jahren die Flasche halten, mit 0;6 krabbeln und mit 0;11 laufen. Daniel litt auch unter keinen ernsten Krankheiten. Die Befunde eines Hörtests und eines Sehtests fielen normal aus.

3.3 Vorschulische und schulische Laufbahn

Ab seinem fünften Lebensjahr besuchte Daniel ein Jahr lang einen Kindergarten. Mit 6;7 Jahren wurde er vom Schuleintritt zurückgestellt und an der „Schulvorbereitenden Einrichtung für stark Sprachbehinderte" angemeldet. Hier wurde er betreut, bis er im Alter von 8;1 Jahren in die 1. Klasse der Sprachheilschule aufgenommen wurde. Das 1. Schuljahr mußte Daniel wegen erheblicher Schwierigkeiten im Lesen, Schreiben und Rechnen wiederholen. Mit 10;1 Jahren, dem Zeitpunkt als ich ihn kennenlernte, waren seine schulischen Leistungen ausreichend, um in die 2. Klasse der Sprachheilschule eingestuft werden zu können.

Gleichzeitig mit dem Schuleintritt wurde Daniel auch in einem Kinderhort angemeldet, wo er nachmittags eine regelmäßige Hausaufgabenbetreuung und abwechslungsreiche Spiel- und Beschäftigungsmöglichkeiten zusammen mit anderen Kindern erhielt.

Außerdem erfuhr Daniel während der ersten beiden Schuljahre einmal wöchentlich eine zusätzliche Förderung durch einen Studenten und eine Studentin. Die Ziele waren: Verbesserung des Konzentrationsvermögens, Überwindung der Lese-Rechtschreibschwierigkeiten und als grammatisches Lernziel die kongruente Verwendung der Kopula „sein" in Zweitstellung.

3.4 Kognitive Entwicklung

3.4.1 Intelligenz

Daniels Intelligenz wurde zum erstenmal im Alter von 6;7 Jahren gemessen. Dabei erschien er dem Testleiter als aufgeweckter Junge mit guter Auffassungsgabe und hoher Konzentrationsfähigkeit. Er erreichte im S.O.N.[10] einen IQ von 103. Ein halbes Jahr später wurden der CFT und der HAWIK mit Daniel durchgeführt. Dabei verhielt er sich aufgeschlossen und arbeitete bereitwillig mit. Daniel erreichte im CFT einen IQ von 80 und im HAWIK den IQ 81, wobei auffällt, daß Verbalteil (IQ 72) und Handlungsteil (IQ 89) ziemlich weit auseinanderklaffen. Die Ergebnisse in folgenden Teilbereichen waren ungenügend: akustischer Kurzzeitspeicher, visuo-motorische Koordination, Arbeitstempo, Konzentrationsfähigkeit, Zergliederungsfähigkeit und räumliches Vorstellungsvermögen.

Ein weiteres halbes Jahr später erreichte Daniel im RAVEN und im DVET durchschnittliche Werte (Grade 50 und Prozentrang 42) und eine Wiederholung des S.O.N. ergab einen IQ von 106.

Zusammenfassend kann man sagen, daß sich Daniels gemessene Testintelligenz im unteren Bereich der Normalitätsbreite befindet. Sie weist jedoch nicht (eindeutig) auf eine Lernbehinderung hin.

3.4.2 Schulische Leistungen

3.4.2.1 Arbeitshaltung

Alle drei Lehrkräfte, deren Klasse Daniel im Laufe der Zeit besucht hatte, beschrieben ihn als willigen und fleißigen Schüler. Er ging mit Schwung an alle Aufgaben heran und bemühte sich eifrig, sie zu erledigen. Er kann dabei zielstrebig und selbständig arbeiten. Daniel nahm interessiert und

---

10 Die Tests werden als bekannt vorausgesetzt.

aktiv am Unterricht teil. Er fiel durch seine rege Mitarbeit angenehm auf und überraschte oft mit logischer Kombinatorik. An einem beständigen Arbeitsverhalten dieser positiven Art hinderte ihn jedoch sein geringes Konzentrationsvermögen. Daniels Aufmerksamkeit war kurz und sprunghaft. Er ließ sich schnell von neuen Reizen ablenken und schweifte gerne mit seinen Gedanken ab. Dadurch waren seine Leistungen großen Schwankungen unterworfen. Besonders mündlichen Phasen des Unterrichts (z.B. Unterrichtsgespräch) konnte er nur kurzzeitig folgen. Bei längerem Zuhören war er überfordert.

3.4.2.2 Lesen

Das Lesen bereitete Daniel von Anfang an große Schwierigkeiten. Nach dem 1. Schuljahr hatte er noch Unsicherheiten in der Buchstabenkenntnis. Die Lesetechnik an sich hatte Daniel verstanden, sinnerfassendes Lesen gelang ihm jedoch noch sehr schlecht.

Auch nach der Wiederholung der 1. Klasse hatte er noch Probleme mit dem Lesen. Das Lesetempo war sehr niedrig. Er konnte einzelne Wörter und kurze Sätze nur mit Mühe erlesen. Textganze bewältigte er nicht.

3.4.2.3 Schreiben

Anfangs schrieb Daniel recht verkrampft und ungleichmäßig, so daß die Wiedergabe der Buchstabenform sehr ungenau war. Mit der Zeit erfaßte er die Buchstabenform, seine Schreibbewegungen wurden zügiger und flotter und er konnte sein Schriftbild verbessern.

Die Leistungen im Rechtschreiben sind noch immer großen Schwankungen unterworfen. Seine Schwierigkeiten beim Durchstrukturieren und Speichern von Wortgestalten sind noch immer erheblich.

3.4.2.4 Rechnen

Im Alter von 7 Jahren konnte Daniel noch nicht zählen. Auch bei seiner Einschulung mit 8;1 Jahren verfügte er nur über eine unsichere Zahl- und Mengenvorstellung. Es fiel ihm schwer, die Beziehung zwischen Anzahl und Ziffer zu erfassen. Auch für einfache Rechenoperationen benötigte Daniel lange Zeit Anschauungshilfen, mit denen er die Aufgaben rein mechanisch löste.

Zwar kann Daniel auch heute noch neue Recheninhalte nur langsam erfassen, aber durch Übung erreicht er ein angemessenes Rechentempo. Auffällig ist sein großes Leistungsgefälle. Manchmal gelingen ihm die einfachsten Aufgaben nicht, dann wieder rechnet er sicher und selbständig.

3.4.2.5 Andere Leistungsbereiche

Ein ganz anderes Bild bieten Daniels Fähigkeiten auf anderen Gebieten. Die Fachlehrerin betont immer wieder Daniels überdurchschnittliche Mitarbeit, sein großes Interesse und sein oftmals überraschendes Wissen im Heimat- und Sachkundeunterricht. Im Werkunterricht ist Daniel hochmotiviert und leistungsstark. Arbeitstempo, Ausdauer und Genauigkeit verhalfen ihm schon öfter zu hervorragenden Leistungen, für die er besonderes Lob erhielt. Ebenso legt er im Sportunterricht großen Eifer und Ehrgeiz an den Tag. Erfolg und Spaß hat Daniel auch im Musikunterricht wegen seines guten rhythmischen Empfindens und seiner Freude am Singen.

3.5 Sozioemotionale Entwicklung

Über Daniels erste fünf Lebensjahre berichten die Eltern, daß er schon immer ein sehr kontaktfreudiges Kind gewesen sei, das sich gut durchsetzen konnte. Bei Konflikten hingegen reagierte er oft mit Weinen und wandte sich mit seinem Kummer an die Eltern. Daniel spielte mit allen Kindern gerne und ausdauernd, vor allem aber mit seinen Geschwistern.

Im Sprachheilkindergarten fügte er sich nach anfänglichen Schwierigkeiten im Sozialverhalten gut in die Gruppe ein und fand seinen Stellenwert in ihr.

In der Schule[11] zeigte er viel Offenheit und Kontaktfreude gegenüber Mitschülern und Lehrern. Sein Verhalten war jedoch manchmal recht unausgeglichen und wechselte zwischen einfühlsamer Hilfsbereitschaft und angriffslustiger Ausgelassenheit. Eine verbale Lösung der Konflikte, die sich daraus zwangsläufig ergaben, gelang Daniel in den seltensten Fällen.

In der neuen Klassengemeinschaft fiel es Daniel durch sein freundliches und heiteres Wesen leicht, neue Kontakte zu knüpfen. Er ging mit seinen Mitschülern kameradschaftlich um. Seine Lebhaftigkeit störte des öfteren den Unterricht, und der Lehrer versuchte Daniels Aktivitäten gelegentlich zu zügeln. Einerseits bemühte sich Daniel, die vereinbarten Klassenregeln einzuhalten, andererseits gelang ihm dieses häufig nicht, und es wurden ihm massiv die Grenzen seines Verhaltens gesetzt.

Auch im darauffolgenden Schuljahr (dem Zeitpunkt, als ich Daniel kennenlernte) sprengte Daniel oft den Rahmen, und die Lehrerin nahm rigorose Grenzsetzungen vor, damit er sich adäquat verhielt. Fiel diese Außenkontrolle weg, so kam es bei Daniel zur Entladung. Er reagierte schon bei

---

11 Die Schilderung hält sich in Inhalt und Formulierung eng an die schriftlichen (Zeugnisse) und mündlichen Berichte der Lehrkräfte.

geringen Anlässen aufbrausend und aggressiv. In der Klasse versuchte er, mit Muskelkraft zu imponieren. Mit seinen 10 Jahren war er seinen 7- bis 8-jährigen Mitschülern tatsächlich körperlich überlegen. Er suchte auf dieser Ebene Anerkennung, indem er oft und manchmal unkontrolliert zuschlug.

Auch in der Kindertagesstätte fiel Daniels Aggressivität auf. Ihr steht sein ausgesprochen liebes und nettes Verhalten gegenüber, sein Bemühen, alles recht zu machen und seine Hilfsbereitschaft Kindern und Erwachsenen gegenüber.

3.6 Sprachliche Entwicklung

Obwohl Daniel schon 10 Jahre alt war, von denen er knappe 4 Jahre unter sprachheilpädagogisch fachkundiger Obhut verbracht hatte, erwies es sich als ziemlich schwierig, seine Sprachentwicklung zu rekonstruieren, bzw. eine zusammenhängende Beschreibung seiner aktuellen sprachlichen Fähigkeiten zu erhalten[12]. Um aus den leider oft wenig aussagekräftigen und zudem lückenhaften Informationen ein möglichst nachvollziehbares und aufschlußreiches Bild von Daniels Sprache zu schaffen, habe ich die Einzeldaten nach den Aspekten Disposition, Phonetik/Phonologie, Morphologie/Syntax und Kommunikation geordnet, wobei ich möglichst unverfälscht den Wortlaut der sprachbehindertenpädagogischen Fachgutachten übernommen habe.

3.6.1 Dispositionelle Faktoren

Daniels Vater machte eigenen Aussagen zufolge eine verzögerte Sprachentwicklung durch. Zudem hatte er erhebliche Lese-Rechtschreibschwierigkeiten. Während seine Sprache sich bis zur Unauffälligkeit hin verbesserte, sind seine Probleme mit dem Lesen und Schreiben auch heute noch gravierend.

Die Mutter berichtet auch von einer verzögerten Sprachentwicklung, die vermutlich mit ihrer Kindheit im Waisenhaus zusammenhängt. Auch sie hat heute keinerlei Sprachprobleme[13].

---

12 In der Schule stellte man mir Daniel als „rätselhaften" und „hoffnungslosen" Fall vor.

13 Eine Sprachentwicklungsverzögerung war zwei Jahre später auch der Grund für die Überweisung von Daniels jüngerem Bruder in die Schulvorbereitende Einrichtung der Sprachheilschule (Sprachheilkindergarten).

3.6.2 Phonetisch-Phonologische Ebene

Einige allgemeine Informationen vorweg. Daniel sprach die ersten Wörter mit ca. 2 Jahren. Den Eltern erschien seine Sprache ab dem 4-ten Lebensjahr auffällig. Als mit 6;7 Jahren die Einschulung anstand, wurde bei Daniel eine „sehr starke Sprachbehinderung" festgestellt, und zwar in Form einer „extrem starken Sprachentwicklungsverzögerung". Seine Sprachproduktionen waren meist völlig unverständlich. Die bedeutenden Sprachprobleme hatten mittlerweile auch noch zu „tonoklonischen Symptomen" geführt.

Auf der Lautebene ließen sich im Alter von 6;7 Jahren folgende Beobachtungen machen: Daniel stammelte die Laute 'r', 'sch', 's', 'x', 'z' und deren Verbindungen. Es ließen sich „paralalische Elemente", wie z.B. 'd/g' und 't/k' feststellen. Mit 7;2 Jahren stammelte Daniel immer noch sehr. Nach einem Jahr Artikulationstherapie im Sprachheilkindergarten artikulierte er seine Sprache wesentlich verständlicher. Im Anlaut war das 'sch' fast schon in der Spontansprache vorhanden, das 's' war angebildet und das 'r' wurde immer deutlicher. Während der ersten zwei Schuljahre hatte Daniel noch Schwierigkeiten mit dem 'r', besonders in Verbindung mit anderen Konsonanten.

Als ich die Therapie mit Daniel begann, hatte er seine Schwierigkeiten auf der phonetisch-phonologischen Sprachebene überwunden.

3.6.3 Morpho-Syntaktische Ebene

Bei der ersten Überprüfung von Daniels Sprache im Alter von 6;7 Jahren fiel sein „erhebliches wortmorphologisches Defizit" auf. Seine „nahezu agrammatische Sprache" ließ sich wie folgt beschreiben: Daniel „verwendete praktisch nur Infinitive, verdrehte Satzteile usw."[14]. Mit 7;2 Jahren litt Daniel noch immer an einem „ausgeprägten Dysgrammatismus" und auch bei seiner Entlassung aus dem Sprachheilkindergarten mit 7;10 Jahren hatte sich seine grammatische Kompetenz trotz therapeutischer Bemühungen nur unwesentlich verbessert. Er sprach in der Spontansprache meist im Infinitiv und seine Satzstrukturen waren „bei weitem nicht altersgemäß".

Nach den zwei Jahren in der Sprachheilschule konnte mir als aktuellster Stand der Dinge nur berichtet werden, daß Daniels Dysgrammatismus seit langem stagniere.

---

14 Dieses „usw." hätte mich sehr interessiert.

3.6.4 Kommunikationsverhalten

Daniel wurde auch noch mit 7 Jahren selbst von den engsten Familienangehörigen kaum verstanden. Bei Nachfragen zog er sich verletzt zurück oder versuchte, auf ein anderes Thema abzulenken. Im Sprachheilkindergarten verhalf ihm die Artikulationstherapie zu mehr Verständlichkeit. Die Freude daran verbesserte seinen Sprachumsatz. In der Schule war Daniels Mitarbeit meist rege, doch konnte er sich aufgrund seiner sprachlichen Probleme nur schwer verständlich machen. Die Schwierigkeiten betrafen nicht nur seine Rolle als Sender, auch als Sprachempfänger hatte er Probleme. Die Sprachverständnisschwierigkeiten erschwerten ihm das Erfassen von Lernstoff und Arbeitsanweisungen.

Daniel zeichnete sich schon immer durch sein großes Mitteilungsbedürfnis aus. Er sprach mit Freude, meist ohne Scheu und viel mit jedem, wobei es ihm jedoch in seiner stürmischen Art oft schwer fiel, sich an die Gesprächsregeln zu halten.

Auch im Kinderhort fiel der Erzieherin Daniels Drang zu sprechen auf, wobei er sich jedoch anfangs unsicher verhielt und ein deutliches Störungsbewußtsein zeigte. Er erzählte ihr, daß man ihn des öfteren nicht versteht, daß er manchmal ausgelacht wird, und daß er von den Eltern schon oft aufgefordert wurde, in Gegenwart fremder Menschen nach Möglichkeit zu schweigen. Seine sprachlichen Unzulänglichkeiten waren Daniel demnach sehr bewußt.

Während Daniel im unverbindlichen Gespräch einen offenen und interessierten Eindruck machte, vermochte er in der konkreten Leistungssituation jedoch nicht, die Antwort zu formulieren. Er konnte beim Sprechen mit Konzentration in der Übung richtige Sätze erbringen. Z.B. im Heimat- und Sachkundeunterricht konnte er Satzmuster mit kleinen Hilfen wiedergeben, was er jedoch kaum in seine tägliche Sprache umsetzte.

4. Sicherung der Therapiegrundlagen

4.1 Aufbau einer therapeutischen Beziehung

All diese Informationen von seiten Dritter konnten bei weitem nicht das leisten, was unabdingbare Voraussetzung für die bevorstehende Therapie war, nämlich ein intensives wechselseitiges Kennenlernen[15]. Daniel und ich standen uns erstmal als fremde Personen gegenüber, und es galt, die vorhandene Erwachsenen-Kind-Distanz zu überbrücken. Das erforderte eine Annäherung auf emotionaler, thematischer und sprachlicher Ebene. (DANNENBAUER 1992d)

Längerfristig strebte ich auf der Beziehungsebene hauptsächlich zwei übergeordnete Ziele an. Zum einen mußte ich, um „Sprache in der Welt des Kindes lehren" zu können[16], Zugang zu Daniels Individualität finden, und zum anderen versuchte ich, den Status einer Modellperson für Daniel zu erlangen.

4.1.1 Mitspielen

Daniels studentische Therapeutin Annette hatte mein Kommen in der vorherigen Stunde bereits angekündigt. Nun stellte sie mich Daniel vor, der mir ungezwungen und ohne Scheu begegnete. Um ihn in seiner Natürlichkeit erleben zu können, verzichtete ich darauf, selber stimulierend in das Spiel einzugreifen. Anfangs setzte ich mich einfach dazu, wenn Daniel und seine Therapeutin in gewohnter Weise agierten. Ich versuchte möglichst unaufdringlich am Geschehen teilzunehmen, ohne den Handlungsverlauf zu stören. Daniel sollte erst die Möglichkeit erhalten, sich an meine Gegenwart zu gewöhnen.

Da ich die Interaktion nicht selber lenken oder verantworten mußte, konnte ich ungestört beobachten und mich auf Daniel einstellen: auf seine Person, sein Temperament, aber auch auf seine Sprache. Ich hörte, was er zu erzählen hatte, sah, was er gerne tat, worüber er sich freute, was er

---

15 Zur Bedeutung und Gestaltung der Beziehungsgrundlagen vgl. besonders DANNENBAU-ER/KÜNZIG 1991.

16 Eines von JOHNSTON's 10 Prinzipien der sprachtherapeutischen Intervention bei sprach-entwicklungsgestörten Kindern lautet: „Teach language in the child's world." (dies. 1985, S. 132) „What is this child's world? In our culture it is largely the world of play, where activities are chosen by the player and pursued for their own intrinsic value...It is exactly in this world of practical and social purposes that children learn to speak. Their need to explain, to request, to hold in mind, to imagine, to transform, etc.,keeps them grappling with the language objekt. Language has a functional character." (dies. 1985, S. 131)

ausdauernd verfolgen konnte, wie er sich in bestimmten Situationen verhielt. Ich versuchte möglichst offen zu sein für Hinweise auf emotionaler, thematischer und sprachlicher Ebene, die von Daniel selber kamen. Es galt, beziehungs- und handlungsstiftende, sowie sprachliche Initiativen seinerseits zu registrieren und darauf zu reagieren.

Daniel gab mir dazu sehr bald Gelegenheit, indem er mich von sich aus aufforderte, mitzuspielen: „Jetzt du mit mir spielen, stimmt's?" Meine Situation als „Neuling" erforderte es, daß Daniel mich in die Spielregeln einweihen mußte, mir Handlungsanweisungen erteilen und mich berichtigen mußte, wenn ich „Fehler" machte. So konnte ich mich nach einer Phase der eigenen Zurücknahme Stück für Stück aktiv, jedoch auf eine responsive Art und Weise, in die gemeinsamen Interaktionen einbringen (vgl. BRECKOW 1986).

4.1.2 Ins Gespräch kommen

Nach ein paar Wochen zu dritt blieb Daniels Therapeutin für mehrere Wochen der Therapie fern. Wir mußten nun eine eigene Form des Umgangs miteinander finden.

Als erstes erwies ich mich gleich als „Retter in der Not". Als ich im Hort eintraf, saß Daniel mit heißem Kopf und schon recht demotiviert über einer Mathe-Hausaufgabe. Ich setzte mich zu ihm, ließ mir das Problem erklären und wir lösten die Rechenaufgabe gemeinsam.

Danach fragte Daniel erstaunt: „Wo ist Annette?" Als er erfuhr, daß sie an jenem Tag nicht kommen werde, fühlte er sich offensichtlich für die Kommunikation verantwortlich. Er führte mich in den Gruppenraum, um mir stolz das neue Puppentheater zu zeigen. Ich ließ mir interessiert die Puppen und die Handlung des Stücks, das den Eltern vorgeführt werden sollte, vorstellen. Auf dem Weg zum „Therapiezimmer" (Personalraum) legte Daniel zu meiner Überraschung kameradschaftlich seinen Arm um meine Hüften und erzählte von seinen Geschwistern, seinen Eltern, seiner Lieblingsfernsehsendung usw. Zwischendurch stellte er mir immer wieder Fragen nach meinem Zuhause. Ich hörte aufmerksam zu und antwortete bereitwillig.

In den folgenden Sitzungen bot sich neben den eigentlichen Therapieinhalten immer wieder Gelegenheit zu spontanen Gesprächen, durch die wir etwas voneinander erfuhren.

Das Beispiel im Anhang (11.3.1) ist m.E. gut geeignet, um zu zeigen, daß nicht von Anfang an hochstrukturierte Lehr-Lern-Situationen Ziel unseres Beisammenseins waren. Daniels gestörte Sprache war (noch) nicht Gegenstand der Interaktion. Vielmehr ging es darum, Daniel erleben zu lassen, daß kommunikative Aktivität grundsätzlich erwünscht ist, wobei seine ihm mögliche Sprache als Mittel im kommunikativen Austausch unreglementiert und unkorrigiert akzeptiert wird[17] (vgl. DANNENBAUER/KOTTEN-SEDERQVIST 1990). Daniels ausgeprägtes Störungsbewußtsein (vgl. Kap. 3.6.4) machte dieses Vorgehen unbedingt erforderlich.

Ich wollte Daniel „verstehen" lernen, und zwar in zweifacher Hinsicht; nämlich im weitesten Sinne (die Welt seiner Erfahrungen und Neigungen kennenlernen) und im engeren (sprachlichen) Sinne (was beim Ausmaß seiner Sprachstörung nicht so selbstverständlich war). Das versuchte ich auf eine Art und Weise, wie sie ganz allgemein im menschlichen Alltag üblich ist. Die natürlichste Methode, einen Menschen kennenzulernen ist, sich mit ihm zu unterhalten; ein Gespräch zu führen, dessen Thema sich aus einem aktuellen Anlaß heraus ergibt, wobei man inhaltlich von einer zur anderen Sache gleitet, je nachdem, was den Beteiligten während des Sprechens zum gemeinsamen Thema einfällt, welche spontanen Assoziationen sie damit verbinden. Jeder der beiden Kommunikationspartner bringt sein Wissen, seine Erfahrungen ein und erfährt etwas über den Kenntnisstand, die Einstellung seines Gegenübers. Der Zweck ist das Gespräch selber.

4.1.3 Konstruktives Miteinander

Daniel erlebte schon bald, daß er mit Anregungen und Angeboten meinerseits rechnen konnte, daß jedoch Initiative und Mitgestaltung seinerseits genauso gefragt waren.

Daniel war ein begeisterter Fan von David Hasselhoff (vgl. Gespräch im Anhang 11.3.1). Wenn ich nach dessen Herkunft, Alter, Aussehen, Musik usw. fragte, überraschte mich Daniel mit seinem Detailwissen. Er hatte jedoch Schwierigkeiten, mir zu vermitteln, was an den Liedern so toll ist. Er versuchte es mit Händen und Füßen. Er schnippte mit den Fingern den Rhythmus, wackelte mit den Hüften und trällerte ein paar Töne, was ihn jedoch nicht befriedigte. Daher beschloß er, in der nächsten Stunde seine Lieblingsmusikcassette mitzubringen. Als dann nächstesmal Hasselhoffs Songs im Therapiezimmer erschollen, überlegte ich, wie man diese Situation konstruktiv nutzen konnte. Die Schlager lediglich anzuhören, schien mir wenig ergiebig. Daniel rutschte schon im Rhythmus der Musik auf seinem

---

17 Daniels allgemeine Kontaktfreudigkeit darf nicht über sein ausgeprägtes Störungsbewußtsein und seine Sprechscheu in sprachlichen Anforderungssituationen hinwegtäuschen (vgl. auch Kap. 3.6.4).

Stuhl hin und her. Auf meine Frage, ob man denn darauf nicht tanzen könne, erklärte mir Daniel, daß Hasselhoff selbst im Fernsehen ganz toll zu seinen Liedern tanzt. Daniel sprang auf, um mir den Tanz zu demonstrieren und präsentierte mir eine überraschend gute Imitation. Mit gutem rhythmischen Gefühl vollzog er Schritte, Drehungen und Gesten.

Daniel reagierte erstaunt, als ich fragte, ob er mir das nicht auch beibringen könne. Selbstverständlich war er sofort dazu bereit und begann den Tanz von neuem. Ich erklärte ihm, daß ich das so nie lernen werde. Er müsse es mir langsamer vormachen und erstmal nur den Anfang. Mittels Bemerkungen, wie z.B. „Warte mal! Ich hab nicht genau aufgepaßt.", „Mach mir das bitte nochmal vor!", „Ist das so richtig?", „Moment! Ich muß genau hinschauen.", „Langsamer, bitte!", „Ich muß das nochmal ausprobieren." usw., versuchte ich, Daniel klarzumachen, worauf es ankommt, wenn man durch Vor- und Nachmachen etwas voneinander lernen will; daß das genaues Beobachten und Aufmerksamkeit, Ausprobieren, Vergleichen und Wiederholen erfordert.

Es erwies sich als durchaus nicht einfach, das hohe Maß an „koordinierter Aufmerksamkeitsausrichtung und Handlungsregulation" (vgl. BRUNER 1983), die diese Situation verlangte, zu erreichen und aufrechtzuerhalten. Daniels Aufmerksamkeit war eher flüchtig und sprunghaft, sein Verhalten eher impulsiv als verweilend. In dieser Stunde bekam er jedoch beides ganz gut in den Griff. Einerseits trieben ihn Motivation und Ehrgeiz, andererseits beharrte ich darauf, den Tanz wirklich zu lernen, den wir zum Schluß tatsächlich relativ synchron aufs Parkett legten.

Daß Daniel das Wesentliche wohl erkannt hatte, zeigte sich, als er mir Wochen später die Techniken des Karate beizubringen versuchte und dabei immer wieder bemüht war, sich meine Aufmerksamkeit zu sichern: „Aufpassen musch!", „Schau! So!", „Kommsch noch mit?"[18]

In solchen Stunden erhielt Daniel die Gelegenheit, sich mit den Grundregeln der Therapie, die aus einer Abfolge von Modellierungs-Imitationssequenzen bestehen sollte, vertraut zu machen. Diese Erfahrungen legten den Grundstein für höher strukturierte Lehr-Lernsituationen, in denen ich auf Daniels Motivation und Kooperation angewiesen sein würde (vgl. Kap. 7). Sie waren bei Daniel absolut begründet und notwendig, weil Abwarten, Zuhören, Ausdauer u.ä. nicht gerade zu seinen Stärken zählte.

---

18 Daniel ist zwar kein echter Dialektsprecher, seine Sprache ist jedoch von einigen Merkmalen des Schwäbischen, wie z.B. der häufigen Ersetzung von „s" durch „sch", geprägt.

4.1.4 Vertrauen

Daß Daniel inzwischen Vertrauen zu mir gefaßt hatte, zeigte sich unter anderem auch darin, daß er sich nun auch mit persönlichen Problemen an mich wandte.

Während einer Therapiesitzung legte er unvermittelt beide Hände flach auf den Tisch. Er sah mich erwartungsvoll an, ohne jedoch ein Wort zu sagen. Ich betrachtete seine Hände und merkte bald, was er mir mitteilen wollte. Daniels Fingernägel waren völlig abgekaut und die Fingerspitzen wund und entzündet. Da ich merkte, wie groß Daniels Bedürfnis war, darüber zu sprechen, und wie schwer es ihm gleichzeitig fiel, versuchte ich durch unaufdringliches Fragen ein Gespräch in Gang zu bringen. Daniel erzählte, daß er vor allem in der Schule und abends im Bett kaute. Wir machten uns Gedanken, warum er es wohl tat, und wir überlegten gemeinsam, was er dagegen tun könnte. Da er als Grund angab, er habe soviel Ärger in der Schule, versuchte ich zu ergründen, welche konkreten Schwierigkeiten er in seiner Klasse hatte, und wie man diese lösen könnte. Abends kaute Daniel, weil er nicht einschlafen konnte. Meinem Vorschlag, im Bett die Ereignisse des Tages durch den Kopf ziehen zu lassen und bei etwas Angenehmem oder Schönem zu verweilen, begegnete er mit Skepsis, weil er meinte, es passiere nicht jeden Tag etwas Schönes. Er versprach dennoch, es auszuprobieren.

Ein weit wichtigeres Problem, das noch öfter zwischen Daniel und mir zum Thema werden sollte, war sein ausgeprägtes Störungsbewußtsein.

Einmal fand ich Daniel ganz still und traurig im Kinderhort vor. Er folgte mir schweigend ins Therapiezimmer, zeigte keinerlei Interesse an meiner Tasche, auf die er sich sonst immer mit den Worten „Was mitbracht hast?" stürzte und ließ sich auch sonst durch nichts aufmuntern. Auf meine Fragen, was denn los sei, ob etwas passiert sei usw., antwortete er lediglich mit „Nichts." und „Nein." Da wir so nicht weiterkamen, sagte ich, daß es in Ordnung sei, wenn er mir nicht sagen könne oder wolle, was ihn so bedrückt, daß ich aber wenigstens wissen wolle, ob es sehr schlimm sei und ob ich mir Sorgen machen müsse. Nun quollen Tränen aus Daniels Augen, er schluchzte auf, verbarg das Gesicht in seinen Armen und weinte heftig. Zwischendurch warf er mir immer wieder lange verzweifelte Blicke zu. Als er dann anfing zu sprechen, waren es einzelne Wörter und bruchstückhafte Sätze, deren Sinn und Zusammenhang ich nur schwer verstand. Ich versuchte, mit ruhiger Stimme seine Äußerungen zu wiederholen, zu ergänzen und zu kommentieren, um sie mir (und ihm?) klarer zu machen, wobei ich mich von seinem zustimmenden Nicken bzw. seinem Widerspruch leiten ließ.

Es stellte sich heraus, daß Daniel sehr unter seiner Sprachstörung litt. Er war der Meinung, daß ihn in der Schule niemand mochte „wegs (wegen) mein Sprachfehler". Die Lehrerin nähme ihn im Unterricht nicht dran, und in der Pause gingen seine Klassenkameraden aus demselben Grund auf ihn los. Als ich sagte, daß in der Sprachheilschule doch jeder einen „Sprachfehler" habe, widersprach Daniel sehr heftig und behauptete, nur er sei sprachbehindert. Die anderen Kinder wollten bloß Lesen, Schreiben und Rechnen lernen und hätten etwas gegen ihn, weil er so schlecht spreche. Er habe keinen einzigen Freund in der Schule.

Da die Sprachstörung tatsächlich sein Leben in einigen Bereichen beeinträchtigte, seine subjektive Sichtweise das Problem jedoch ins Negative verzerrte, war es schwierig, ihm das Gefühl zu geben, ernstgenommen und verstanden zu werden, und ihn gleichzeitig zu überzeugen, daß die Sprachstörung nicht seine entscheidende Eigenschaft sei.

Als ich anschließend mit der Erzieherin eine Tasse Kaffee trank, streifte Daniel an unserem Tisch vorbei, umfaßte mich von hinten mit beiden Armen, drückte mich kurz und fest und ging zurück in die Spielecke.

Wie wichtig dieses Thema für Daniel wirklich war, zeigte sich auch in der nächsten Stunde. Nachdem er sich schon längere Zeit ungewöhnlich zurückhaltend verhalten hatte, fragte er mich mit ernster Miene und gerunzelter Stirn: „Erzählst Frau M. immer, was macht haben wir?" und sah mich dabei aufmerksam an. Ich verstand den Grund für diese Frage nicht sofort, brachte sie aber bald in Zusammenhang mit der letzten Stunde. Daniel hatte die Erzieherin und mich miteinander Kaffee trinken und sprechen gesehen und befürchtete nun, daß ich sein Vertrauen mißbraucht hatte. Seine Skepsis schwand allmählich, als ich ihm versicherte, daß ich Frau M. zwar oft und gerne von unserer Therapie erzähle, daß jedoch manche Dinge nur uns beide angingen, und es mir gar nicht einfalle, mit ihr oder irgend jemand anderem darüber zu sprechen.

Daniels Vertrauen wuchs mit der Zeit und er wandte sich mit Problemen, mit denen er nicht alleine zurechtkam, noch öfter an mich. Größere Probleme, wie z.B. eine geplante aber nicht durchgeführte Einweisung in ein Kinderheim oder Daniels Überweisung in die Lernbehindertenschule, und kleinere Probleme, wie z.B. Streit mit Spielkameraden oder schlechte Schulnoten, hatten selbstverständlich immer Vorrang vor grammatischen Lernzielen.

4.1.5 Motivationale Grundlagen

Schon bald war die wöchentliche Therapie für Daniel etwas Selbstverständliches. Wenn ich ihn aus dem Klassenzimmer oder aus dem Gruppenraum im Hort abholte, unterbrach er sofort seine Lern- oder Spieltätigkeit und ging eifrig, meist hüpfend und erzählend mit mir mit.

Dabei begegneten wir einmal auf dem Weg zum Personalraum des Kinderhorts einer Erzieherin, die uns aufhielt und mich fragte, wer ich sei, weil sie mich noch nie im Hause gesehen habe. Bevor ich dazu ansetzen konnte, mich vorzustellen, antwortete Daniel für mich: „Sie red ein bißl mit mir. Ein bißl reden. Mit Sprache sprechen. Komm jetzt!" und zog mich eilig am Ärmel fort.

Dieses „ein bißl reden", wie Daniel unsere Therapie bezeichnete, machte ihm offensichtlich sehr viel Spaß. Wenn ich meinen Kopf zur Klassentür hineinsteckte, leuchteten seine Augen auf, er lief auf mich zu, warf sich in meine Arme und drückte sich fest an mich, obwohl Daniel sonst trotz seiner allgemeinen Kontaktfreude kein „Schmusekind" ist, das oft und gerne von sich aus Körperkontakt sucht.

Als Daniel mich wieder einmal auf diese herzliche Art begrüßte, fragte die anwesende Fachlehrerin ungläubig: „Sie kommen doch wegen der Sprachtherapie. Oder?"

Daniel brachte nicht nur eine Menge Motivation ins Therapiezimmer mit, sondern er setzte sie auch immer mehr in ausdauernde Aktivitäten um (vgl. Kap. 4.2). Gerade bei ihm, dessen kurze Aufmerksamkeitsspanne und geringe Konzentrationsfähigkeit vielfach beobachtet worden waren (vgl. Kap. 3.4.2.1), erstaunten mich Äußerungen wie folgende, die häufig fielen, wenn die Schulglocke läutete:

> „Ooohh! Nicht mehr spielen heute wir?" (enttäuscht)
> „Nö! Noch länger haben wir!" (protestiert)
> „Stimmt's? Wir überziehen heut die Stunde!"
> „Am Freitag wieder kommsch. Stimmt's?"

Manchmal verhandelte er präventiv zu Beginn der Stunde. Nachdem er schon unterwegs zum Therapiezimmer versucht hatte, die Religion-Doppelstunde in eine Therapie-Doppelstunde umzuwandeln, erhielt er folgende Antwort von mir:

> U: Aber in der zweiten Stunde mußt du zurückgehen. Wir machen bloß eine Stunde, und dann hast du noch eine Stunde Religion.
> D: Nein!
> U: Doch. Das ist immer so.
> D: Gemein is!
> U: Das ist nicht gemein.
> D: Nicht fair!
> U: Echt?
> D: Nicht fair!

U: Ja, aber du mußt ja auch ein bißchen Religion lernen.
D: Nein! Hat schon.

Daß Daniel die Therapie dem Religionsunterricht vorzog, konnte ich noch nachvollziehen. Daß er jedoch sogar auf die Schulpause verzichten wollte, erstaunte mich dann doch sehr:

U: Du, jetzt ist Pause. Du hast schon die halbe Pause verspielt.
D: Na und?
U: Magst du nicht noch ein bißchen in die Pause?
D: M-m.
U: Nicht?
D: M-m.
U: Ehrlich?
D: M-m.
U: Opferst du deine Pause für unsere Therapie?
D: M-hm!! [19]

Manchmal hatte ich regelrecht Schwierigkeiten, der Therapiestunde ein Ende zu setzen:

U: Aber dann müßten wir jetzt aufhören. Ich komm ja nächsten Freitag wieder. Das ist übermorgen.
D: Hmm! (unwillig)
U: Nicht?
D: M-m! (setzt sich demonstrativ hin)
U: Du, wir haben jetzt zwei Schulstunden gespielt.
D: Na und?
U: Ich komm nächsten Freitag.
D: M-m! (stützt beide Arme fest auf den Tisch)
U: Nächsten Freitag darf der Bernd mitkommen. (Daniels Freund) Wollen wir das dann nochmal spielen?
D: M-hm. O.K.
U: Tut mir leid, aber wir haben jetzt sowieso schon überzogen. Wir haben zwei Schulstunden und die halbe Pause gespielt.
D: Ja und? Was ist dabei?

Bemerkenswert ist, daß, wenn Daniel eine Verlängerung erreicht hatte, er dann tatsächlich intensiv weiteragierte (während ich oft schon gegen Erschöpfungserscheinungen ankämpfte):

D: Wechseln wir. Stimmt's? (nach dreimaligem Rollentausch)
U: Hm?
D: Wir wechseln. (bestimmt)
U: Wir wechseln? (erstaunt)
D: M-hm! (mit Nachdruck)
U: Nochmal? (ungläubig)
D: Jaaa! Bitte!

---

19 In den Transkripten steht „M-m" immer für Verneinung und „M-hm" für Zustimmung.

4.2 Etablierung von Interaktionsstrukturen

Daniels Kommunikationsverhalten war ambivalent (vgl. auch Kap. 3.6.4). Im allgemeinen zeigte er keine Sprechscheu. Wenn er etwas auf dem Herzen hatte, mußte er es möglichst sofort loswerden und „plapperte" freimütig drauflos. Wenn er jedoch nicht gerade das akute Bedürfnis hatte, ein „aufregendes" Ereignis zu erzählen, verhielt er sich eher abwartend. Anstatt sprachlich zu agieren, beschränkte er sich aufs Reagieren, indem er seiner Zustimmung durch „m-hm" und seiner Ablehnung durch „m-m" Ausduck verlieh. Wenn die Situation mehr Information verlangte, versuchte er diese möglichst durch nonverbale Kommunikationselemente der Gestik und Mimik zu liefern. Daniel war es nicht gewohnt, sein Ziel in der Kommunikation weiter zu verfolgen, wenn sich dieses als schwierig erwies. Wurde er nicht sofort verstanden, beließ er es meist dabei und versuchte das Gespräch durch Bemerkungen, wie z.B. „Ach, nichts.", „Nicht so wichtig." oder „Nimmer weiß ich.", zu beenden. Verbale Auseinandersetzungen zu einem bestimmten Thema empfand Daniel nicht als Herausforderung. Er wich ihnen nach Möglichkeit aus, indem er dem Gesprächspartner einfach recht gab, unvermittelt das Thema wechselte oder versuchte, die Aufmerksamkeit seines Gegenübers auf andere Dinge oder Handlungen zu lenken.

Darum war es wichtig, eng verwoben mit der emotionalen Annäherung (vgl. Kap. 4.1), auch auf sachlicher Ebene über Erkundigung, Anregung, Verhandlung und Erprobung gemeinsame Themen, Handlungs- und Interaktionsmöglichkeiten ausfindig zu machen (vgl. DANNENBAUER 1992d), bei denen wir verweilen konnten und für die Daniel zu mehr und ausdauerndem sprachlichen Einsatz bereit war.

Unter Nutzung von Daniels Motivationslage (vgl. Kap. 4.1.5) und Berücksichtigung seiner Interessensgebiete mußten „trianguläre Bezüge" zwischen Ich-Du-Gegenstand (vgl. ZOLLINGER 1987) hergestellt werden. „Joint attention" und „joint action" mußten angebahnt und gesichert werden, damit bestimmte kommunikative Schemata als „language acquisition support system" dienen konnten (vgl. BRUNER 1983).

Hat man erstmal ein gemeinsames Repertoire funktionierender Kommunikations- und Aktionsschemata etabliert, so kann man sie später als „Transportsystem" für die ausgewählten Zielstrukturen nutzen (vgl. DANNENBAUER/KÜNZIG 1991). Dafür mußten Daniels Spracherfahrungen und kommunikativen Aktivitäten jedoch erst erweitert und differenziert werden.

4.2.1 Themen und Medien

4.2.1.1 Zaubern

Das Thema, welches die Therapie über zwei Jahre hinweg durchziehen sollte, ergab sich in einer der ersten Stunden.

Daniel war mir, als fremder erwachsener Person gegenüber, zwar freundlich und offen, aber gleichzeitig respektvoll abwartend. Er erzählte und antwortete bereitwillig und stellte auch ab und zu Fragen, aber insgesamt war sein Sprachumsatz nicht sehr hoch. Meist sprudelte er zu Beginn der Stunde los, wenn er sich jedoch das Wichtigste von der Seele geredet hatte, verstummte er und beschränkte sich auf seine „m-hm"-"m-m"-Strategie. Anregung, Nachfragen, Abwarten vermochten kaum seine Initiative zu wecken. Handlungen führte er möglichst kommentarlos aus.

Um Daniel aus der Reserve zu locken, hatte ich das Therapiezimmer in ein Zauberreich verwandelt. Die zugezogenen gelben Gardinen erzeugten ein stimmungsvolles Dämmerlicht, Daniels Stuhl stand als Thron erhöht auf dem Tisch und war mit attraktiven Zauberutensilien (Zaubermantel, -hut und -stab) bestückt. Als Daniel ins Zimmer stürmte, blieb er wie angewurzelt stehen und stieß ein staunendes „Ohh!" aus. Fast andächtig zog er den seidenglänzenden schwarzen Zaubermantel an und traute sich kaum, auf den Tisch zu steigen, um seinen Platz auf dem Thron einzunehmen. Sobald er jedoch dort oben saß, lebte er sichtlich auf. Er sagte, er sei Zauberer Zwackelmann und ich der Zauberer aus Buxtehude, eine Rollenzuweisung, die wir von nun an beibehielten. Wir verzauberten uns und unsere Umgebung um die Wette. Daniels (sprachlicher) Einsatz war erstaunlich.

Von nun an wünschte sich Daniel immer wieder, „Zauberer" zu spielen. Das Wort „zaubern" hatte eine magische Wirkung auf Daniel. Das Anziehen des Zaubermantels wurde zum Ritual und leitete jedesmal schöne und effektive Stunden ein, in denen ich Daniels geballter Aufmerksamkeit und Motivation sicher sein konnte. Das Thema ließ sich vielfältig variieren und erweitern, so daß es zu unterschiedlichsten Zwecken und als Träger verschiedener Sprachformen genutzt werden konnte (vgl. Kap. 7).

4.2.1.2 Plüschmaus „Jerry"

Eine ähnliche Wirkung ging von „Jerry", einer Plüschmaus, aus. Wir benötigten für eine bestimmte Therapiestunde einen dritten Mitspieler. Da eine weitere Person Daniel zu sehr abgelenkt hätte[20], nahm ich Jerry mit und hoffte, daß Daniel darauf eingehen würde, was von einem 10-jährigen Jungen nicht unbedingt zu erwarten war. Umso mehr verblüffte mich seine Reaktion. Daniel fing spontan an, sich mit Jerry zu unterhalten. Er fragte, wie es ihm gehe und erkundigte sich, ob er bei mir genügend Käse bekomme. Jerry, dem ich meine Stimme lieh, antwortete Daniel und stellte seinerseits Fragen.

Jerry wurde zum festen Bestandteil der Therapie. Er bot viele Sprechanlässe, erfüllte aber auch andere Funktionen. Er fungierte als Schmusetier, als „Sprachrohr" für heikle Themen, die emotional stark beladen waren oder Mut erforderten, und zuweilen als Überbrückungshilfe, wenn die Therapie länger als eine Woche nicht stattfand (z.B. in den Ferien).

In den Gesprächen mit Jerry war Daniel völlig ungehemmt. Er fühlte sich überlegen und für die Kommunikation verantwortlich. Er zeigte mehr Initiative und übernahm stärker die Führung als sonst (vgl. Gespräch im Anhang 11.3.3). Daniel belehrte den kleinen Jerry wohlwollend und erklärte ihm geduldig und ausdauernd verschiedenste Dinge. Jerry durfte Verhaltensweisen zeigen, die Daniels sprachlichen Umsatz und Flexibilität förderten, mir jedoch nicht in dem Maße zur Verfügung gestanden hätten. Jerry war sehr neugierig und stellte viele Fragen; er provozierte Daniel durch Frechheit, Widerspruch und Zweifel.

Da sich Daniel der Maus immer mit ganzer Aufmerksamkeit und Ernst zuwandte, bot ihr Einsatz ideale Gelegenheiten für Modellsprache.

4.2.1.3 Cassettenrecorder

Der ursprüngliche Zweck des Cassettenrecorders war es, Sprachproben für Spontansprachanalysen und für die Reflexion einzelner Therapieeinheiten aufzunehmen. Daniel erlaubte mir zwar, den Recorder einzuschalten, schielte jedoch anfangs dauernd zu dem Gerät. Allmählich vergaß er es dann, hielt aber jedesmal inne und sprach nur noch flüsternd, wenn er im Zuge der Interaktion plötzlich in unmittelbarer Nähe des Cassettenrecorders stand. Am Ende der Stunde wollte sich Daniel unbedingt einen Teil der Aufnahme anhören. Er reagierte enttäuscht und betroffen, als er sich selber sprechen hörte. Manche seiner eigenen Äußerungen verstand er selbst nicht, und wenn sich Unflüssigkeiten, Abbrüche und Aussagerevisionen häuften, wurde er ganz ungeduldig und ärgerlich. Er spulte das Band

---

20 Später hatten wir des öfteren „Besuch" in unserer Therapie, aber zu diesem frühen Zeitpunkt erschien mir das Arbeiten in der Gruppe nicht sinnvoll.

vor und zurück, um eine Stelle zu finden, wo er besser sprach. Dabei stieß er glücklicherweise auf einen lustigen Teil unseres Dialogs, was die Situation etwas entspannte.

Für die darauffolgende Stunde bereitete ich einen Zusammenschnitt der flüssigen und korrekten Äußerungen der Aufnahme vor. Daniel spielte sie einzeln ab, wobei sich seine Miene sichtlich aufhellte. Danach verlangte er von selbst, den Recorder auch in dieser Stunde mitlaufen zu lassen. Es wurde eine sehr gelungene Stunde, in der Daniel als Zauberer Zwackelmann die verrücktesten Verwandlungen mit mir anstellte. Beim Abhören der Cassette mußte Daniel herzhaft lachen und wollte sie unbedingt nach Hause mitnehmen, um sie seinen Eltern vorzuspielen, was ich selbstverständlich gern erlaubte.

Daniel hantierte sehr gerne mit dem Cassettenrecorder. Fachmännisch kümmerte er sich um die Stromversorgung, bestimmte den Platz, an dem er stehen sollte und bediente ihn selbständig. Ich nutzte Daniels großes Interesse an der technischen Seite des Geräts für sprachliche Zwecke. Der Cassettenrecorder wurde zu einem beliebten Arbeitsmittel, welches vielfältig eingesetzt werden konnte.

4.2.2 Aktionsschemata

4.2.2.1 Spielformen

Bei Daniel konnte ich aufgrund seines Alters sowie seiner geistigen und sozioemotionalen Entwicklung (vgl. Kap. 3) davon ausgehen, daß uns grundsätzlich sämtliche Spielformen auf allen Stufen der Spielentwicklung (vgl. OERTER/MONTADA 1982) als Handlungsrahmen für eine gezielte Sprachtherapie zur Verfügung standen.

Besonders geeignet für die Anwendung der Modellierungstechniken (vgl. Tabelle Kap. 2) erschien mir das dialogische Hin und Her der Puppen- und Rollenspiele. Diese beiden Formen enthalten einen besonders hohen Verbalanteil der Spielhandlung und bieten somit vielfach Gelegenheit, die Zielstruktur in Modellsprache zu präsentieren bzw. sie in Äußerungen des Kindes wahrzunehmen und modellierend aufzugreifen. Zudem erfordern Puppen- und Rollenspiele ein hohes Maß an Kompetenz und Flexibilität auf sämtlichen Sprachebenen.

Daniel verfügte zwar über die grundlegenden Fähigkeiten für diese Interaktionsformen, es fehlte ihm jedoch an Erfahrungen in diesem Bereich. Puppen- und Rollenspiele waren ihm zwar nicht völlig unbekannt, aber weder aus Schule noch Elternhaus wirklich vertraut. Zusätzlich setzten Daniels eingeschränkte sprachliche Fähigkeiten seine Fertigkeiten bezüglich dieser anspruchsvollen Spielformen herab. Daher war eine Phase des Ausprobierens und des Sammelns von Erfahrungen unabdingbare Voraussetzung für höher stukturierte Lehr- Lernsituationen dieser Art.

Als dritte wichtige Spielform in der Therapie mit Daniel etablierten sich Regelspiele.

4.2.2.1.1 Handpuppenspiele

Während ich zusammen mit Daniels Religionslehrer vor dem Klassenzimmer auf den Stundenwechsel wartete, erzählte mir dieser, wie begeistert Daniel am Vortag von einer Kasperltheatervorführung gewesen sei, die er mit seiner Klasse besucht hatte. Er habe regelrecht mit den Figuren mitgelebt, laut dazwischengerufen, heftig gestikuliert und geklatscht.

Das schien mir der richtige Moment zu sein, um die Handpuppen einzuführen. Als ich in der darauffolgenden Woche eine ganze Tasche voll verschiedener Figuren mitbrachte, war Daniels Freude tatsächlich groß. Trotzdem erwies es sich als gar nicht so einfach, selber eine Geschichte zu spielen. Anfangs hatte Daniel Hemmungen als „Kasperl" zu sprechen, ließ sich aber durch meinen unbefangenen Umgang mit der „Oma" bald mitreißen.

Nachdem wir uns ein bißchen „warmgeredet" hatten, machte ich den Vorschlag, eine richtige Kasperlgeschichte zu spielen. Daniel sagte, er kenne eine spannende mit dem Räuber Hotzenplotz und begann sofort mit dem Vers: „Tri-tra-trulala, der Kasperl ist wieder da! Kinder, seid ihr alle da?" Danach spielte er eifrig drauflos, und ich versuchte, spontan darauf zu reagieren. Daniel wurde jedoch ärgerlich, weil ich mich nicht an seine Geschichte hielt, welche ich ja gar nicht kannte. Auch nachdem ich ihm deutlich klarzumachen versuchte, daß ich doch bei der Kasperltheatervorführung nicht dabeigewesen war und daher die Handlung nicht kannte, fiel es ihm sehr schwer, sich in meine Situation und meinen Informationsstand hineinzuversetzen. Er machte unangemessene Präsuppositionen (vgl. BATES 1976) und lieferte mir nicht die notwendigen Informationen, die es mir möglich gemacht hätten, konstruktiv im Sinne der Räuber-Hotzenplotz-Geschichte zu agieren. Daniel wurde immer ungeduldiger, aber ich versuchte, die Handlung auf jeden Fall aufrechtzuerhalten und zu einem befriedigenden Ende zu führen. Zuerst stellte ich zwischendurch leise ab und zu eine Frage, dann begann Daniel von selbst, mir durch Deuten, Gesten und Flüstern Handlungsanweisungen zu erteilen. Trotz der Anfangsschwierigkeiten endete die Stunde erfolgreich.

Um mehr Sicherheit bei dieser Form der Interaktion zu gewinnen, und weil Daniel das Publikum vermißt hatte, spielten wir die gleiche Geschichte Jerry und dann Daniels Freunden im Kinderhort vor.

Nachdem ich die Handpuppen öfter mitgebracht hatte, und wir noch mehr bekannte Kasperlgeschichten nachgespielt hatten, regte ich Daniel an, sich eigene Geschichten auszudenken. Daniels Schwierigkeiten, eigene Ideen zu entwickeln, zu variieren und zu phantasieren, flexibel und kreativ zu spielen, waren beträchtlich. Durch wohlwollendes und konstruktives Eingehen auf noch so zaghafte Initiativen Daniels, aber auch durch Anregung und Ermutigung unterstützte ich Daniel in seiner Entwicklung zu einem aktiven, ausdauernden und kompetenten Spielpartner.

Beim Handpuppenspiel wurde ein weiterer Problembereich von Daniels Kommunikationsverhalten sehr deutlich. Er sprach nun zwar viel und unbefangen, unterbrach mich aber sehr häufig. Das Nichteinhalten der Gesprächsregeln wurde schon öfter von Daniels Lehrerin und seiner Erzieherin beklagt (vgl. Kap. 3.6.4) und war mir selbst auch schon aufgefallen (vgl. auch Anhang 11.3.1).

Im Rahmen einer Sprachtherapie, die auf Prozessen des Modellernens basiert (vgl. Kap.2), ist die Fähigkeit, aufmerksam zuzuhören und den Gesprächspartner ausreden zu lassen, absolut unverzichtbar.

Die Handpuppenspiele waren gut geeignet, um Daniel die Wichtigkeit dieses Konversationspostulats erleben zu lassen. Durch indirekte und direkte Hinweise versuchte ich, auf Daniels Sprechverhalten Einfluß zu nehmen. Beispielsweise setzte „Gretel" ihre Äußerungen konsequent an der Stelle fort, an der sie unterbrochen worden war, und „Oma" stampfte ärgerlich mit dem Fuß auf, wenn „Kasperl" sie mehrmals nacheinander nicht hatte aussprechen lassen.

Daniel lernte allmählich, abzuwarten. Nachdem er mir trotzdem wieder einmal ins Wort gefallen war, brach er mitten im Satz ab und sagte: „Ich warte, bis ausredet hast."

4.2.2.1.2 Rollenspiele

Obwohl Daniel schon recht geschickt als Zauberer agierte (vgl. Kap. 4.2.1.1), fiel es ihm nicht ganz leicht, andere Rollen zu spielen.

Als ich z.B. einmal eine Tasche voller Dinge zum Verkleiden mitgebracht hatte, wählte Daniel für sich einen Bademantel und eine Schnapsflasche aus, und für mich, als seine Ehefrau, eine Schürze und einen Kochlöffel. Während des gesamten Spielverlaufs sprach er kein Wort in seiner Rolle als „Helmut", gab mir jedoch flüsternd genaue Handlungsanweisungen, die ich versprachlichte und ausführte. Indem ich „Helmut" immer wieder direkt ansprach, versuchte ich, ihn zum Sprechen zu bringen. Jener hatte jedoch „30 Bier" getrunken und war entsprechend betrunken.

Auf der Cassette, die ich mitlaufen ließ, sind von „Helmut" nur Lallen und unwirsches Brummen zu hören. Daniel hingegen flüsterte mir dauernd zu, was ich zu tun hatte.

Kurz zusammengefaßt verlief die Handlung wie folgt: Wir gingen zum Angeln. Dabei brach Helmut zusammen, weil er zuviel getrunken hatte. Der Krankenwagen mußte kommen. Ich schlüpfte in die Rolle des Notarztes, um Helmut den Magen auszupumpen. Daniel bestand jedoch auf einer Herzoperation, weil dieses einen „Riß" hatte. Ein „neues Herz" mußte Helmut implantiert werden. Obwohl seine Frau liebevoll versuchte, ihn gesund zu pflegen, starb Helmut. Ich sah das Spiel als beendet an, wurde aber von Daniel dringlich aufgefordert, Helmut zu begraben und zu beweinen.

Während ich nach diesem Spiel nachdenklich und etwas verwirrt meine Sachen einpackte, drehte sich Daniel in der Türe noch einmal um und sagte mit Überzeugung: „Aber schön war!"

Nachdem ich wiederholt feststellen mußte, daß Daniel im Rollenspiel nicht die gleiche Unbefangenheit als Sprecher an den Tag legte, wie dann, wenn er seine Stimme einer Puppe lieh, versuchte ich, ihm die Situation dadurch zu erleichtern, daß ich sie enger strukturierte.

Der anstehende Besuch von Daniels früherer studentischer Therapeutin Annette bot eine günstige Gelegenheit dazu. Wir lasen die Geschichte vom „Zauberkünstler Fix"[21] und seinen beiden unartigen Kindern. Daniel erzählte sie auf Cassette nach (vgl. Anhang 11.3.2) und schickte diese samt einer Einladung an Annette. Eine Cassette mit der Geschichte für Annette anzufertigen, war unbedingt notwendig, weil wir sie als dritte Mitspielerin brauchten und ihr daher die Handlung vertraut sein mußte. Außerdem schrieben wir einen Brief an das Institut für Sprachbehindertenpädagogik in München, in welchem wir um eine Videokamera baten, um das Spiel aufnehmen zu können.

Einige Faktoren wirkten sich in dieser Stunde leistungssteigernd auf Daniels (sprachliches) Verhalten aus. Er war sehr stolz, zum erstenmal in seinem Leben ein Buch von Anfang bis Ende selbst gelesen zu haben. Auf das Wiedersehen mit Annette hatte sich Daniel sehr gefreut, und die umfangreichen Vorbereitungen hatten seine Vorfreude zusätzlich gesteigert. Die Videokamera schüchterte Daniel nicht ein, sondern sie gab ihm das Gefühl, etwas außergewöhnlich Wichtiges zu tun. Die gelesene Geschichte bot ein Handlungsgerüst, welches ihm Sicherheit gab, ihn aber im Laufe

---

21 „Zauberkünstler Fix". Text: Werner N.. Bilder: Gürtzig E.. Leipzig 1969

des Spiels nicht davon abhielt, zu variieren und zu improvisieren. Diese Stunde konnte in jeder Hinsicht als gelungen bezeichnet werden.

Daß sich Daniels Kommunikationsverhalten seit Beginn der Therapie tatsächlich verändert hatte, bestätigte auch Annette. Sie stellte erstaunt fest, wie selbstsicher und konstruktiv Daniel den Verlauf der gesamten Stunde mitgestaltet hatte, und wieviel er dabei gesprochen hatte.

Dieses Erlebnis brachte tatsächlich eine einschneidende Veränderung in Daniels (sprachlichem) Verhalten bei Interaktionen dieser Art. Es gelang ihm nun auch bei freien Rollenspielen immer besser, durch einen geschickten Wechsel von Phasen der Initiative und der Responsivität zur Entwicklung eines symmetrischen „Ich-Du-Geschehens" beizutragen (DANNENBAUER/KÜNZIG 1991).

Erwähnenswert ist in diesem Zusammenhang noch die wichtige Funktion des Rollentauschs. Nachdem ich Daniel ab und zu vorgeschlagen hatte, die gleiche Spielsequenz mit vertauschten Rollen zu wiederholen, verlangte er bald von selbst, bestimmte Abschnitte wieder und wieder durchzuspielen (vgl. Kap. 4.1.5 und 11.3.6). Dieses Ritual kam dem anvisierten Vermittlungsprozeß ausgewählter Sprachstrukturen über Modellernen sehr entgegen. Daniel konnte durch den Rollentausch die Zielstruktur expressiv ausprobieren, die er zuvor in meiner möglichst prägnanten Modellsprache (vgl. Kap. 8) beobachten und rezeptiv erfassen konnte.

4.2.2.1.3 Regelspiele

Als gute Ergänzung zu den relativ komplexen und offenen Handlungsverläufen der Handpuppen- und Rollenspiele erwiesen sich die enger strukturierten Regelspiele.

Die Vorschläge, in der Therapie Kartenspiele, Mühle, Mensch-ärgere-Dich-nicht u.ä. zu spielen, kamen immer von Daniel, denn ich hielt sie anfangs für sprachtherapeutisch wenig ergiebig, da sie eigentlich kaum sprachliche Auseinandersetzung erfordern. Da ich jedoch Daniel ermuntert hatte, eigene Ideen und Wünsche zu äußern, war es wichtig, diese auch zu verwirklichen.

Daniel spielte mit Feuereifer Runde um Runde, der Wettbewerbscharakter der Spiele spornte ihn an, und es war ihm wichtig, zu gewinnen. Ich überlegte, ob es nicht doch möglich wäre, Daniels hohe Motivation bei diesen Spielen für sprachliches Lernen zu nutzen. Ich versuchte, das Spieltempo etwas herabzusetzen, indem ich meine Spielhandlungen verbal begleitete und meine taktischen Überlegungen laut aussprach. Wenn Daniel an der Reihe war, kommentierte ich sein Tun und stellte Vermutungen über seine Spielstrategie an. Anfangs fühlte sich Daniel durch mein Reden in seinem Handlungsdrang gestört. Er trieb das Spiel voran, denn er wollte möglichst schnell gewinnen. Ich ließ mich nicht aus der Ruhe bringen, kommentierte weiterhin jeden Spielzug und gewann eine Runde nach der anderen. Daniel wurde ärgerlich: „Soviel Glück hast!", worauf ich entgegnete, daß mein Erfolg nicht an einer Glückssträhne liege, sondern daran, daß ich mir eben Zeit zum Überlegen nähme. Von da an begann Daniel auch, laut nachzudenken; zuerst zaghaft, dann immer selbstsicherer, wobei er sich deutlich an meinen Äußerungen orientierte. Prompt wurde auch seine Gewinnquote besser.

Da Daniel ein schlechter Verlierer war, setzte er alles daran, mich zu übertreffen, was sich auch sehr positiv auf seinen Sprachumsatz auswirkte. Durch den Wettbewerbscharakter waren Daniels Aufmerksamkeit und Konzentration gesichert. Er achtete genau auf alles, was ich sagte und tat, und gab sich Mühe, selbst präzise und geschickt zu agieren.

Auf diese Art und Weise wurden Regelspiele zu effektiven Sprachlernsituationen. Sie gaben ein kurzrhythmisches Hin und Her und einen durch die Spielregeln fest definierten Handlungsrahmen vor. Sach- und Sprachkontext waren aufs engste miteinander verzahnt. Später war es ein Leichtes, in diesen gewohnten und eingespielten Handlungsverlauf ausgewählte Sprachstrukturen einzubauen, die in einem funktionalen Zusammenhang mit dem entsprechenden Spiel standen (vgl. Kap. 7.1.7 und 7.2.2).

4.3 Zusammenfassung

In dieser Zeit war die Therapie für Daniel und mich zum Raum des Wohlbefindens und der konstruktiven Partnerschaft geworden. Die Beziehung, die sich zwischen uns entwickelt hatte, war durch Achtung, Wertschätzung, Wärme und Vertrauen gekennzeichnet[22].

Wir waren fähig, miteinander eine reichhaltige Kommunikation zu betreiben, innerhalb derer jeder von uns als vollwertige, eigenständige Persönlichkeit ihren „Part" wahrnehmen konnte.

Die besondere Qualität unserer Beziehung bot eine gute Basis für Prozesse des Modellernens. Ich konnte auf Daniels Aufmerksamkeit und seine entgegenkommende Lernaktivität bauen, ohne die die Beobachtung, innere Kodierung und Reproduktion relevanter Merkmale meines (Sprach-)

---

[22] Weitere Ausführungen zu einem sinnvollen Sprachtherapeutenverhalten auf der Beziehungsebene und deren Zusammenhang mit Prozessen des Lernens beim Kind finden sich bei DE VRIES 1977.

Verhaltens als Modell nicht hätte funktionieren können (vgl. BANDURA 1979).

Durch „Koordination der Aufmerksamkeitsausrichtung und der Handlungsregulation" (vgl. BRUNER 1983) in unseren Interaktionen war es zu einer Verzahnung der Verhaltensrhythmik zwischen Daniel und mir gekommen, welche die bevorstehenden Modellierungs-Imitationssequenzen zusätzlich begünstigen sollte.

Gerade bei Daniel war es wichtig, einige Voraussetzungen für eine effektive Sprachtherapie zu schaffen. Langzeituntersuchungen von ALLEN/RAPIN (1980) haben ergeben, daß beispielsweise die Initiative und Responsivität in der Kommunikation (mit verbalen oder gestischen Mitteln), das Niveau der Spielentwicklung und das allgemeine Aktivitätsniveau (moduliert oder extrem) einen besonders hohen prognostischen Wert haben.

Daniel, dessen Aufmerksamkeit anfangs eher flüchtig war und dessen Verhalten zwischen zappeligem Übersprudeln und einsilbigem Abwarten wechselte, hatte in jedem dieser Bereiche dazugelernt und war zu einem vielseitigen, aktiven und responsiven Kommunikationspartner geworden.

Das Repertoire an Themen, funktionierenden Spiel- oder Handlungsformen und Interaktionsritualen, das wir uns gemeinsam aufgebaut hatten, stellte Prototypen künftiger sprachtherapeutischer Situationsstrukturierungen dar[23].

Nach einer Stunde, in der sich Daniel überraschend stark eingebracht hatte, sowohl sprachlich als auch handelnd das Geschehen mitgestaltet hatte, und wir uns in einem Zustand zufriedener Erschöpfung verabschiedeten, kam folgender kleiner Dialog zustande:

    U: Du warst heute super!
    D: Du auch!

Da wir uns nun darüber einig waren, und das nicht nur in diesem speziellen Moment, konnte die eigentliche Therapie beginnen.

---

23 Ein Vergleich zwischen Kap. 4.2 und Kap. 7 macht dieses deutlich.

5. Beschreibung der Sprache auf verschiedenen Ebenen

Inzwischen war es uns nicht nur gelungen, die „soziale und geistige Distanz" (DANNENBAUER/KÜNZIG 1991, S.177) zu reduzieren und zu überbrücken. Ich war bemüht, mich auch sprachlich Daniels Fähigkeiten anzupassen, und hatte mich schon gut auf seine Ausdrucksmöglichkeiten eingestellt. Ich war durchaus in der Lage, bestimmte sprachliche Leistungen von Daniel danach zu beurteilen, inwieweit sie für ihn typisch waren. Durch Beobachtungen und Datenerhebungen aus vielfältigen Kommunikationssituationen[24] konnte ich die spärlichen und fast ausschließlich quantitativen anamnestischen Daten[25] durch aussagekräftigere qualitative ergänzen.

Nach dem Motto „Eine differenzierte Beschreibung ist immer besser als eine pseudoexakte Standarddiagnose." (KOTTEN-SEDERQVIST 1982, S. 174), versuchte ich, auf der Grundlage einer „deskriptiven Erfassung des aktuellen Beziehungsgefüges der linguistischen und nonlinguistischen Variablen" (DANNENBAUER 1983, S. 126), immanente Strukturen und Entwicklungszusammenhänge der sprachlichen Gegebenheiten bei Daniel zu entdecken.

5.1 Pragmatik

Obwohl in Kap. 4.2 schon eine Reihe von Informationen darüber, wie Daniel sein (noch näher zu beschreibendes) Sprachpotential in der aktuellen Kommunikationssituation einzusetzen vermochte, eingeflossen sind, möchte ich an dieser Stelle einige ergänzende Beobachtungen festhalten[26].

Auf den ersten Blick trifft JOHNSTON's Beschreibung der pragmatischen Fähigkeiten sprachentwicklungsgestörter Kinder auch auf Daniel zu:

---

24 Eine ausführliche Legitimation, sowie zahlreiche Anregungen und Anleitungen zur praktischen Durchführung von Sprachdiagnosen in naturalistischen Kontexten bieten LUND/DUCHAN 1988.

25 Vgl. Kap. 3.6: „extrem starke Sprachentwicklungsverzögerung", „bedeutende Sprachprobleme", „erhebliches wortmorphologisches Defizit", „nahezu agrammatische Sprache", „ausgeprägter Dysgrammatismus", „seine Satzstrukturen waren bei weitem nicht altersgemäß".

26 Zu den pragmatischen Fähigkeiten sprachentwicklungsgestörter Kinder vgl. insbesondere DANNENBAUER 1988 und JOHNSTON 1988.

„Thus far, pragmatic studies portray the language disordered child as conversationally responsive and able to use language to accomplish his communicative goals. These pragmatic strengths are offset, however, by a certain reticence and lack of flexibility in mapping form to function-problems undoubtedly related to poor mastery of grammatical structures." (dies. 1982, S. 789)

Ich erlebte Daniel in vielen Situationen als einen responsiven Gesprächspartner, der Sprache erfolgreich zum Erreichen seiner kommunikativen Ziele einsetzen konnte. In ungezwungenen Gesprächen schaffte er es meist, trotz seiner eingeschränkten formalsprachlichen Fähigkeiten seinem Gegenüber Inhalt und kommunikative Absicht zu vermitteln. Dabei konnte er das gemeinsame Thema über mehrere turns hinweg aufrechterhalten (vgl. Anhang 11.3.1). Er verhielt sich pragmatisch angemessen und machte damit eine effektive Kommunikation möglich.

In anderen Situationen war er dazu weniger in der Lage. Wurde er z.B. falsch oder gar nicht verstanden, machte er von wenig wirkungsvollen Revisionsstrategien Gebrauch. Anstatt die entsprechende Äußerung zu modifizieren oder zu vervollständigen, wiederholte er sie mit unverändertem Wortlaut, wobei er versuchte, die enthaltene Information durch paralinguistische (Intonation, Lautstärke usw.) und nonverbale Elemente (Gestik, Mimik usw.) zu ergänzen. War er damit nicht sofort erfolgreich, wußte er sich nicht anders zu helfen und gab ziemlich schnell auf (vgl. Kap. 4.2).

Zusätzlich belasteten Daniels unangemessene Präsuppositionen (vgl. BATES 1976) ab und zu die Kommunikation (vgl. auch Kap. 4.2.2.1.1). Situationen wie die folgende (vgl. Anhang 11.3.1) gab es in Gesprächen mit Daniel des öfteren:

D: Ja. Er auch bald sterbt.
U: Wer?
D: Er. Krieganführer.
U: Der Hussein?
D: Krank ist er.

Wenn ich gleich mehrmals nachfragen mußte, weil Daniel ohne nähere Erläuterung Namen und Ereignisse erwähnte, deren Zusammenhang ich beim besten Willen nicht verstehen konnte, wurde er schnell ungeduldig. Es war ihm dann kaum möglich, sich in meinen Informationsstand als Hörer hineinzuversetzen, und er schrieb mir die Schuld am Zusammenbruch der Kommunikation zu.

Außerdem fiel es Daniel oft nicht leicht, die Konversationspostulate nach dem Kooperationsprinzip konsequent einzuhalten (vgl. Kap. 4.2.2.1.1), und es bedurfte besonderer Anstrengung meinerseits, um das Gespräch aufrechtzuerhalten.

Andererseits bewies Daniel manchmal deutlich pragmatische Stärke. Die Äußerung, mit der er mich nach einer halben Stunde zäh verlaufender Therapie konfrontierte, kann wohl als höchste Stufe des Höflichkeitspostulats bewertet werden: „Bestimmt dein Mann wartet auf dich."

Insgesamt betrachtet kann man sagen, daß sich Daniel in gewöhnlichen Kommunikationssituationen pragmatisch unauffällig verhielt. Je höhere Anforderungen jedoch ein Dialog an ihn stellte, desto deutlicher wurde seine fehlende sprachliche Flexibilität, die er zum Meistern solcher Situationen benötigt hätte[27].

5.2 Unflüssigkeiten

Schon im Alter von ca. 6 Jahren wurden bei Daniel „tonoklonische Symptome" (vgl. Kap. 3.6.2) beobachtet. Auch nach seinem 10. Lebensjahr wies sein Sprechablauf des öfteren Unflüssigkeiten auf[28].

Er wiederholte Laute und Silben („w wie.w.wi.wiev wie wiev wieviel"), ganze Wörter („Und dann voll voll vom Mund rausg'holt hatter." „Früher mit mir hat hat hat mal mit mir geredet") oder Satzteile („Hasch du hasch du hasch schon in der Zeitung gelesen?" „Und dann halt han mer noch han mer noch Preise gekriegt.")

Häufiger als solche Wiederholungen kamen in Daniels Äußerungen die Einschiebung „äh" und das Flickwort „Ding" vor („Da war _ äh __ da war äh also da war äh Geld." „Und dann Goldgräber mußten wir Messer werfen Ding äh also Cowboyshow kommt ist Ding äh der Sheriff immer Ding Sheriff drinne war Ding Holz war drinne und dann Ding Messer zusammen war auseinander macht hatter und dann jedesmal wurft hatter.")

Er nahm auch immer wieder Aussagerevisionen vor („Frau W. fragt hat _ meine Lehrerin anruft hat." „Wir haben nochmal von vorne wieder _ äh _ wir haben gestern _ gestern _ äh äh hm in Hort warsch mal _ äh im Hort weitermacht haben wir mal." „Du musch _ beim Essen Mund aufhasch.")

---

27 Dieser Problembereich hatte sich während der Phase der Sicherung der Therapiegrundlagen schon wesentlich gebessert. Obwohl Daniels linguistische Fähigkeiten nahezu unverändert waren, wußte er sie inzwischen besser in der aktuellen Kommunikationssituation zu nutzen. Er hatte gelernt nachzufragen, zu fordern, zu widersprechen usw.

28 Vgl. dazu FIEDLER/STANDOP 1986, Kap. 1.2 „Grundsymptomatik: Klonisches und tonisches Stottern" und Kap. 1.3 „Den Stottervorgang begleitende Auffälligkeiten".

Obwohl die Häufigkeit der genannten Sprechunflüssigkeiten bei Daniel mit Sicherheit überdurchschnittlich war, ist die Symptomatik m.E. nicht als „Stottern" zu bezeichnen. Dafür sprechen zwei Gründe. Daniel wiederholte Silben und Wörter locker, ohne den Sprechrhythmus zu verändern. Es ließen sich keine Anzeichen von Spannung während des Sprecheinsatzes feststellen. Außerdem schienen die Einschiebungen und Aussagerevisionen bei Daniel eher Ausdruck eines Sprachproblems als eines Sprechproblems zu sein (vgl. BAUMGARTNER 1992). Er versuchte mit diesen Mitteln seine Schwierigkeiten bei der Satzkonstruktion zu meistern und nicht Unterbrechungen seines Sprechablaufs zu überwinden[29].

5.3 Semantik

Zwar führte ich mit Daniel keinen Wortschatztest durch[30], um seine Bedeutungsentwicklung zu überprüfen, jedoch boten mir unsere abwechslungsreichen Interaktionen genügend Gelegenheiten, sein sprachliches Handeln auch unter dem Blickwinkel seiner semantischen Fähigkeiten genauer zu beobachten.

„Semantische Fähigkeiten und Schwierigkeiten zeigen sich somit durch den Umfang an ‚Wörtern' und durch die Art und Form von deren Verwendung. Dies läßt sich erfassen, indem wir uns auf die Welt des Kindes einlassen und schauen, inwiefern es in der Lage ist, seine alltäglichen Handlungen sprachlich zu begleiten...Bei der Diagnose der semantischen Fähigkeiten ist deshalb nicht nur der Umfang des Lexikons einzuschätzen, sondern auch festzustellen, welche Verhaltensweisen ein Kind zeigt, wenn ihm lexikalisches Wissen fehlt." (FÜSSENICH 1992, S. 105)

Auf der Ebene des Sprachverstehens überraschten mich Lücken in Daniels Wortschatz, die ich aufgrund seines Alters von 10 Jahren nicht erwartet hätte. So z.B. reagierte er auf meine Frage „Warum bist du heute so ernst?" verwirrt, und es stellte sich heraus, daß er das Wort „ernst" nicht kannte. Ein anderes Mal verhielt er sich ähnlich bei dem Wort „Gemüse" und hatte anschließend Schwierigkeiten, einzelne Sorten den Kategorien „Obst" und „Gemüse" zuzuordnen.

---

29 Vgl. dazu FIEDLER/STANDOP 1986, Kap. 2.3 „Abgrenzung frühkindlichen Stotterns von frühkindlichen Sprechunflüssigkeiten".

30 Der diagnostische Wert von Wortschatztests ist umstritten. Eine Zusammenfassung der kritischen Einwendungen unterschiedlicher Autoren an solchen Verfahren findet sich bei FÜSSENICH 1992.

Auffälliger als seine Verständnisschwierigkeiten waren Daniels Probleme auf der Ebene der Produktion[31]. Er suchte oft angestrengt nach den passenden Wörtern. Dabei äußerte er wiederholt das Stereotyp „wieheigleiwiede" (wie heißt das gleich wieder), schnippte mit den Fingern und runzelte die Stirn.

Seine Wortfindungsschwierigkeiten schienen unterschiedliche Ursachen zu haben (vgl. GROHNFELDT 1991).

„Da das Gedächtnis Wörter nicht als Einheit speichert, sondern Bedeutung und Lautgestalt getrennt, haben sie (die Kinder) Schwierigkeiten mit der situativen Verfügbarkeit von Wörtern. Es ist oft nicht festzustellen, ob den Kindern Wörter nicht einfallen, weil sie ihre Bedeutung nicht richtig kennen, oder ob es daran liegt, daß sie die Bedeutung zwar kennen, sie aber die entsprechenden Lautmuster nicht aktivieren können." (FÜSSENICH 1992, S. 101 f)

Folgende Beispiele zeugen m.E. von einem unzureichenden Zugriff auf die phonologische Wortrepräsentation:

„Krokosse _ Kokosnüsse _ Kokosse _ Krokonüsse _ Kroküsse _ Kokusse _ Krokusse"
„Sto äh Stinktiere"
„Apfel _ küch _ Apfel _ Abfall _ Äpfelküch _ Apfelsch _ Apfelstu" (Zielwort „Apfelküchle")
„Die Zwei aufnahmen _ aufmm _ nehmen kann man."
„Mandel! Mandel! Mandel mitbracht hasch?" (Zielwort „Mantel")

D: Und dann er hinfallt und dann belont werd. Tot isser dann.
U: Im Sport ist man doch nicht tot.
D: Doch! Doch! Von die Kinder hab ich mal mit meine Kum _ Kameraden geschlagen. Auch belustlos waren sie.
U: Du wirst fremde Kinder doch nicht umgebracht haben!?
D: Ding _ draufhaut hab ich un dann belustwos. Zehn Minuten belustwos.
U: Ach! Die waren zehn Minuten bewußtlos.
D: M-hm!
U: Ohne Bewußtsein.
D: Ja.

Häufig setzte Daniel Passe-par-tout-Wörter (vgl. ZOLLINGER 1991) ein, wie in folgendem Beispiel:

U: Ich soll dir einen schönen Gruß von Herrn D. ausrichten.
D: Du ihm auch ausrichten sowas _ wie er.

---

31 FÜSSENICHs (1992) Orientierungsraster zur Erfassung des Problemlöseverhaltens von sprachentwicklungsgestörten Kindern bei fehlendem lexikalischen Wissen bietet hilfreiche Analysekriterien.

Wenn nötig, versuchte er, sie durch nonverbale Kommunikationselemente zu spezifizieren:

„Ding" und Zeigen für „Gerüst"
„Ding" und Geste des Um-den-Hals-Schlingens für „Schal"
„Ding" und Geste des Trinkens für „Becher"
„Ding" und das Bilden kleiner Kreise mit Zeigefinger und Daumen als Zeichen für die Beeren einer „Weintraube"

Auch in folgendem Beispiel (vgl. Anhang 11.3.1) behalf sich Daniel durch Deuten, weil ihm das Wort „Augenbraue" nicht zur Verfügung stand. Zusätzlich spezifizierte er den gemeinten Begriff, indem er sagte, was es nicht ist (aus dem entsprechenden semantischen Feld):

U: Schminkst du dich auch ein bißchen?
D: Ja.
U: Wie?
D: Weiß nicht mehr genau. Bißle da. Schwarz bißle da. (deutet mit dem Zeigefinger auf seine Stirn)
U: Die Stirn? Ach, du meinst, du malst du malst dir schwarze Augenbrauen an.
D: M-hm. Kein Bart.

Daniels Ersetzungen von Wörtern durch andere Wörter aus dem gleichen semantischen Feld könnten Ausdruck eines reduzierten Wortschatzes sein, wie im Beispiel „Ganz zart sind sie jetzt." (die Löwen) statt „zahm", aber meistens fehlten die Zielwörter nicht in seinem inneren Lexikon, sondern er schien sich bei deren Abruf zu „vergreifen":

„Meine Glatze wieder her!" statt „Haare"
„Die Mama darf wieder ins Krankenhaus gehen." statt „muß"
„Hänsel _ äh _ na _ Tochter _ Seppl!" statt „Gretel"
„Vormittag _ mittag _ na _ „ (bricht ab) statt „Nachmittag"
„Das ist nicht leicht." statt „schwer"
„Der Mond hat Augen g'habt _ nein _ Mund."

D: Äh, letztes Mal haben wir ein Film angeschaut.
U: Haben wir einen Film angeschaut?
D: Ja! Mit der Wunderlaterne.
U: War das ein Film?
D: Ja äh nein. Kasperltheater.

Manchmal ersetzte er das angestrebte Wort durch ein lautlich ähnliches:

„Waage" statt „Wiege"

Eine andere konstruktive Umwegleistung, um sich beim Kommunikationspartner verständlich zu machen, stellten Daniels Umschreibungen dar. Dabei griff er meist auf Form und Aussehen des zu benennenden Gegenstandes zurück:

„Die Vögel immer ein spitzige Mund braucht äh einen Schnabel."
„Tier is _ spitzige Mund hat _ Schnabel hat." (Zielwort „Vogel")
„Drache _ Drachenhaus." (Zielwort „Zaubermantel" auf dessen Rückseite ein Drache und ein Chinesischer Pavillion aufgemalt waren)

Daniels Störungen beim Erwerb von Bedeutungen betrafen nicht nur einzelne Wörter. „Die Satzbedeutung ist mehr als die Summe ihrer Wort- und Morphembedeutungen. Gleiche Wörter ergeben nicht immer die gleiche Satzbedeutung." (GROHNFELDT 1991, S. 9)

Auf meine Äußerung „Das machen wir jetzt aber fest aus, ja?" reagierte Daniel mit der erstaunten Gegenfrage „Fest?". Das Wort war ihm mit Sicherheit bekannt, aber in diesem Zusammenhang konnte er nichts damit anfangen. Ähnlich verhielt es sich wohl mit dem Begriff „kennen" in folgendem Beispiel (vgl. Anhang 11.3.1):

U: Kennst du die drei Kinder?
D: Nö. Hm. Nu _ auswendig kannt nicht mir a _ erinnern.
U: Nicht auswendig, Daniel. Ob du sie kennst. Ob du schon einmal mit ihnen gespielt hast. Nicht, wie die heißen.
D: Doch! Einen! Mit einen spielt hab ich. Mit ihm seine Schwester auch.
U: Dann kennst du die Kinder.

Auch bei dem Versuch, selber Redewendungen der Alltagssprache zu verwenden, hatte er Probleme. Als Ausdruck höchster Überraschung sagte Daniel: „Poohh! Von dem Stil abhau ich _ äh Stil runterfallt!" statt „Mich haut's vom Hocker!"

Gerade auf Satzebene kann man Daniels Schwierigkeiten bei der Organisation der semantischen Einheiten zu komplexen Propositionen (vgl. auch Kap. 5.5.2) vorwiegend auf die fehlenden grammatischen Mittel zurückführen (vgl. DANNENBAUER 1983).

Daniels Störung der Semantik war weit weniger auffällig als die der Grammatik. Die Beispiele in diesem Kapitel sind zwar zahlreich, aber sie wurden in einem Zeitraum von mehreren Monaten gesammelt. Hingegen konnte man nahezu 100% von Daniels Äußerungen als dysgrammatisch bezeichnen. Trotzdem verdienen Daniels Probleme beim Bedeutungserwerb m.E. besondere Beachtung, zumal neuere Forschungen andeuten, „...daß Fortschritte beim Erwerb der Grammatik hauptsächlich[32] auf die Expansion lexikalischen Wissens zurückzuführen sind." (GROHNFELDT 1991, S. 9)

---

32 Diese Zusammenhänge sind zunächst nur als Hypothesen formuliert (vgl. HANSEN 1991). Daher sollte die Gewichtung ihrer Rolle im Gesamtsystem des kindlichen Spracherwerbs vorerst mit Zurückhaltung vorgenommen werden.

5.4 Grammatik

Trotz all dieser Auffälligkeiten, die sich in Daniels Sprache ausmachen ließen, herrschten Daniels sprachliche Schwierigkeiten auf morphologisch-syntaktischer Ebene eindeutig vor. Deshalb ergab sich die Notwendigkeit einer genauen grammatischen Untersuchung. Ich entschied mich für das linguistische Verfahren der „Profilanalyse" von CLAHSEN (1986) [33], das einen Vergleich der individuellen Charakteristika mit allgemeinen Entwicklungssequenzen ermöglicht (vgl. Anhang 11.1). Mein Ziel war dabei, Aufschluß über besondere Merkmale von Daniels Entwicklungsmuster, charakteristische Regeln, Strategien oder zugrundeliegende Prozesse seines Sprachsystems zu erlangen.

Zur Ergänzung der aus der Profilanalyse gewonnenen Erkenntnisse führte ich eine zusätzliche Analyse komplexer Sätze durch.

5.4.1 Profilanalyse

5.4.1.1 Datenerhebung

CLAHSEN selber (1986) empfiehlt als Sprachcorpus für die Profilanalyse eine Spontansprachprobe einer ungezwungenen Kommunikationssituation, die sich dadurch auszeichnet, daß das Kind mit der Umgebung, der/den Person(-en) und dem Spielmaterial vertraut ist. Die Stichprobe sollte mindestens 100 grammatikalisch analysierbare Äußerungen enthalten[34].

FÜSSENICH/HEIDTMANN (1985) weisen darauf hin, daß Hörer, Thema, Aufgabenstellung und äußere Umstände Quantität und Qualität von Sprachproben beeinflussen. Daher läßt sich ihres Erachtens eine Über- oder Unterschätzung des sprachlichen Entwicklungsstandes des Kindes am ehesten vermeiden, wenn man den Datencorpus aus verschiedenen Situationen mit unterschiedlichen Kommunikationspartnern zusammensetzt, weil jede Sprechsituation andere Anforderungen stellt und die Anwendung unterschiedlicher Strukturen verlangt.

CRYSTAL et al. (1976) erachten es als wichtig, mit dem Kind über frühere Ereignisse, abwesende Dinge usw. zu sprechen, damit es ein möglichst weites Spektrum von Strukturen und Formen äußert.

---

33 Ich führte die Analyse mit Hilfe des Computerprogramms COPROF durch, das CLAHSEN und HANSEN hierfür entwickelt haben.

34 Auch andere Autoren halten diese Menge für repräsentativ (vgl. DANNENBAUER 1992a, FÜSSENICH/HEIDTMANN 1985, LUND/DUCHAN 1988).

Um zu möglichst realistischen Ergebnissen über Daniels Sprachfähigkeiten zu gelangen, versuchte ich, unter den gegebenen Umständen möglichst viele dieser Empfehlungen umzusetzen.

Sobald ich Daniel und seine Sprache gut genug kannte, um die Repräsentativität einer Sprachprobe beurteilen zu können, erhob ich eine solche, wobei ich mich an folgenden drei Kriterien orientierte: die Stichprobe sollte möglichst „umfassend, typisch und ideal" sein (DANNENBAUER 1992a, S. 177), um zu gewährleisten, daß sie Daniels allgemeines grammatisches Entwicklungsmuster mit seinen spezifischen Rückständen, wie auch mit den Zonen der nächsten Entwicklung widerspiegelt.

Vorliegende Spontansprachprobe entstand zwei Monate nach unserer ersten Begegnung, im Rahmen der wöchentlichen Therapiesitzungen. Diese waren für Daniel inzwischen zur Selbstverständlichkeit geworden (vgl. Kap. 4.1.3). Das Sprachmaterial enthält 165 analysierbare Äußerungen und besteht aus vier verschiedenen Konversationsausschnitten, die innerhalb von zwei Wochen stattfanden.

Die Äußerungen 1-66 produzierte Daniel während eines Rollenspiels, an dem er sehr rege als einer von zwei Zauberern teilnahm. Das Thema „Zaubern" regte ihn zur relativ häufigen Verwendung von Modalen, vor allem „können" an, sowie zur Versprachlichung der „Zaubertricks", die man ja nicht wirklich sehen konnte. Außerdem erteilte er mir Anweisungen, um das Spielgeschehen nach seinen Vorstellungen zu lenken.

In einem von Daniel selbst initiierten Gespräch (Äußerung 67-91) erzählte er aufgeregt von einem als ungerecht empfundenen Erlebnis im Kinderhort, was Formen der Vergangenheit erforderte und ihn im Zuge seiner Argumentation zur Produktion mehrerer komplexer Sätze herausforderte.

Bei der Vorbereitung eines Spiels (Äußerung 92-118) richtete Daniel mehrere Fragen an mich und kommentierte wortreich die Tierbildkarten, die großes Interesse bei ihm weckten.

Das Basteln eines Zauberhutes (Äußerung 119-165) veranlaßte Daniel, eine ganze Reihe von Informations- und Entscheidungsfragen zu stellen. Er versprachlichte seine Handlungen und erklärte mir seine Vorstellungen von der Herstellung und dem Aussehen des Hutes.

In Anlehnung an DANNENBAUERs Rechtfertigung einer „respektlos-pragmatischen Weise" (ders. 1992d, S. 9) der Anwendung der Profilanalyse, deren Hauptzweck eine „möglichst genaue Deskription der Feinstruktur des grammatischen Entwicklungsmusters" (DANNENBAUER 1992 b, S. 10), und nicht der ausgefüllte Profilbogen ist, habe ich eine Veränderung bzw. Vereinfachung der kompletten von CLAHSEN (1986) empfohlenen Durchführung vorgenommen. So enthält das vorliegende Transkript ausschließlich eindeutig analysierbare Äußerungen. Alle Äußerungstypen, die für die grammatische Analyse irrelevant sind[35], habe ich weggelassen, zumal sie keine Hinweise auf Daniels grammatisches Regelwissen geben.

5.4.1.2 Analyse und Interpretation[36]

Die Mehrzahl von Daniels Äußerungen (ca. 62%) weisen Strukturen der Entwicklungsphasen II und III des normalen kindlichen Spracherwerbs auf[37]. Phase II „Erwerb des syntaktischen Prinzips" und Phase III „Vorläufer der einzelsprachlichen Grammatik" zeichnen sich vor allem durch die Dominanz der Verbfinalstellung aus und werden von sprachunauffälligen Kindern mit ca. 3 Jahren überwunden, bis in Phase IV „Erwerb einzelsprachlicher syntaktischer Besonderheiten" der korrekte einfache Hauptsatz erworben ist. Daniels Sprachentwicklung muß also im Hinblick auf sein Lebensalter von 10;3 Jahren als stark verzögert bezeichnet werden.

Eine genauere Analyse der Äußerungen in Phase III zeigt, daß Daniel die korrekte Verbzweitstellung nur in 10 von 64 Fällen nach dem Muster SVX gelingt. Sie scheint sich also noch kaum durchzusetzen. Eine weitere Auffälligkeit stellen die 24 Eintragungen unter „Andere" dar. Bei näherer Betrachtung läßt sich feststellen, daß sie sich in den meisten Fällen den Positionsmustern der Phase III zuordnen lassen würden, wenn der Verbalkomplex nicht abweichend wäre. Entweder nimmt Daniel eine unangemessene Subjekt-Verb-Inversion vor (vgl. 94, 134, 157)[38] oder er verwendet Modale bzw. Auxiliare ungetrennt vom Vollverb, dazu meist in umgekehrter Reihenfolge (Inf/Pt + Mod/Aux anstatt Mod/Aux + Inf/Pt), in Finalstellung (vgl. 21, 36, 78, 88, 89) oder vor dem finalen Subjekt (vgl. 13, 111, 160).

Ein weiteres Kennzeichen der Phasen II und III, nämlich die Auslassungen, ist bei Daniel sehr deutlich zu beobachten. Besonders entstellend sind die 53 Subjektauslassungen (ca. 32%) und 30 Artikelauslassungen. Außerdem läßt er ab und zu Kopula und Vollverben in obligatorischen Kontexten aus. Präpositionen, die für viele andere dysgrammatisch sprechende Kinder ein Problem darstellen (vgl. CLAHSEN 1988) und auch von

---

35 Vgl. Profilbogen Teil A.

36 Vgl. dazu Profilbogen, Transkript und Listen im Anhang 11.2.1.

37 Inhaltliche Daten und Altersangaben zum kindlichen Spracherwerb, sowie Abkürzungen grammatischer Kategorien in diesem Kapitel sind der „Profilanalyse"(CLAHSEN 1986) entnommen.

38 Die Numerierung bezieht sich auf das Transkript im Anhang 11.2.1.

normalspracherwerbenden Kindern in den Phasen II und III noch häufig ausgelassen werden, scheinen für Daniel wenig problematisch zu sein. Die geringe Anzahl von 6 Präpositionsauslassungen kann wohl als unbedeutend eingeschätzt werden, zumal ihr auf der Ebene der Konstituentenstruktur die relativ hohe Zahl von 35 Präpositionalphrasen entgegensteht.

Wendet man nun den Blick wieder auf den Profilbogen als Ganzes, dann fällt auf, daß trotz des eindeutigen Gewichts in den Phasen II und III, Einträge in allen Entwicklungsphasen (auch IV und V) und deren Teilbereichen existieren. Obwohl Daniels sprachliches System trotz seines fortgeschrittenen Alters offensichtlich in den frühen Phasen der Grammatikentwicklung feststeckt, schießt er in einigen Teilbereichen deutlich darüber hinaus. Mit dem Begriff der „Verzögerung" scheint Daniels Sprachentwicklungsstand nicht adäquat beschrieben zu sein. Vielmehr bietet sich das Bild einer „unausbalancierten Retardierungscharakteristik"[39] (DANNENBAUER 1984b). Teilentwicklungen, die im normalen Spracherwerb synergistisch oder synchronisiert verlaufen, weisen hier deutliche Diskoordinationen auf (vgl. DANNENBAUER 1985).

Die beachtliche Zahl von 60 Komplementstrukturen (ca. 36%) läßt darauf schließen, daß Daniels Äußerungen aus mehr Konstituenten bestehen, als das für Phase III typisch ist.

Außerdem lassen sich immerhin ca. 19% der analysierten Äußerungen in Phase IV „Erwerb einzelsprachlicher syntaktischer Besonderheiten" einordnen, und vereinzelt bildet Daniel Koordinationen und Subordinationen, eine Leistung der Phase V „Komplexe Sätze".

Diese Beobachtung muß jedoch relativiert werden, wenn man die Einträge in Phase IV einer genaueren Betrachtung unterzieht. Die entscheidende Leistung dieser Entwicklungsphase ist die vorwiegend korrekte Wortstellung im Hauptsatz, besonders aber die Verbstellungsregel des Deutschen. Entscheidend ist dabei die Trennung zusammengesetzter verbaler Elemente. Diese gelingt Daniel nur in den wenigsten (insgesamt 5) Fällen, trotz der sehr häufigen Verwendung von Verbalkomplexen (43 Präfixverben, 18 Auxiliare, 21 Modale, 24 Kopula). Eine detaillierte Analyse der

---

39 „Die Hypothese einer „unausbalancierten Retardierungscharakteristik" der dysgrammatischen Sprache umfaßt das Fehlen und/oder das verspätete Auftauchen, die verlängerte Zeit des Erwerbs (Durchgangsphase), die erhöhte bzw. verminderte Häufigkeit des Gebrauchs, die reduzierte Kreativität in der Anwendung und die unterschiedlich weit fortgeschrittene Beherrschung bestimmter grammatischer Regeln und Strukturen." (DANNENBAUER 1984b, S. 32)

Äußerungen, die zusammengesetzte verbale Elemente enthalten, soll diesen Tatbestand klären helfen:

- Präfixverben trennt Daniel bis auf eine Ausnahme (vgl. 116) nicht.

- Auxiliare verwendet Daniel mit einer Ausnahme (vgl. 47) ungetrennt nach dem Partizip anstatt davor (Pt + Aux) und meist in Finalstellung (vgl. 1, 5, 12, 34, 70, 78, 81, 87, 108, 109) oder vor dem finalen Subjekt (vgl. 13, 27, 86, 160).

- Modale setzt Daniel 4 mal korrekt ein (vgl. 114, 127, 133, 146), 5 mal treten sie ungetrennt vor (Mod + Inf) (vgl. 36, 96, 135, 143, 164) und 11 mal ungetrennt nach dem infiniten Vollverb auf (Inf + Mod) (vgl. 18, 21, 28, 35, 56, 103, 104, 105, 111, 113, 157), und zwar meist in Finalstellung (vgl. 21, 28, 35, 36, 96, 103, 104, 105, 113, 135).

- Kopula verwendet Daniel einmal korrekt (vgl. 122), 5 mal ungetrennt vor (Kop + Adj/N) (vgl. 29, 30, 39, 49, 50) und 14 mal ungetrennt nach dem prädikativen Adjektiv bzw. dem Prädikatsnomen (Adj/N + Kop) (vgl. 8, 14, 23, 48, 53, 54, 57, 72, 82, 88, 89, 90, 92, 121) und überwiegend in Finalstellung (vgl. 53, 54, 72, 88, 89) oder vor dem finalen Subjekt (vgl. 23, 48, 14) bzw. dem finalen Komplement, durch das sie getrennt werden müßten (vgl. 8, 14, 57, 90).

Eine weitere Auffälligkeit in Phase IV stellen die 24 Äußerungen der Struktur XVS(Y) dar, von denen 19 das Subjekt in Finalstellung aufweisen (XVS, wobei X mehrfach belegt sein kann; vgl. CLAHSEN 1986). Äußerungen mit dieser Satzstruktur entsprechen eigentlich den Regeln des Deutschen und stellen wegen der Topikalisierung des Komplements und der erforderlichen Subjekt-Verb-Inversion eine besondere grammatische Leistung dar, weswegen sie auch der Phase IV der kindlichen Sprachentwicklung zugeordnet werden. Bei Daniel handelt es sich jedoch meist um formelhafte Äußerungen (vgl. 43, 44, 45, 46, 55) oder um Äußerungen, die, obwohl sie diese Satzstruktur aufweisen, wegen des ungetrennten Gebrauchs von Verbalkomplexen (vgl. 13, 48, 111, 157) oder Präfixverben (vgl. 139, 149, 150), oder der unangemessenen Topikalisierung von Komplementen (vgl. 99, 112, 142) nicht als korrekt bezeichnet werden können.

Zusammenfassend läßt sich aus Daniels Bestand an Hauptsatzkonstruktionstypen folgendes relativ häufig und unflexibel verwendete kanonische Muster extrahieren:

Adverbial + Objekt + Verbalkomplex + Subjekt

Adverbiale und Objekte können weggelassen oder zusätzlich hinzugefügt werden. Das Subjekt wird oft ausgelassen oder regelhaft an das Äußerungsende gesetzt. Die Subjektanfangsstellung scheint eher die Ausnahmeregel zu sein. Das Subjekt wird „topikalisiert", wenn es kommunikativ wichtig ist.

Noch deutlicher als im wechselnden Hin und Her des Rollenspiels bzw. des Gesprächs wird Daniels typische Art der Satzkonstruktion in folgendem Beispiel. Es handelt sich um einen kurzen Ferienbericht:

1. Nur gebaut hab ich.
2. Schiene alles falsch war.
3. Nochmal von vorne anfangt hab ich.
4. Und dann alles auseinandergebaut hat meine Mama.
5. Früher g'habt hat meine Mama Technik. (Lego-Baukasten)
6. Früher immer mit Technik spielt hab ich.
7. Wegfahrt sind sie. (seine Freunde)
8. Mal länger aufbleibt bin.
9. Die Sendung kommt ist.
10. Manchmal bißle spiele.

Obwohl im normalen Spracherwerb korrekte Verbstellung und kongruente Verbflexion eng miteinander verbunden sind und gemeinsam erworben werden, klaffen diese beiden grammatischen Teilleistungen bei Daniel deutlich auseinander. Trotz seiner ausführlich beschriebenen Probleme mit der Verbstellung benutzt er alle Flexionsformen des Deutschen in ca. 81% der Fälle korrekt.

Daniel besitzt auch Grundlagen des Kasussystems, vor allem bei Pronomina und vereinzelt bei Artikeln, obwohl dieses auch für sprachunauffällige Kinder eine besondere Schwierigkeit darzustellen scheint und daher am Ende des normalen Spracherwerbs steht (vgl. CLAHSEN 1986).

Bei den Fragen liegt der Schwerpunkt in Phase IV. In fast 50% der Fälle gelingt Daniel die erforderliche Subjekt-Verb-Inversion.

Die wenigen geäußerten Negationen verteilen sich auf die Phasen II bis V mit Gewicht auf Phase II und III.

Als zusätzliche Information zur Gesamtbeurteilung von Daniels Grammatikentwicklung soll sein MLU[40] herangezogen werden. CLAHSENs (1986) Kritik an solchen quantitativen Kriterien als unzuverlässige Indikatoren für den sprachlichen Entwicklungsstand des Kindes scheint durch Daniels Fall untermauert zu werden. Orientiert man sich an den groben Richtwerten für die Interpretation des Profilbogens (CLAHSEN 1986, S. 74), dann liegt

---

40 MLU = Mean Length of Utterance = Mittlere Äußerungslänge

Daniel mit einem MLU von 3.9 an der oberen Grenze von Phase IV (MLU 3.0-4.0). Für diesen, im Vergleich zu den Ergebnissen der qualitativen Analyse, hohen Wert sind die häufigen Komplementstrukturen verantwortlich[41]. Diese deutliche Diskrepanz läßt sich durch die Tatsache erklären, daß Daniels Hauptproblem beim Erwerb der Wortstellungsregeln liegt. Defizite oder ein Lernzuwachs in diesem Bereich schlagen sich jedoch im MLU nicht nieder, weil die Äußerungen der Kinder durch korrekte Wortstellung nicht länger werden.

Zusammenfassend muß man Daniels detailliert beschriebenes Verbstellungsproblem als zentral bezeichnen. An ihm scheint der überfällige Übergang von Phase III zu Phase IV zu scheitern[42].

Eng damit verbunden ist sein Problem der Auslassung bzw. Stellung des Subjekts, das in einem Verhältnis der Kongruenz zum Verb steht.

5.4.2 Analyse komplexer Sätze

5.4.2.1 Datenerhebung

Obwohl die Profilanalyse ergeben hatte, daß Daniels Sprachentwicklung noch gravierende Rückstände bzw. Abweichungen im Regelerwerb zur Bildung korrekter einfacher Hauptsätze aufwies, zeichnete sich schon die Konstruktion komplexer Sätze als eine Zone der nächsten Entwicklung ab.

Die geringe Zahl von 3 Koordinationen und 9 Subordinationen, welche die verwendete Sprachprobe bot, ließ m.E. keine repräsentativen Aussagen zu. Da dieser grammatische Teilbereich erst längerfristig von zentralem Interesse sein würde (die „Lücken" in Phase IV hatten Vorrang), entschied ich mich nicht für ein gezieltes Elizitationsverfahren zur Gewinnung weiterer Sprachdaten, sondern protokollierte in den folgenden Monaten 36 entsprechende Äußerungen Daniels, welche die Kriterien echter Spontansprache erfüllten.

5.4.2.2 Analyse und Interpretation

Daniels komplexe Sätze ließen sich nur schwer den Strukturen der Phase V des Profilbogens zuordnen[43]. Deshalb erschien es mir sinnvoll, die Äußerungen unter drei Fragestellungen zu analysieren:

---

41 Die komplexen Sätze haben keinen Einfluß auf den MLU, weil das Computerprogramm sie nicht als Ganzes bewertet, sondern die Teilsätze einzeln analysiert.

42 Der Übergang von Phase III zu Phase IV mit den entscheidenden Teilbereichen „Kongruenzsystem" und „Verbstellungsregel" stellt für viele sprachentwicklungsgestörte Kinder eine besondere Schwierigkeit dar (vgl. dazu CLAHSEN 1988).

43 Vgl. Profilbogen Phase V: 6 von 9 Äußerungen sind unter „Andere" eingetragen.

➤ Welche Nebensatzarten und semantischen Relationen drückt Daniel aus?

➤ Welche Verbstellungsregeln wendet er an?

➤ Welche Konjunktionen verwendet er?

Die Nebensatzarten bei CLAHSEN (1986) und die semantischen Relationen bei BLOOM et al. (1980) reichten zur Beurteilung von Daniels Äußerungen nicht aus, da er aufgrund seines relativ hohen Alters von ca. 10 Jahren in Teilbereichen seiner (kognitiven und sprachlichen) Entwicklung weiter fortgeschritten war, als die in der Sprachentwicklungsforschung untersuchten Kinder. Seine komplexen Sätze waren, obwohl grammatikalisch nicht korrekt, so doch vielfältig. Ich ergänzte die üblichen Einteilungskriterien für Kindersprache durch Kategorien der Erwachsenengrammatik (DUDEN), um die von Daniel produzierten Sätze adäquat beschreiben zu können.

Koordinationen

ADDITIV:

1. Aufzeichnen wir und dann da raufkleben.
2. Bloß ankleben mu mir no und dann fertig.

ADVERSATIV:

3. Und ich will auch in Hort laufen, aber sie laßt mich nicht.
4. Ich hab's dabei, aber ich finde es nicht.

Subordinationen

OBJEKTSÄTZE:

Konjunktionalsätze („daß"-Sätze):

5. G'hört hat in Lande bei uns äh g'hört hab, na ja (daß) Zauberer als _ schön hexen kannt.
6. Ich kann, (daß) ein _ ein Vogel werd, äh zaubern kann.
7. Manchmal traumen, (daß) ein Nikolaus kommt bei mir.
8. Aber das Schönste war am Spiel, (daß) gewonnen hat.
9. Kannst du Frau S. sagen, (daß) ich mit Frau Haffner bin gegangen hoch?
10. Ich helfe, (daß) jetzt kannst richtig fliegen.
11. G'hört hab i, (daß) der Zwackelmann Gutes zaubern kann.
12. G'hört hat, (daß) schöne Sachen hexen kannst.
13. Frau W. sagt hat, (daß) nicht wir immer schuld sind.

Indirekte Informationsfragen:

14. Messen wir zuerst mal, wie groß muß sein.
15. Weiß nimmer, wie ausschaut.

16. Ich weiß schon, wie macht man des.
17. Ich weiß schon, was tauschel ich.
18. Ich weiß nimmer, wie heißt das Spiel.
19. Ich weiß nicht mehr, was spielt haben wir.
20. Und dann alles draufsteht, was ich muß kaufen für dich.
21. Bus schauen, wo fahrt er dann.
22. Erzählst Frau M. immer, was macht haben wir?
23. Kannst du mir erklären, was ist das, Ute?
24. Jetzt zeigen wir, was hat er daheim macht.

Indirekte Entscheidungsfragen:

25. Und dann haben wir mal ausprobiert, (ob) geht haupt eine Lügengeschichte mit ein Spiel.
26. Oma äh sie hat _ sie hat äh fragt meine Oma, äh (ob) sie kanns mir äh ihr „Am Schloß Wertersee" _ „Schloß am Wertersee." (aufnehmen)

ATTRIBUTSÄTZE (Relativsätze):

27. War viel Geld, was kriegt hab.
28. Auf wen wettesch, wer gewinnt die dritte Runde?

ADVERBIALSÄTZE (Konjunktionalsätze):

Temporalsätze:

29. Dann bißle warten wir, bis trocknet.
30. Ich warte, bis ausredet hast.

Kausalsätze:

31. Weil wieder auf uns Kinder Schuld hat Frau M.

Konditionalsätze:

32. Wenn wir mal was verschlampt, gleich auf unsere Schuld gibt.
33. Selbst schuld er ist, (wenn) sagen ihm seine Sachen verschlampen.
34. (Wenn) Jemand will heimlaufen, (dann) darf er.
35. (Wenn) In der Sonne liegen lassen wir, (dann) noch heißer wird.
36. (Wenn) Der so haltesch, (dann) ganz heiß werd er.

Die Beurteilung der Verbstellung ist etwas problematisch, weil sich der Protokollzeitraum über mehrere Monate hinweg erstreckte. Während dieser Zeit veränderte sich Daniels internes Verbstellungsregelsystem unter dem Einfluß der Therapie, so daß vorliegendes Protokoll unterschiedliche Varianten enthält. Trotzdem lassen sich einige aufschlußreiche Beobachtungen machen.

Bezüglich der Wortstellung in den komplexen Sätzen wurde in der Spracherwerbsforschung die interessante Beobachtung gemacht, daß die Kinder keine Verbstellungsfehler machen, obwohl die Verbstellung in Nebensätzen im Deutschen von der Hauptsatzverbstellung abweicht (vgl. CLAHSEN 1986, SZAGUN 1986)[44]. CLAHSEN weist darauf hin, „... daß die Stellung des Verbs in Nebensätzen von sprachunauffälligen Kindern offensichtlich nicht im üblichen Sinn gelernt zu werden braucht." (ders. 1986, S. 30 f)

Für Daniel traf das nicht zu. Er hatte Probleme, die Wortstellung in zusammengesetzten Sätzen in den Griff zu kriegen:

- Übergeneralisierung der Finalstellungsregel (vgl. 5, 11, 12, 13, 32)

- korrekte Verbstellung in Haupt- und Nebensatz (vgl. 8, 9, 30)

- Übergeneralisierung der Zweitstellungsregel[45] (vgl. 7, 10, 20, 23, 24, 25, 26)

Daniel ließ subordinierende Konjunktionen häufig aus. Besonders „daß" und „ob" verwendete er in keinem der relativ häufigen Objektsätze. Relativpronomen und temporale Konjunktionen hingegen setzte er ausnahmslos korrekt im erforderlichen Kontext ein. Vereinzelt traten kausale und konditionale Konjunktionen auf.

Insgesamt betrachtet gewinnt man den Eindruck, daß Daniel Schwierigkeiten hatte, semantische Relationen, die er aufgrund seines Lebensalters bereits zentral repräsentiert hat, formalsprachlich zu bewältigen.

5.5 Zusammenfassung

Die Beschreibung von Daniels Sprache liefert das Bild einer komplexen Sprachstörung, von der verschiedene Strukturbereiche mehr oder minder betroffen waren. Daniels eingeschränkte Verarbeitungskapazität für Sprachinformation führte zu Symptomen auf unterschiedlichen Sprachebenen, wobei innerhalb dieser multidimensionalen sprachlichen Verarbeitungsprobleme zum Zeitpunkt der Therapie besonders der morphologisch-syntaktische Bereich Daniel massive Schwierigkeiten bereitete.

Das Vorhandensein, die Art und das Ausmaß von Daniels sprachlichen Problemen war nicht durch anderweitige globale Primärbeeinträchtigungen erklärbar (vgl. Kap. 3), (vgl. DANNENBAUER 1983). Es handelte sich

---

44 Eine Zusammenfassung der vorhandenen empirischen Ergebnisse zu diesem Sachverhalt findet sich bei CLAHSEN 1986, S. 30.

45 Die er inzwischen durch die Therapie erworben hatte.

daher um eine sprachspezifische Entwicklungsstörung, die sich dem Syndrom der „Entwicklungsdysphasie"[46] zuordnen läßt.

Die wichtigsten Merkmale[47] treffen durchwegs auf Daniel zu:

„– Der Spracherwerb setzt verspätet ein und verläuft verzögert, stockend, undifferenziert, inkonsistent und desynchronisiert (unausgewogene Retardierung).

– In hervorstechender Weise ist der Erwerb und Gebrauch der formalen Sprachstrukturen beeinträchtigt.

– Die zugrundeliegenden Funktionsdefizite scheinen sich in spezifischer Weise vor allem auf die Prozesse der internen Verarbeitung, Repräsentation und Organisation sprachlicher Informationen auszuwirken.

– Zwischen den Entwicklungsbereichen sprachlicher und nichtsprachlicher Fähigkeiten besteht eine deutliche Diskrepanz in dem Sinne, daß die Sprachentwicklung unter dem Niveau verläuft, das sich angesichts der perzeptuellen, nonverbal-kognitiven, motorischen oder sozio-affektiven Voraussetzungen erwarten ließe.

– Die primär sprachspezifische Entwicklungsstörung wird zunehmend zu einem Belastungs- und Risikofaktor für eine harmonische Gesamtentwicklung des Kindes und für seine schulische Laufbahn." (DANNENBAUER 1988, S. 71 f)

---

46 Der Terminus „Entwicklungsdysphasie" wird im deutschsprachigen Raum in neuerer Zeit von einigen Autoren gegenüber den in der Vergangenheit ungenau definierten und verwendeten traditionellen Kategorien wie „verzögerte Sprachentwicklung", „Sprachentwicklungsstörung" bzw. -behinderung", „Dysgrammatismus" bevorzugt. Daniels Dysgrammatismus muß als Teilphänomen im sich wandelnden Merkmalskomplex der Entwicklungsdysphasie gesehen werden, für die prä- und postdysgrammatische Auffälligkeiten, wie z.B. Daniels frühere phonologische, sowie seine lexikalischen Lernstörungen charakteristisch sind (vgl. DANNENBAUER 1989).

47 Vgl. auch DANNENBAUER 1992a. Seine Beschreibung der ursächlichen Faktoren und des Erscheinungsbildes der Entwicklungsdysphasie berücksichtigt neuere und neueste Untersuchungsergebnisse auf verschiedenen Funktionsebenen.

6. Bestimmung der Therapieziele

6.1 Setzen von Prioritäten

Im Vordergrund standen eindeutig Daniels Schwierigkeiten mit den morphologisch-syntaktischen Strukturen der Sprache, weil sie für ihn die größte Beeinträchtigung einer effektiven Kommunikation darstellten. Darum war die spezifische Arbeit in diesem Bereich unerläßlich.

Ein Vorteil der entwicklungsproximalen Therapie liegt darin, daß sie auch andere Sprachebenen mitberücksichtigt. Obwohl vorrangig grammatikspezifische Therapieziele angestrebt werden, ist sie doch so breit angelegt, daß sie Erfahrungen, Gelegenheiten zum Ausprobieren und Lernen in anderen Teilbereichen der Sprache bietet[48] (vgl. Kap. 9).

Unser Sprachhandeln konnte nur erfolgreich verlaufen, wenn wir unsere Sprachproduktionen so aufeinander abstimmten, daß auf beiden Seiten das Verständnis gesichert war.

Durch den dialogischen Charakter der Interaktionen waren immer wieder pragmatische Fertigkeiten gefordert.

Die Einbettung der sprachlichen Form in einen für Daniel interessanten Sachzusammenhang erlaubte ihm, die Bedeutung und funktionale Verwendung neuer Wörter kennenzulernen und auf diese Weise seinen Wortschatz zu erweitern.

Gerade bei Daniels unflüssiger Sprechweise war es wichtig, das in der entwicklungsproximalen Therapie geltende Prinzip der „minimalen Druckanwendung" (DANNENBAUER 1992a, S. 167) konsequent zu beachten[49].

---

48 Die (von mir vorgenommenen) Hervorhebungen in folgendem Zitat sollen die vielfältigen Aspekte des Lernens unter entwicklungsproximalen Therapiebedingungen verdeutlichen: „Eine Sprachtherapie nach dem Prinzip der Entwicklungsproximalität läßt sich charakterisieren als eine Sequenz möglichst natürlicher Interaktionssituationen, in denen das Kind in *verbalen und nonverbalen Handlungsvollzügen* mit einem kooperativen Sprachbehindertenpädagogen seine *Motivationen und Fähigkeiten zur sprachlichen Kommunikation erweitert und verfeinert.* Zugleich werden im gemeinsamen Handeln *soziale und kognitive Erfahrungen* angebahnt, die zunehmend zum *sprachlichen Ausdruck komplizierterer Bedeutungsbeziehungen* führen. In diese Zusammenhänge eingebettet erfolgt die Vermittlung (und Aneignung) der *grammatischen Strukturen* in einer entwicklungsorientierten Sequenz... Die vermittelten Sprachformen werden *pragmatisch und kognitiv-semantisch fundiert* und funktional verwendet, so daß sie unmittelbar in den spontanen Sprachgebrauch eingehen können." (DANNENBAUER 1984a, S. 37)

49 Zu schädlichen Auswirkungen direktiver Sprachtherapie, wie z.B. stotterartigen Sprechunflüssigkeiten vgl. MERITS-PATTERSON/REED 1981. Auf eng strukturierte Situationen und Leistungsdruck reagierte Daniel mit gehäuften Wiederholungen, Einschiebungen und Abbrüchen. Erfahrungen im Unterricht hatten gezeigt, daß (gutgemeinte) Versuche, seinen sprachlichen Ausdruck einzuschränken oder zu reglementieren, kaum eine Hilfe für Daniel darstellten und keine Verbesserung seiner Sprache brachten (vgl. auch Kap. 3.6.4).

Im Bereich des Erwerbs morphologisch-syntaktischer Formen und Prinzipien fordert DANNENBAUER (1983, 1987) eine kriterienorientierte und individualisierte Auswahl und Anordnung der Therapieziele. Er bezeichnet diese geradezu als „Herzstück entwicklungsproximaler Sprachtherapie" (ders. 1992a, S. 181).

Bei Daniel ließ sich eine Vielzahl möglicher Therapieziele ermitteln. „Es ist jedoch entscheidend, die fundamentalen Ansatzpunkte herauszufinden, an denen der Grammatikerwerb in seinen jeweils wesentlichsten Dimensionen vorangebracht werden kann." (DANNENBAUER 1992a, S. 183 f)

Um dieses leisten zu können, orientierte ich mich an folgenden Prioritätskriterien:

➢ Ist die Zielstruktur entwicklungsangemessen?[50]

➢ Kann sie grammatische Lernfortschritte auf breiterer Basis freisetzen?[51]

➢ Reduziert sie die Sprachauffälligkeit wesentlich?

➢ Erweitert sie die Handlungskompetenz des Kindes und dient seinen Intentionen und Bedürfnissen (d.h. leistet sie etwas in seinem Leben)?

➢ Ist sie gut wahrnehmbar, eindeutig und regelhaft und entspricht sie den kindlichen Verarbeitungsstrategien?

➢ Verfügt das Kind über die ihr zugrundeliegenden begrifflichen Strukturen?

➢ Kann sie unter möglichst natürlich strukturierten, motivierenden und klärenden Situationsbedingungen vermittelt werden?

(vgl. dazu DANNENBAUER 1992a, 1992d)

Die meisten positiven Antworten auf diese Fragen fand ich für die folgenden Therapieziele[52].

---

50 Ein individuelles Sprachentwicklungsprofil (vgl. Kap. 5.5) ermöglicht es, begründete Hypothesen darüber abzuleiten, welche Zielstrukturen in der Zone der nächsten Entwicklung liegen, bzw. welche spezifischen Rückstände aufgeholt werden müssen.

51 Ein Vergleich des Entwicklungsprofils mit Erkenntnissen der Sprachentwicklungsforschung über normale Entwicklungssequenzen führt zu Therapiezielen, die einer immanenten Sprachentwicklungslogik entsprechen und eingebaute Prioritäten des Spracherwerbs beachten (vgl. CLAHSEN 1982, 1986, 1988).

52 „We can maximize the speed of language learning by designing thoroughly individualized instructional programmes." (JOHNSTON 1985, S. 128)

6.2 Zielstrukturen

Die Profilanalyse hatte ergeben, daß Daniels zentrale Schwierigkeiten im Bereich der Syntax lagen. Die morphologischen Defizite mußte man wohl eher als peripher bezeichnen. Während er auf Satzstrukturebene zwischen Phase III und IV „feststeckte", schoß er auf Wortstrukturebene eindeutig darüber hinaus. Viele gelungene Verbflexionen bis einschließlich Phase IV und Kasusformen der Phasen IV und V bestätigen dies.

Darum erschien es sinnvoll, in der Therapie Daniels Wortstellungsprobleme in Angriff zu nehmen, zumal zu erwarten war, daß ein Aufholen der Rückstände auf der syntaktischen Ebene auch eine Stabilisierung der Fähigkeiten und weitere Fortschritte auf der morphologischen Ebene mit sich bringen würde[53].

Die zahlreichen Äußerungen, die Daniel nach dem kanonischen Muster „Adverbial + Objekt + Verbalkomplex + Subjekt" produzierte, zeigen, daß er die Verbzweitstellungsregel des Deutschen noch nicht erworben hatte (vgl. Kap. 5.4.1). Diese Regel besagt, daß finite verbale Elemente im Hauptsatz immer in der zweiten Strukturposition stehen, und sie setzt insbesondere die Fähigkeit voraus, die einzelnen Bestandteile zugrundeliegender Bedeutungseinheiten (z.B. Verbalkomplexe) aufspalten und an verschiedene Positionen im Satz stellen zu können.

In engem Zusammenhang dazu steht die syntaktische Regel im Bereich der Adverbstellung, die erlaubt, Adverbiale nicht mehr nur am Ende oder Anfang des Satzes, sondern auch satzintern zu verwenden[54] (vgl. CLAHSEN 1986).

Diese Entwicklungsdynamiken des normalen kindlichen Spracherwerbs der Phase IV, die für Daniel die Zone der nächsten Entwicklung darstellte, waren für mich richtungsweisend und legitimieren m.E. das Ziel, sein relativ starres kanonisches Muster durch folgende Veränderungen „aufzuweichen":

➤ Ausbau der Subjektverwendung am Satzanfang
➤ Zweitstellung der finiten Verbelemente
➤ Trennung von Verbalkomplexen durch Adverbiale und/oder Objekte

---

53 Die beiden Bereiche sind z.B. durch Kongruenzverhältnisse eng miteinander verbunden, was vermuten läßt, daß sie sich gegenseitig „positiv" und „negativ" beeinflussen können. Daniels ungewöhnliche Subjektstellung am Satzende könnte beispielsweise eine Folge der Beibehaltung der Verbfinalstellungsregel (Syntax) einerseits und der zum Subjekt kongruenten Verbflexion (Morphologie) andererseits sein.

54 Diese Adverbstellungsregel erfordert auch eine Auflösung semantischer Einheiten.

6.2.1 Modale

Durch die Art unserer gewohnheitsmäßigen Interaktionen lag die Verwendung pronominaler Subjekte geradezu auf der Hand. Beim turn-taking der Rollenspiele waren „ich", „du" und „wir" besonders bedeutsam. Das Handpuppenspiel mit mehr als zwei Puppen, oder Spiele mit Jerry machten auch „er", „sie" und „ihr" pragmatisch relevant. Daher ließen sie sich handlungsbegleitend zwanglos hervorheben.

Für den Anfang wählte ich als finite Verbelemente in Zweitposition Modalverben aus. Zwei Argumente sprachen dafür.

Zum einen hatte sich diese Vorgehensweise in der praktischen Therapieerfahrung mit anderen entwicklungsdysphasischen Kindern, aus Gründen, die auch auf Daniel zutrafen, als effektiv erwiesen (vgl. DANNENBAUER/ KOTTEN-SEDERQVIST 1990; KÜNZIG 1989). Modalverben sind für Kinder pragmatisch und semantisch besonders signifikant. Ihre Lebenswirklichkeit ist weitgehend durch Wollen, Dürfen, Müssen, Können usw. strukturiert.

Zum anderen waren Daniel zumindest viermal spontane Äußerungen der Struktur „(X) Mod Y Inf." (vgl. Anhang 11.2.1) gelungen:

    114 Ente kannt unter dem Wasser schwimmen.
    127 Mag no spielen mit dir.
    133 Mußt zuerst Bus hinfahren lassen.
    146 Darf ich's aufkleben?

Das nährte meine Hoffnung, daß die Intervention auf fruchtbaren Boden fallen würde.

6.2.2 Auxiliare

Die „Erzählform" des Perfekt mit Auxiliar und Partizip wird in der Umgangssprache des süddeutschen Sprachraums häufig verwendet und trat auch in Daniels Spontansprache sehr oft auf. Die konsequent ungetrennte Verwendung mit vorgezogenem Adverbial und/oder Objekt und eventuell einem nachgestellten Subjekt, wie z.B. in folgenden Äußerungen, entstellte Daniels Sprache sehr (vgl. Anhang 11.2.1):

    12   Federn kriegt hast.
    70   Haupt nichts g'habt hat.
    78   Gleich auf mir schiebt hat.
    108 Trick reinfallt bist.
    160 Sowas ausmalst haben wir.

Die Besetzung bzw. Topikalisierung des Subjekts, sowie die Aufspaltung von finitem Auxiliar und Partizip durch Einschiebung des Adverbials und/

oder Objekts versprach Daniels Sprachauffälligkeit wesentlich zu reduzieren und ihm die Kommunikation im Alltag zu erleichtern.

Es schien mir gut möglich, natürlich strukturierte und motivierende Sachkontexte für diese beiden lebensnahen Zielstrukturen (Modale und Auxiliare) zu finden.

6.2.3 Konditional

Eine logische Fortführung der bisher verfolgten Therapieziele wäre die korrekte Stellung der Präfixverben, Kopula und Vollverben im Satz gewesen. Da es jedoch während der Therapie zu Generalisierungsprozessen der Verbzweitstellungsregel auf diese Kategorien kam (vgl. Kap. 9), konnte auf entsprechende spezielle Maßnahmen verzichtet werden[55].

Als neue Zone der nächsten Entwicklung zeigte sich die Bildung komplexer Sätze. Produktionen dieser Art wurden bei Daniel immer häufiger und vielfältiger. Doch erneut hemmten Probleme mit der Verbstellung seine Entwicklungsfortschritte (vgl. Kap. 5.4.2). Je sicherer er in der Anwendung der Verbzweitstellungsregel im Hauptsatz wurde, desto häufiger übergeneralisierte er sie auf Nebensätze. Darum mußten die neuen Therapieziele heißen:

➢ Ausbau der Verwendung von Konjunktionen zur Einleitung von Nebensätzen

➢ Verbzweitstellung im Hauptsatz versus Verbfinalstellung im Nebensatz

Die Analyse von Daniels Äußerungen (vgl. Kap. 5.4.2) ließ mehrere Möglichkeiten der inhaltlichen Planung zu .

Obwohl die Häufigkeit der Objektsätze ein starkes Argument für diese Kategorie war, sah ich einige Probleme der Vermittlung voraus. Die Homonymität der subordinierenden Konjunktionen „daß", „was", „wie" und „wo" mit anderen morphologischen Klassen (Artikel bzw. Pronomen) reduzierte die Eindeutigkeit und die Wahrnehmbarkeit. Entsprechend prägnante und klärende Situationsbedingungen für die Vermittlung zu schaffen, schien mir nicht einfach zu sein.

Da die Analyse komplexer Sätze gezeigt hatte, daß Daniel auch über die zugrundeliegenden semantischen Relationen von Temporal- und Konditio-

---

55 DANNENBAUER bemerkt dazu: „Da sprachliche Lernprozesse systemisch bzw. synergetisch ablaufen, sind Folgeeffekte möglich, denen sich das Therapiegeschehen anzupassen hat; daher solltest Du keinen längerfristigen Therapieplan erstellen, der mehr als drei Ziele umfaßt." (ders. 1992a, S. 185)

nalsätzen verfügte, entschloß ich mich, „wenn/dann"-Sätze als Zielstruktur auszuwählen. Damit lassen sich sowohl temporale Beziehungen ausdrük-ken, die in dem natürlichen kindlichen Spracherwerb sehr früh auftauchen und daher vergleichsweise einfach zu sein scheinen (vgl. CLAHSEN 1986; BLOOM et al. 1980), als auch konditionale, die für die Intentionen und die Handlungskompetenz des 10-jährigen Daniel durchaus wichtig waren (vgl. Äußerungsbeispiele in Kap. 5.4.2.2).

Die Konjunktionen „wenn" und „dann" traten in Daniels Spontansprache schon gelegentlich auf, und sie sind gut wahrnehmbar und eindeutig, weil diese Lautstrukturen in keinem anderen Zusammenhang als den beiden erwähnten verwendet werden. Gerade für den Anfang, wenn eine neue Zielstruktur eingeführt wird, ist ein Höchstmaß an Prägnanz in jeder Hin-sicht wichtig. Die Tatsache, daß beide Teilsätze durch jeweils eine eigene Konjunktion eingeleitet werden können (der Nebensatz mit „wenn", der Hauptsatz mit „dann"), macht eine deutliche Kontrastierung von Haupt- und Nebensatz möglich. Das war unbedingt nötig, um Daniel das Erken-nen der Regelhaftigkeit von Verbzweitstellung und Verbfinalstellung zu er-leichtern.

Außerdem lassen sich konditionale semantische Beziehungen besonders gut in natürlichen und lebendigen Interaktionen handelnd erfahrbar ma-chen, weil Konditionen an sich ein „Spannungsmoment" erzeugen.

7. Situationsgestaltung

Bei der nun anstehenden konkreten Vermittlung der ausgewählten Sprachstrukturen ging es zunächst darum, Situationen zu finden bzw. zu planen, die folgenden Kriterien gerecht werden sollten:

„Einerseits müssen die Therapiesituationen im Ausmaß der Strukturierung und Kontrolle, in den Themen, gegenständlichen Angeboten, Formen des gemeinsamen Tuns und Redeanlässen so konsequent wie nur möglich auf die individuellen Voraussetzungen und Bedürfnisse jedes einzelnen Kindes abgestimmt werden, andererseits sollen sie sich um bestimmte Zielstrukturen in einer Weise zentrieren, daß deren Verwendung sachlogisch motiviert und kommunikativ zwangsläufig ist." (DANNENBAUER 1992a, S. 186)

Die erste Forderung war relativ leicht zu erfüllen. Nun lohnten sich die Ergebnisse der Phase der Sicherung der Therapiegrundlage[56] (vgl. Kap. 4).

Entscheidend war, Situationen zu planen, in denen die Verwendung der Zielstruktur unbedingt erforderlich war oder zumindest Sinn machte[57]. Nicht ich sollte Daniel auffordern, Modale zu verwenden, im Perfekt zu sprechen oder Konditionalsätze zu bilden, sondern die Situation an sich sollte diese Sprachformen erfordern. War Daniel bereit, sich mit mir auf die Interaktion einzulassen und sich mit der Sache auseinanderzusetzen, so sollte es sich anbieten, es mit Hilfe der Zielstruktur zu tun. „Solche Situationen sollen die Aufmerksamkeit des Kindes auf die angebotene Zielstruktur lenken, ihre Merkmale diskriminierbar machen, ihre Bedeutung klären und ihre funktionale Verwendung im Sachzusammenhang unmittelbar evozieren." (DANNENBAUER 1992a, S. 188)

Wie ich solche speziell strukturierten Situationen[58] absichtsvoll plante, oder auch geeignete Initiativen Daniels spontan aufgriff und für die funktionale

---

56 Ich will nur an die wichtigsten Stichworte erinnern: Motivation, Neigungen, Interessen, funktionierende Interaktionsstrukturen.

57 Zur evozierenden Sachlogik der vorstrukturierten Situation vgl. auch HUBBEL 1981.

58 Situationen, in der die Sachstruktur zum Träger einer grammatischen Struktur wird, erleichtern den Kindern das formalsprachliche Lernen: „Finally, teachers can present their linguistic models in the context of events which make meaning transparent, i.e. events which are interpretable, invite a particular perspective and lie within the child's attentional flow. This strategy simplifies the child's first-priority language task of finding meaning, and thereby frees the mental resources needed for a rapid analysis of the fading acoustic event." (JOHNSTON 1985, S. 130)

Verwendung der Zielstruktur nutzte[59], möchte ich anhand einiger Interaktionsbeispiele aufzeigen.

7.1 Modale

7.1.1 Zauberwettkampf I[60]

Nachdem Daniel sich zum Zauberer Zwackelmann und mich zum Zauberer aus Buxtehude erklärt hatte (vgl. Kap. 5.2.1.1), kam es bald zu „Rivalitäten" zwischen den beiden „Meistern". Prahlerisch versuchte jeder, den anderen in seinen Zauberkünsten zu übertreffen: 'Ich *kann* ...', 'Du *kannst* nicht ...', 'Doch, ich *kann* auch ...', '*Kannst* du ...?', 'Sicher *kannst* du keinen ...', 'Aber ich *kann* dafür ...', 'Was *kannst* du noch ...?'.

Im „Eifer des Gefechts" ließen sich bei Daniel bereits spontane Imitationen und Produktionen beobachten, die ich wiederum modellierend aufgreifen konnte.

Um ein für allemal zu klären, wer von uns beiden der beste Zauberer der Welt sei, veranstalteten wir einen „Zauberwettkampf". Einen ganz besonderen Anreiz bot dabei der von Daniel heiß begehrte schwarzseidene „Zaubermantel" mit aufgemaltem Drachen (vgl. Kap. 5.3). Der Gewinner sollte ihn als Zeichen seiner „Größe" erhalten.

Abwechselnd mußten wir unsere Tricks ankündigen: 'Ich *kann* den Tisch *wegzaubern.*', 'Ich *kann* dich in eine Schlange *verwandeln.*' usw. Bei besonders tollkühnen Vorhaben reagierte der „Kollege" mit Staunen oder Zweifel: 'Oh, du *kannst* ja ...', '*Kannst* du wirklich ...?' Dann wurde der Zaubertrick mit viel „Hokus-Pokus", Gestikulieren und unheimlichen Geräuschen ausgeführt und erzeugte viel Neid, aber auch Bewunderung beim „Rivalen": 'Macht nichts. Du *kannst* zwar ..., aber ich *kann* ...', 'Du *kannst* aber toll ...'

Es wurde ein hartes Kopf-an-Kopf-Rennen, bis mich gegen Ende das Glück verließ, und ein paar meiner Versuche fehlschlugen. Daniel ging als stolzer Sieger aus diesem Wettstreit hervor, und das mit Recht, denn es war wirklich beeindruckend, was er unter solchen Bedingungen „kann", nicht nur als Magier, sondern auch als Sprecher.

---

59 „Teach language in natural as well as contrived transactions." (JOHNSTON 1985, S. 132)

60 Von den Interaktionsbeispielen existieren zum Teil Tonaufnahmen. Authentische Dialogausschnitte stehen in „...", sinngemäße Wiedergaben sind in ‚...' gesetzt.

7.1.2 Zauberer und Hexe

Mehrere Wochen später brachte ich den Daniel wohlbekannten Beutel mit den Handpuppen mit. Es waren ein paar neue Exemplare dabei, unter anderem ein Zauberer und eine Hexe. Daniel griff sich sofort diese beiden Figuren heraus und fragte, wer denn besser zaubern könne. Ich sagte, ich wisse das nicht, woraufhin Daniel den Vorschlag machte, die beiden um die Wette zaubern zu lassen.

Ich ließ meinen ursprünglichen Therapieplan sofort fallen und nutzte diese spontane Gelegenheit, Daniels neuerworbene Fähigkeiten durch die Wiederholung eines ihm vertrauten Handlungsablaufs zu sichern.

Während des Spielverlaufs ergab sich eine sinnvolle Variation. Daniel brachte von sich aus folgendes „Zaubermuster" ein: Zauberformel I + Zaubertrick + Zauberformel II. Er sagte beispielsweise: „Hokus, pokus, simsalabim, dein Kopf zu ein Kürbis werd, hex hex."

Ich griff diese „Zauberformel" auf, wobei ich sie jedoch konsequent expandierte, z.B.: „Hokus, pokus, simsalabim, dein Kopf *soll* zu einem Kürbis *werden*, hex, hex."

7.1.3 Zauberlehrling

Für diese Stunde hatte sich Daniel gewünscht, „Zauberer mit eine andere Idee"[61] zu spielen. Außerdem hatte meine Vorgängerin Annette ihren Besuch angekündigt. Also stellte ich sie gleich zu Beginn als unseren „Zauberlehrling" vor, der in die Geheimnisse der großen Meister eingeweiht werden wollte[62].

Dazu mußten wir ihr erst eimal die Grundlagen des Zauberns erklären: 'Zuerst *mußt* du den Zauberspruch *lernen*.', 'Dann *mußt* du dir einen Trick *ausdenken*.', 'Du *mußt* den Zauberspruch *aufsagen*.' usw. Dann brachten wir ihr abwechselnd unsere besten Tricks bei. Wir verrieten ihr, was man alles zaubern „kann" und wie man das machen „muß".

Unser braver „Zauberlehrling" wiederholte ehrfurchtsvoll die Anweisungen ('Also, ich *muß* ...') und führte sie aus, fragte zaghaft nach ('Was *muß* ich zuerst ...?', 'Wie *muß* ich ...?'), wenn er etwas nicht verstand und freute sich über erste Erfolge ('Ich *kann* schon ...', 'Jetzt *kann* ich auch ...').

---

61 Seine Motivation für dieses Thema war wirklich unerschöpflich.

62 „Es hat sich als günstig erwiesen, Therapiesituationen zu Inhalten zu gestalten, bei denen die Beteiligten verweilen und in intensive Interaktion treten. Neue Anregungen werden im allgemeinen von Kindern konstruktiv aufgenommen, wenn gewisse Grundzüge der Situationsstrukturierung vertraut und konstant bleiben." (DANNENBAUER 1992a, S. 189)

7.1.4 Der verletzte Zauberer

Auch gut geplante Stunden hatten nicht immer den gewünschten Effekt. Die Geschichte mit dem verletzten Zauberer, die ich Daniel schon auf dem Weg zum Therapieraum erzählte, war eigentlich gut durchdacht. Ich, der Zauberer aus Buxtehude, war über den Weihnachtsmarkt gebummelt und hatte mich vom Duft und der Wärme des Glühweins verführen lassen. Auf das erste Gläschen folgte ein zweites und ein drittes, weil es gar so gut schmeckte. Als ich auf meinen Besen stieg, um nach Buxtehude zurückzukehren, war mir ganz schwindlig. Ich flog torkelnd über den Weihnachtsmarkt und stürzte ab. Dabei zog ich mir eine Kopfverletzung zu. Nun prangte ein großes Pflaster auf meiner Stirn (auf das ich mit einem Filzstift rote Flecken gemalt hatte). Ich hatte Kopfschmerzen und Probleme mit dem Gedächtnis und wollte mich ein wenig bei meinem Freund Zwackelmann bei einer gemütlichen Tasse Zaubertrank erholen. Ich redete ziemlich wirres Zeug und brachte Namen und Ereignisse durcheinander. Zauberer Zwackelmann schwankte zwischen Mitleid und Schadenfreude, amüsierte sich aber auf jeden Fall köstlich.

Es war meine Absicht, Daniel durch paradoxe Handlungen zu provozieren, wie z.B. Besteck rechts und links der Teekanne anstatt neben den Teller legen, Zucker auf den Teller anstatt in die Tasse streuen, Marmelade auf die Hand anstatt auf den Keks streichen, die Kekse, an das Ohr anstatt zum Mund führen usw. Ich dachte, er würde mich spontan korrigieren, in der Form 'Du *mußt* doch ...', worauf ich in der Art reagiert hätte 'Ach so, stimmt. Den Zucker *muß* man ...'

Daniel hingegen erschrak richtiggehend, als ich solch verrückte Dinge tat, und war zunächst sprachlos. Dann griff er aufgeregt ein, wobei er unflüssig und elliptisch sprach: 'Nicht auf den Teller!', 'In die Tasse!', 'Halt! In den Mund!'[63]

Wären Präpositionen das Therapieziel gewesen, hätte die Stunde durchaus als erfolgreich bezeichnet werden können. Hinsichtlich der tatsächlichen Zielstruktur blieb mir nichts anderes übrig, als Daniels Äußerungen durch Modale zu ergänzen und wiederholt Expansionen als nachfolgende Sprachmodelle anzubieten: 'Richtig! Ich *darf* den Zucker nicht auf den Teller *streuen*. Ich *muß* ihn in die Tasse *tun*.', 'Huch! Ich *wollte* den Keks ins Ohr *schieben*. Dabei *muß* ich ihn doch in den Mund *stecken*.'

---

63 Daniels Äußerungen sind hier nur sinngemäß wiedergegeben. Eventuelle Fehler bei der Kasusmarkierung wurden nicht berücksichtigt.

Die Effektivität der Modellsprache läßt sich in diesem Fall berechtigterweise anzweifeln. Daniel war viel zu aufgeregt, um auf meine Sprache achten zu können. Diese Erfahrung hatte mir gezeigt, daß zuviel Aktionismus auf Therapeutinnenseite das Gleichgewicht zwischen Handlungs- und Sprachkontext gewaltig stören kann[64].

7.1.5 Zaubershow

Da Daniel offensichtlich trotz seines Alters von 10 Jahren Phantasiegeschichten noch sehr ernst nehmen konnte, suchte ich nach einer realitätsnäheren Variante seines Lieblingsthemas.

Als ich Daniels Erzieherin in der Kindertagesstätte erzählte, welch eine Faszination alles, was mit Zaubern zu tun hat, auf den Jungen ausübt, gab sie mir einen Zauberkasten für Kinder mit. Ich lernte selber ein paar einfache und effektvolle Tricks und führte sie Daniel in der darauffolgenden Stunde vor. Vor seinen staunenden Augen ließ ich Plastikchips verschwinden und wieder auftauchen, erriet mit verbundenen Augen Farben, las Gedanken usw.

Daniel war sehr beeindruckt von meiner Zaubervorführung. Meinen Vorschlag, ihm die Tricks zu verraten, damit er selbst eine Zaubershow veranstalten könne, nahm er begeistert auf. Ich bat ihn um seine volle Konzentration und Aufmerksamkeit, weil es beim Zaubern sehr auf Genauigkeit ankomme. Ich erklärte ihm die Tricks einzeln und Schritt für Schritt ('Zuerst *mußt* du ...', 'Dann *mußt* du ...', 'Du *mußt* ...') und forderte ihn auf, sie handelnd und verbal zu wiederholen. Daniel probierte aus und fragte nach, ich ergänzte und korrigierte bei Bedarf. Daniel übte ausdauernd, bis er sich alle Handlungsschritte in der richtigen Reihenfolge merken konnte und die Ausführung beherrschte.

In der nächsten Stunde gingen wir das Ganze noch einmal durch, bauten eine kleine Zauberbühne auf und baten das Publikum, drei von Daniels Freunden aus seiner Kindergruppe, in die „Zaubershow".

Daniel erntete eine Menge Bewunderung und Applaus und gab zum Schluß das Geheimnis seiner Tricks preis. Bereitwillig erklärte er Anne,

---

64 Obwohl Daniel nach der Stunde meine unverletzte Stirn sehen konnte, holte er das Pflaster aus dem Abfalleimer heraus und stellte erleichtert fest, daß es nur außen rot verfärbt war. Wort- und gestenreich erzählte er mir anschließend einen Film von den Ghostbusters und deren tödlichen Protonenstrahlern.

Bernd und Sigrid, was man im Einzelnen tun „muß", um so zaubern zu können wie er:

U: Sag uns mal, was wir *machen müssen,* wenn jetzt z.B. ...
D: Also, du *musch* du *musch* den Vollen in den Leeren *reinlegen.*
A: Ja.
D: Und dann den Leeren auf den. Und dann die Becher auf den ...
U: Dann *mußt* du die Becher ...
D: ... Becher auf die Zwei *tun.* Hokus, pokus, simsalabim. Irgendein Spruch sag-sch. Und dann ganz langsam so mehnt (nimmst) und dann so hin. Voila!
A: Ja.
D: Voila!
A: Ah, so! So geht der Trick!

.....

U: Wenn ihr nicht versteht, *müßt* ihr's *sagen.* Dann *muß* der Daniel nochmal genau *erklären,* was du *machen mußt.*
D. Also. Ein leeren Chips.
U: Du *mußt* ...
D: Du *musch* ein leeren Chips *hinlegen,* ein vollen Chips. Und dann eine leere Kiste.
A: M-hm.
D: Über die zwei. Ganz schnell schütteln. Und dann hörsch no noch einen. Oh!
U: Oh, das hat nicht geklappt. (Daniel versucht es nochmal) Du *mußt* nämlich du *mußt* nämlich wirklich ganz fest *schütteln.*
D: Und du hörsch noch eins. (der Trick ist gelungen)

.....

D: Du *mußt* du *musch* da *neistecken* das Plättchen.
A: Ja.
D: Und dann du *musch sagen* ein Spruch irgendwas.
A: Ja.
D: Und dann sagsch: Das ist der...
A: Schwarze.
D: Ja.

.....

D: Schau! Mit Stab ganz einfach mach ich. Ich will dahin. Du *musch* dann dein Finger auf dem Stab. Und dann irgendein Trick und dann plumps.
A: Ah so!

.....

U: Und was *mußt* du dann *machen*?
D: Und dann bißle hochziehn. Und dann *mußt* du so *machen.* Schau, Sigrid! So und dann so hinlegen.
U: Du *mußt* den leeren Chip so *einzwicken.* Weißt du? Und wegheben.

.....

D: Also, du *musch* ein Gerät *haben* da hinten. Sowas. Und dann _ halt mal! *Helfen kannsch* mir? Ganz einfach gehen die Tricks.

.....

D: Du *musch* den Zeiger *festhalten.*
S: Und dann _ m-hm. Also so.
D: Nein! Einen Faust. Eine Faust.
U: Du *mußt* den Stab in eine Hand *nehmen.*

7.1.6 Fotoreportage

Daniel, der ja so gerne jegliche Geräte bediente, an deren Knöpfen herum-
drehte oder drückte, hätte am liebsten sofort losfotografiert, als ich meine
Kamera in der Therapie dabei hatte. Ich weckte seinen Ehrgeiz, indem ich
sagte, jedermann könne zwar auf den Auslöser drücken, aber nur gute
Fotografen könnten schöne Fotos machen. Ich machte ihn darauf aufmerksam, daß wir einen Film mit genau 24 Bildern zur Verfügung hätten,
und wir uns deshalb genau überlegen sollten, was wir fotografieren „wollen". Profis hätten auch meist ein Thema, das sie durch ihre Fotos doku-
mentierten.

Wir entschlossen uns, eine „Fotoreportage" über den Kinderhort zu machen, wo wir uns gerade befanden. Wir schweiften durchs Gebäude, über
Hof und Spielplatz und suchten uns geeignete Motive: 'Ich *will* ...', '*Willst*
du nicht lieber ...?', 'Ich *will* aber ...' Wir sahen uns um und diskutierten
darüber, was unbedingt festgehalten werden müsse. Wir fotografierten abwechselnd, so daß jeder von uns sich für 12 Motive entscheiden konnte.
Außerdem gab es noch eine Reihe anderer Dinge zu beachten: 'Du *darfst*
nicht gegen die Sonne *fotografieren.* Du *mußt* sie im Rücken *haben.*',
'*Willst* du die Blumen ganz groß *draufkriegen*? Dann *mußt* du näher *range-
hen.*', 'Ich *will* auch den Baum *draufhaben.* Wo *muß* ich mich dann *hinstellen*?'

Das „Produkt" überzeugte Daniel, daß sich der (sprachliche) Aufwand ge-
lohnt hatte. Die Fotos, die ich eine Woche später mitbrachte, quittierte er
mit „Oh!" und „Ah!" und nahm sie, in einem Heft geordnet und beschriftet,
stolz mit nach Hause, um sie den Geschwistern, Freunden und der Oma
zu zeigen.

7.1.7 Schach

Als Daniel mich fragte, ob ich Schach spielen könne, antwortete ich vor-
sichtshalber mit „Nein", weil Situationen, in denen ich Daniel in irgendeiner
Weise unterlegen war, sich als grundsätzlich günstig erwiesen hatten. Sie
weckten seine Bereitschaft, mir die entsprechenden Dinge zu erklären
bzw. beizubringen[65].

---

65 „Teach language while communicating real messages." (JOHNSTON 1985, S. 132)

Auch diesesmal war es so. Daniel behauptete ziemlich angeberisch, Schach sei sehr schwierig. Es sei ein Spiel für „große Leute", aber er könne es gut spielen und gewinne meistens. Ich fragte, ob er mir zutraue, es auch lernen zu können. Daniel war recht zuversichtlich und sauste sofort los, um ein Schachspiel aus dem Gruppenraum des Horts zu holen[66].

Mit einem regelrechten Redeschwall versuchte Daniel, mir die Spielregeln zu erläutern, und wollte dann gleich die erste Partie beginnen. Das funktionierte selbstverständlich nicht. Ich machte ihn darauf aufmerksam, daß ich zunächst genaue Anleitungen bräuchte, wie ich die Schachfiguren aufzustellen hätte. Wir besprachen, wo jede einzelne Figur stehen „muß". Weiterhin ließ ich mir von Daniel erklären, wie die einzelnen Spielfiguren jeweils laufen „können" bzw. welche Spielzüge ich damit machen „darf", wie man dem Gegner Figuren wegnehmen „kann" usw. Ich wiederholte ab und zu Daniels Anweisungen, um mir die Fülle an Informationen merken zu können, und fragte bei Unklarheiten nach, ob ich dieses oder jenes „darf" bzw. „kann".

Als ich die wichtigsten Regeln beherrschte, spielten wir eine offene Partie, so daß Daniel mich korrigieren konnte, wenn ich Fehler machte (z.B. 'Du *darfst* nicht ...', 'Du *mußt* ...', 'Der Springer *kann* nicht ...' usw.).

Nun konnten wir endlich eine richtige Runde wagen, die selbstverständlich Daniel gewann. Ich verlangte Revanche, die wir jedoch auf die nächste Stunde verschieben mußten.

Eine Woche später benötigte ich noch einen kurzen Schnelldurchgang der Regeln, weil ich einen Teil schon wieder vergessen hatte und einiges durcheinander brachte. Dann trat ich erneut gegen Daniel an und unterlag ein zweitesmal, worauf er achselzuckend bemerkte, er habe mir ja gesagt, daß Schach sehr schwierig sei.

7.1.8 Kickboxen

Eine weitere Variante des Motivs „Erklärungen" (vgl. Kap. 7.1.3 und 7.1.7) ergab sich spontan, als Daniel auf meine Bemerkung, „Mensch, Daniel! Du hast ja eine gute Gesichtsfarbe!", sehr geheimnistuerisch reagierte: „M-m! Sag ich das auch nicht. Raten! Sonst nichts." Ich gab seiner erneuten

---

66 Ich hatte für diese Stunde eigentlich etwas anderes geplant, aber „Situationsstrukturierungen sind also offene Angebote an das Kind und stehen grundsätzlich zur Disposition. Es ist ein Zeichen von Kreativität und aus Erfahrung resultierender Intuition, wenn auf veränderte Kontextbedingungen konstruktiv eingegangen werden kann, ohne die Zielorientierung zu verlieren." (DANNENBAUER 1992a, S. 189)

Aufforderung „Raten laß ich dich." nach[67], und wir einigten uns auf zehn Chancen für mich. Nach zehn Fehlversuchen wollte Daniel noch immer nicht mit seinem „Geheimnis" herausrücken:

> D: M-m. Hm. Ich sag dir auch nichts. Hm. (lacht) Geheimsache! Weisch?
> U: Ach geh, Daniel!
> D: Ja! *Muß* ich *geheimhalten.*
> U: Ja, warum *mußt* du das denn *geheimhalten?*
> D: Wart mal! Diesen Buchstaben *musch* du *raten.* Wart mal! (geht an die Tafel und schreibt einzelne Buchstaben auf; ich kann den Begriff nicht erraten)
> U: Dann schreib's mir mal hier, komm, ins Heftchen und klapp's zu, dann ist es noch immer geheim.
> D: Neieiiiinn!!! Ich *will* es nicht *verraten!*
> U: Du *willst* es wirklich nicht *verraten?* Und warum hast du mich dann so lange raten lassen, wenn du es mir dann doch nicht sagst?
> D: Ich *will* nicht meine Freund *verraten.*
> U: *Mußt* du deine Freunde *verraten,* wenn du es mir sagst?
> D: M-m. Darf ich nicht.
> U: Was darfst du nicht?
> D: Freunde verraten.
> U: Na gut.
> D: Weil mein Trainer dann nächste Ecke schickt mich.
> U: Du *darfst* es nicht *verraten,* weil dich dein Trainer dann in die nächste Ecke schickt. Hey! Was für ein Trainer?
> D: Hm. *Mußt* du *rausfinden.*

Ich mußte schon wieder raten, wurde aber letztendlich von meiner Neugierde erlöst:

> D: *Soll* ich dir *sagen?*
> U: Bitte!
> D: Aber *musch* du auch für dich *behalten.*
> U: Ehrenwort!
> D: Ka Kickboxenverein!

Diese Sportart war mir nicht bekannt, also forderte ich Daniel auf:

> U: Zeig mir mal, wie das geht.
> D: Na, ganz einfach.
> U: Komm! Ist Kickboxen so? (ich mache ein paar Boxgesten)
> D: M-m. So! (macht mir die typischen Bewegungen mit Armen und Beinen vor) So *musch stehen* und dann so _ und dann so (ich versuche es nachzumachen) Kannsch nicht! So _ dann so _ und dann so _ und dann so _ und dann noch mal so und dann Hochsprung _ Spagat und dann voll in die Fresse.
> U: Uauh! (bewundernd) Also, paß auf! Ich *muß* mich so *hinstellen.*

---

67 „The real strength of this approach to intervention, however, is that it can also be used in completely natural, child-initiated activities. Interventionists need not always take children away from their practical and social activities; they can bring the language lesson to the world of the young child." (JOHNSTON 1985, S. 130) (vgl. auch Kap. 7.3.1)

D: M-hm.
U: Dann *muß* ich die Hand *vorstrecken* _ (während ich spreche, führe ich die entsprechenden Bewegungen aus) Ich *muß* sie *zurückziehen*, oder?
D: Ja, genau! Ja.
U: Dann *muß* ich _ Hochsprung hast du gesagt _ Dann *muß* ich in die Luft *springen*.
D: Spagat.
U: Oh, ich versuch's mal. Kann ich nicht. Spagat. Und dann? Und dann *muß* ich ...

Daniel machte wilde Bewegungen. Ich bat ihn:

U: Erklär mir was dazu, sonst *kann* ich's mir nicht *merken*.
D: Ja, so. (beginnt zu boxen)
U: Ich weiß ja nicht, auf was ich *achten soll*, Daniel!
D: Also, du *musch* so *machen*. So. So! Und dann soo.
U: Dann *muß* ich mich *umdrehen*. (ich mache mit)
D: Nö, so. Also, da bin ich.
U: Ja! Du hast dich ja grad so umgedreht.
D: Ja. Und dann so. Und dann so.
U: Dann *muß* ich eine Hand *vorstrecken* und dann die andere.
D: Und dann nächste unten nei. Spagat in die Luft. Und dann mit Kniebein voll in die Fresse. Und dann *musch* du mit _ ganz locker *drannestehen*. (tänzelt hin und her) Hochsprung, Spagat auf Kopf draufsteigen und dann voll ins Rücken steigen. So!
U: Ja, Wahnsinn!

7.2 Auxiliare

7.2.1 Kasperl hat Geburtstag

Als ich die Handpuppen in dieser Stunde auspackte, wählte Daniel wie meistens den Kasperl. Ich bestimmte gleich zu Beginn 'Der Kasperl hat heute Geburtstag.', denn ich hatte eine ganz bestimmte Strukturierung des Spiels geplant, um Daniels Aufmerksamkeit speziell auf die Perfektform zu lenken.

Vier Puppen kamen der Reihe nach und begrüßten den Kasperl: 'Ich *hab* gehört, du hast heute Geburtstag.' Nachdem die ersten beiden Puppen mit den Worten 'Ich *hab* dir etwas *mitgebracht*.' dem Kasperl kleine Geschenke überreichten, fragte Kasperl bei den anderen beiden nach *'Hast* du mir etwas *mitgebracht?'*, als diese sich an den Geburtstagstisch setzen wollten, ohne ihn zu beschenken. Jeder Gast kündigte den nächsten an: 'Ich *habe* auch ... *eingeladen*. Er wird bald kommen.'

Als letztes kam die Prinzessin vorbei: 'Oh, du hast heute Geburtstag! Das *habe* ich nicht *gewußt*. Ich *habe* leider kein Geschenk *mitgebracht*.' Neugierig fragte sie einzeln nach: 'Was *hat* dir ... *geschenkt?* Kasperl präsentierte seine Geschenke stolz ,... *hat* mir ... *geschenkt*.' und die Prinzessin kommentierte: 'Der Räuber *hat* eine tolle Idee *gehabt.*', 'Die Oma *hat* aber viel Geld *ausgegeben.*', 'Worüber *hast* du dich am meisten *gefreut?*'

Nachdem nun alle gratuliert und ein bißchen geplaudert hatten (und ich meine geplante Interaktionssequenz verwirklicht hatte), wollten sich die Gäste der Reihe nach verabschieden. Das war Kasperl gar nicht recht. (Daniel wollte das Spiel noch lange nicht beenden und wurde nun aktiv, während ich versuchte, weiterhin handlungsbegleitend gehäuft Perfektformen anzubieten, zu evozieren und zu modellieren.) Kasperl fragte die Prinzessin, ob auch sie noch jemanden eingeladen habe: '*Hast* du den König *eingeladen?*' Als die Prinzessin dieses verneinte und sagte, der König sei krank, schickte der Kasperl die Oma los, den König zu heilen und mitzubringen.

Kasperl bewirtete seine Gäste reichlich, und sie feierten lustig, bis Frosch und Räuber mahnten: 'Wir haben noch einen weiten Weg vor uns. Es wird bald dunkel.' Doch Kasperles Lust zu feiern war noch nicht gestillt. Er lud die ganze Gesellschaft ein, bei ihm zu übernachten. Am nächsten Morgen war es dann genug. Kasperl verabschiedete seine Gäste diplomatisch: „Frosch, willst du in dein Wasser?"

7.2.2 Spontane Situationen

Da der Perfekt die „Erzählform" der Umgangssprache ist, bedurfte es wenig Vorstrukturierung meinerseits zur Vermittlung dieser Zielstruktur. Ich nahm jeden natürlichen Erzählanlaß wahr und „schlachtete" ihn so gut es ging zu Modellierungszwecken „aus". Das verlangte ein gewisses Fingerspitzengefühl, denn Daniels echtes Mitteilungsbedürfnis und mein ehrliches Interesse an dem, was er zu erzählen hatte, durften durch die formalsprachlichen Lehr-Lern-Prozesse nicht gestört werden.

Ähnlich verfuhr ich bei einer Reihe von freien Handpuppenspielen, bei denen ich die Gestaltung des Handlungsverlaufs größtenteils Daniel überließ, während ich mich auf die Zielstruktur konzentrierte, und mich um ein möglichst effektives dialogisches Hin und Her von Perfektformen bemühte.

7.2.3 Raten

Daniel liebte es, mich verschiedenste Dinge erraten zu lassen (vgl. Kap. 6.1.8). Das war mir gerade recht, denn nun initiierte auch ich ab und zu solche Ratespielchen, wobei Dialoge wie z.B. der folgende entstanden, durch welchen ich Daniels Neugierde und Motivation für das „Kniffel"-Spiel (vgl. Kap. 7.2.4) wecken wollte:

> J: Rate mal _ was wir _ die Ute und ich _ heute vormittag *gemacht haben.*
> D: Was denn?

J: Verrat ich nicht. Du mußt raten.
D: Ich weiß nicht.
J: Du mußt drei mal raten.
D: Hm.
J: Wenn du es mit dreimal nicht errätst, dann sag ich's dir.
D: Also, vielleicht *kocht hasch* du mit Ute?
J: Wir _ *haben* _ nicht *gekocht*.
D: Ihr *habt* ihre _ ihr *habt* _ ihr habt eure Sachen *zusammengepackt*. (für die Therapie)
J: Hahaha! Du hast ja Ideen! Wir *haben* _ nicht unsere Sachen *zusammenge-packt*.
D: Äh, bei mir *hasch* du *angerufen?* Daheim?
J: Die Ute *hat* bei dir *angerufen*. Ich *hab* nicht bei dir *angerufen*.
D: Also, schon drei waren's.

.....

J: Wir *haben* etwas *eingekauft*.
D: Ach so! Was denn?

.....

J: Ratespiel Nummer zwei. Für wen *haben* wir etwas *eingekauft?*
D: Für dich!
J: Wir *haben* nicht für mich etwas *eingekauft*.
D: Und für Ute.
J: Wir *haben* nicht für die Ute etwas *eingekauft*.
D: Hm wieheigleiwiede ihr Mann hm _
J: Wir haben...
D: Ihr _ ihr *hat* _ *haben* _ für ihren Mann was *eingekauft*. Für Brotzeit.
U: Du meinst, wir haben für ...
D: Gerry!
J: ...den Gerry Brotzeit *eingekauft?*

.....

J: Du mußt noch zweimal raten.
D: Äh, ihr *habt* _ ihr *habt* ein Spiel *gekauft*.
J: Jaaaa!!!

7.2.4 Kniffel

Diesmal brachte nicht Daniel (vgl Kap. 7.1.7), sondern ich ein Spiel mit, das er noch nicht kannte. Ich nahm an, daß „Kniffel" Daniel Spaß machen würde, weil das abwechselnde Würfeln und Punkte Sammeln, sowie die Abhängigkeit des Sieges von „Köpfchen" und Glück zugleich, bei diesem Spiel für eine Menge Spannung sorgen.

Da es für Daniel wirklich nicht leicht war, sich die Spielregeln und die Kombinationsmöglichkeiten der fünf Würfel zu merken, saß er bald mit hochrotem Kopf da und bemühte sich, mit einiger Unterstützung von mir, seine Gewinnkarte korrekt auszufüllen: 'Ich *habe* drei Vierer *gewürfelt*.',

'Dann *hast* du einen Dreier-Pasch *geschafft.*', 'Ich *habe* Fünfer *gesammelt.*', 'Ich *habe* sie als Vierer-Pasch *aufgeschrieben.*', 'Ich *hätte* sie nur als Fünfer *gezählt.*', 'Du *hast* auf einen Schlag einen Kniffel *geschmissen!*', 'Ich *habe* zwei Zweier *behalten.*', 'Die anderen *habe* ich zurück *getan.*'

Entweder hatte Daniel mehr „Köpfchen" oder ich weniger Glück, jedenfalls konnte er in seinem Cassettentagebuch (vgl. Kap. 7.2.7) stolz berichten:

„Wir *haben* Kniffel *gespielt* ... Aber das Schönste war am Spiel, *gewonnen hat* ... Daniel *hat gewonnen* und Ute *hat* äh Trostpreis." (vgl. Kap. 7.2.7)

7.2.5 Lügengeschichte

Nachdem Daniel meinen Lebensgefährten Gerry und mich am Wochenende besucht hatte, sprach ich einen Bericht über unsere gemeinsamen Erlebnisse (im Perfekt) auf Cassette, wobei ich einige Unwahrheiten einbaute. Daniel hörte sich den Text in der darauffolgenden Therapiestunde an, schaltete den Recorder empört aus, wenn er eine „Lüge" entdeckt hatte, und berichtigte die Aussagen inhaltlich (im Perfekt). Zusätzlich mischte sich Jerry in das Gespräch ein. Er war an dem Wochenende nicht dabei gewesen und verlangte nun genaueste Auskunft von Daniel, was da nun wirklich losgewesen sei (vgl. auch Kap. 8.2 und vollständiges Transkript im Anhang 11.3.4).

Daniel „revanchierte" sich für diese Lügengeschichte:

> D: Ute, geh mal raus, bitte!
> U: Warum soll ich denn rausgehen?
> D: Er will was machen. (deutet auf Jerry)
> U: Der Jerry will was machen?
> D: Du weißt schon.
> U: Also, gut. Ich geh raus, weil du „bitte" gesagt hast. O.K.! Ruft ihr mich dann wieder?

Während ich vor der Türe wartete, hörte ich Daniel alias Jerry mit piepsiger Stimme sprechen:

> „Also, die Geschichte erzählt von Ute. Die Ute manchmal *hat* mir A. *versohlt.* Sie *hat* mich mal *erwischt* beim Bananenessen. Und dann *hat* sie einfach mich *beschimpft.* Und sie *hat* mich Käseverbot _ also eine Versämtheit! Sie kriegt ein Motorradverbot. So! Aber ich finde Gerry netter als Ute. Puh! Bäh, bäh! Puhuhuhuhu! Also, und dann *hat* sie einfach immer so mit der dem Daniel immer mit mir mit Daniel Plan *ausmacht.* Und die Geschichte grade auch *macht hat* sie. Ende."

Die Geschichte wurde mir anschließend von den beiden vorgespielt. Ich war empört über Jerries Flunkereien, stellte die Tatsachen richtig und verbannte die Maus in meine Tasche. Daraufhin machte Daniel den Vorschlag: „Komm, Ute! Jetzt zeigen wir ihm. Komm, wir beide machen das den _ von ihm was. Jetzt zeigen wir, was *hat* er daheim *macht* mit uns. So ein Lümmel!"

Gemeinsam dachten wir uns spontan eine Lügengeschichte über die Maus aus:

D: Die Geschichte heißt „Von Jerry".
U: Der Jerry ist ein dickes fettes Häschen.
D: Äh äh Jerry ist so frech daheim war.
U: Der Jerry hat lange spitze Ohren.
D: Jerry *hat* von von der Ute Kaffee *getrunken* ohne zum fragen. So!
U: Der Jerry *hat* mich schon öfters *angelogen*.
D: Ah, Jerry *hat* manchmal mit mein Freund was *ausmacht*.
U: Der Jerry *hat* gestern den Daniel *angerufen* und *hat* mit ihm zwei Stunden lang *telefoniert*. Jetzt ist meine Telefonrechnung soo hoch.
D: Äh Jerry *hat* äh mit meine Bat-Maus *hat* er eine Falle *besprochen* mit mir. So ein Lümmel!
U: Die Beiden wollen den Daniel in eine Falle locken.
D: Und Jerry mal aufhängt _ waschen und dann mit eine Wa Wäscheleine mit ein Drachen hinbunden und dann nausschließen wir. So!
U: Der Jerry *hat* meinen ganzen Kühlschrank *leergefressen*.
D: Ja. Und dann *hat* er sieben äh sieben Bananen *geessen*. Oh!
U: Der Jerry *hat* auch alle meine Süßigkeiten *gegessen*.
D: Vielfraß isser. Hoh!
U: Der Jerry ist ein frecher Vielfraß.
D: O.k. Dann wieder Schluß bei mir. Wart! Jerry ist ein frecher und fettes Huhn. So!

In der darauffolgenden Stunde hörten Daniel und Jerry sich den Text an und diskutierten angeregt über dessen Wahrheitsgehalt. Zu guter Letzt erfand Daniel sogar noch eine Lügengeschichte über Gerry, die ich nach Hause mitnehmen sollte.

7.2.6 Walky-Talkies

Eine günstige Situation zur gehäuften spontanen Verwendung des Perfekts konnte ich mit Hilfe von Walky-Talkies arrangieren. Ich dachte, wenn Rainer (ein Schulkamerad) und Daniel sich gegenseitig per Funkanweisungen durch das Schulgelände schickten, dann sei es durch den fehlenden Sichtkontakt für Daniel zwingend notwendig, Rainer regelmäßig die Ausführung der Anweisungen in der Form 'Ich *habe* ... *gemacht*.' zu bestätigen, um seine Bereitschaft für die nächste Aufgabe zu signalisieren.

Zuerst verließen Tanja (eine Studentin)[68] und Rainer den Therapieraum, um nach Daniels Kommando einen Rundgang zu starten. Meine Vermu-

---

68 Tanja nahm während der letzten paar Monate der dargestellten zwei Jahre öfter an der Therapie teil, weil sie mit dem Schuljahreswechsel die sprachtherapeutische Betreuung von Daniel übernehmen sollte.

tung traf tatsächlich zu, und meine Erwartungen wurden sogar übertroffen. Unerwarteterweise verwendete Daniel nämlich neben dem Perfekt auch häufig das Modal „sollen", wenn er Anweisungen gab (ausführliches Transkript vgl. Anhang 11.3.5):

> „*Habts* ihr mich *g'hört?*"
> „*Habt* ihr das Fahrrad *gefunden?*"
> „Die *haben* no nicht *gefunden.*"
> „Also, ich *hab runterschickt.*"[66]

> „Ihr *sollts* Treppe *nuntergehen.*"
> „Ihr *sollts* bis Pausehof *nuntergehen.*"
> „Ihr *sollts* bei Gerüst *rauskommen.*"
> „Ihr *sollts* wieder *hochkommen.*"
> „Ihr *sollts* zu uns *herkommen.*"

Dieser Wechsel von Äußerungen mit Modalen und solchen mit Auxiliaren hatte mit Sicherheit einen guten Übungseffekt, besonders als Daniel die Rolle des Ausführenden übernahm: „Ich geh raus, und dann ihr *sollts* mir Anweisungen *geben.*" ... „Also, ihr sollts mich *führen.*"

> D: Ja, wir *haben verstanden.* Ende. Wir gehen jetzt in Pausehof. Ende.
> R: XXXXX (unverständlich)
> D: Wir *sollen* in Pausehof *umschauen.* Rainer, wir gehen jetzt runter. Ja?
> R: XXXXX
> D: Oh Gott! Wir *sollen* zu Herr Rektor *neigehen.* Rainer! Mi _ wo *sollen* wir *hingehen?*
> R: XXX
> D: O.K. Wir *sollen* _ XXX. Ende.
> U: XXXXX
> D: Wir *haben* äh beim Herr Rektor ihm sein Zimmer *vorbeigegangen.* Was jetzt? Rainer! Hör mich mal! Ende. Wo *soll* ich *hingehen?* Ende.
> R: XXXX
> D: Ho! Wir *sollen* die Tür *anschauen.* Wir *haben* die Tür *anschaut.* Also, wo *sollen* wir *hingehen?* Zu Frau S. nei oder wir *sollen nuntergehen?* Ende.
> .....

> D: Oh! 22 Treppen hoch!
> U: Was? Was 22 ...
> D: Wir *sollen hochkommen.* Die 22 Treppe.
> U: Also, komm! 1,2, ...
> D: *Soll* mer dann bei Frau S. *neischaun?* Au ja, ich hab ganz andern Sender drinne jetzt. O.K. Wir _ wieviel sin mer jetzt scho?
> U: Ich denk, wir *haben's geschafft.*
> D: Wir *sind* 22 Treppen *gegangen.* Wo *sollen* wir jetzt *hingehen?* Ende.
> .....

---

69 Die Frequenz der Zielform wurde auch dadurch erhöht, daß Daniel die Informationen, die ihn über Funk erreichten, regelmäßig an mich weitergeben mußte, weil ich sie akustisch nicht verstehen konnte (vgl. auch Dialogausschnitte weiter unten).

D: Oh! Wieder runter! XXXX
R: XXXX fünf Treppen wieder runterhupfen.
U: XXXX
D: 1,2,3,4,5. O.K. Wir *sind* 5 Treppen wieder *runtergegangen*.

7.2.7 Cassettentagebuch

Ursprünglich machte ich Daniel den Vorschlag, ein Tagebuch (auf Cassette gesprochen) zu führen, aus dem Bedürfnis heraus, ein verbindendes Element zwischen den einzelnen Therapiestunden zu schaffen. Der zeitliche Abstand von einer Woche war relativ groß, und es war (vor allem für Daniel) nicht immer einfach, gedanklich, gefühlsmäßig und sprachlich an die letzte Stunde anzuknüpfen. Sich zu Beginn jeder Sitzung an die Ereignisse der vergangenen zu erinnern, schien mir eine schöne und sinnvolle Einführung für das jeweils bevorstehende gemeinsame Tun zu sein. Zudem erhoffte ich mir durch Daniels Tagebuchbeiträge weitere Hinweise auf seine Interessens- und Motivationslage. Was er erzählen und wie er es bewerten würde, d.h. was ihm wichtig war, und woran er Spaß hatte, sollte mir den Weg weisen, welche Therapieinhalte wir wiederholen, variieren, ausbauen könnten.

Ich konnte nicht genau einschätzen, wie Daniel meinen Vorschlag aufnehmen würde. Außerdem war er an diesem Tag sehr ernst und lustlos[70]. Umso mehr überraschte mich Daniels spontane Begeisterung für die Tagebuchidee. Er fing gleich damit an, die Ereignisse der letzten Therapiesitzung auf Band zu sprechen. Von da an führte Daniel sein Cassettentagebuch regelmäßig. Er sah es nicht als Pflicht, sondern tat es gerne. Er versuchte es auch nicht zu umgehen, wenn Tätigkeiten, Spiele u.ä. anstanden, auf die er sich schon ungeduldig freute. Er stellte sie freiwillig zurück, bis der Tagebuchbeitrag gesprochen war.

Da Daniel immer von vergangenen Ereignissen berichtete, tat er das automatisch in der „Erzählform" des Perfekt. Auf diese Weise bot das Tagebuch regelmäßig eine ideale Gelegenheit, die Zielstruktur (parallel zu den gezielten Vermittlungsprozessen) anzuwenden. Daniel formulierte seine Beiträge spontan und unreglementiert. Sie spiegeln daher wider, ob und wie sich die Zielstruktur in seiner Spontansprache durchsetzte.

---

70 Später erzählte mir Daniel, daß sein Vater die Mutter geschlagen habe.

Auszüge aus dem Tagebuch sollen dieses illustrieren:

Montag, der äh neunundzwanzigs April

Monika und _ und Ute da war. Wir Kasperltheater *spielt haben* wir. *Aufnehmt haben* uns und dann Moni und äh Ute *gespielt haben* auch. Und ich *filmt haben* sie. Und dann Film *anschaut haben* wir. Und dann wir äh Ute _ die Bilder *mitbracht haben* _ *haben* sie äh *hat* sie von also wir ich *haben* ich und Ute *haben* wir äh Fotos *gemacht*. Und äh Ute einmal am Sandkasten war und äh Tannen äh wieheigleiwiede Kastanienbaum und am Blumen plus plus Blumen. Ich mal auf Klettergerüst war. Einmal auf Kettcar war ich. Äh weiß nimmer weiter. Schluß war.

Freitag, der zehnte Mai

Heute *haben* wir einen Spiel *gemacht* mit Gummibärchen und _ Sokolenchen (Schokolinsen). Und ich *hab* einmal *gewonnen*. Und dann wir *haben* ein bißle Cassette *angemacht*. Und bißle _ äh _ au _ Nichts mehr dann. Frau M. *vorbeikommt ist*. Schlüssel *abg'holt hab hat* sie und Schokolinchen *kriegt hat* sie. äh Annette (Ute) und ich *haben* die Idee *g'habt* äh „Ich und Du" heißt das Spiel. Und dann *erzählt haben* wir uns was. I _ wir *haben gemacht* alles. Alles war. Stop.

Montag der dritte Eptember[71]

äh Wir *haben gespielt,* Ute und ich. Und er (Jerry). Ich _ z'sam ja äh. Ich *hab* noch bißle *geredet* mit der Ute und bißle gesp _ bißle *gelesen* und *geschrieben* und bißle *geratscht*. Und dann vielleicht noch bißle mit der Jerry *redet hab* ich noch. Und dann und dann Schluß. Die Glocken *haben rumgegläutet*. Und dann wir *haben gespielt* äh das das _ äh _ oh weia _ nimmer weiß ich. Wir *haben* Hausfangus *gespielt*. Wir *haben* Sand *gespielt* und dann manchmal muß Seiam (Sieb) nehmen und dann die äh das der Sand mußtet wir als Steinen rausholen. So. Wir *haben* uns, Ute und ich, dann noch *verabschiedet*. Aufwiedersehen!

Montag, der dreiundzwanzigster _ Eptember

Am einen Montag. Wir *haben gespielt* Kniffel und Jerry und Bat-Maus *haben geratscht* und *geplappert*. Und äh ich weiß nimmer weiter. Aber das Schönste war am Spiel, *gewonnen hat*. Und Ute. So. Ende. Daniel *hat gewonnen* und Ute *hat* äh Trostpreis.

Also, vierzehnte, Montag.

Am einen Montag. Wir *haben* äh den Tom (Jerry) ich *hab ausgetrickst*. Ute *sagt hat,* ich war nicht da. Und dann *hab* ich ganz leise *reingeschleicht*. Und dann wir *haben* wir *haben* bißle _ äh *gespielt*. Nö, äh wir *haben* äh wieheigleiwiede Lügengeschichte *angehört*. Und dann wir auch *haben* eine Lügengeschichte von _ (bricht ab, weil Jerry dabei ist) äh und dann nichts mehr. Und dann bißle was *ang'hört haben* wir. Und was *draufgenommen haben* wir. Nichts mehr. Ende! Ute *hat* eine Lügen _ schichte *erzählt* auf seiner Ca _ ihre Cassette. Mein _ ja _ unser beiden Lügengeschichte. Und dann *haben* wir auch eine Lügengeschichte *draufgenommen*. Von uns beiden.

---

71 Daniel war in dieser ersten Stunde nach den Ferien schlecht gelaunt und durch nichts zu motivieren. Ich brach die Therapie ab und nutzte die restliche Zeit, um an den Spielen von Daniels Hortgruppe im Freien teilzunehmen, wobei ich versuchte, mir ein Bild von Daniels Spontansprache nach der fünfwöchigen Therapiepause zu machen.

Das Tagebuch wurde selbstverständlich auch nach Abschluß des Therapieziels „Perfekt" fortgeführt, und ermöglichte mir den Fortbestand der neuerworbenen Sprachstruktur zu kontrollieren[72]:

Der äh Datum. Der vierzehnte, ein Freitag

Wir[73] *haben* am Freitag Obstsalat *gemacht.* Mit ganz verschiedene Obst. Gu äh also Birnen, Apfel, Trauben, äh na Kiwi zwei Kiwi Kiwi und noch Nüsse *neitan haben* wir. Und dann halt *haben* wir Zucker bißle *neitan.* Und dann *haben* wir das ganze *vermischt.* Und dann *haben* wir halt für die Ute ein Brief *geschrieben.* Und da hab ich ge _ *getiert* (diktiert). Und sie *hat geschrieben.* Und ich *hab* halt da _ dann halt äh das äh die Staße *geschrieben* und die Hausnummer. Und dann halt *haben* wir _ *gegessen.* Und dann *sin* mer zusammen in meine Klasse *neigegangen.* Jeder *hat* _ jeder *hat* von Obstsalat in äh Hand *neikriegt.* Und dann halt für Frau S. *haben* wir eine Schüssel *g'habt* noch. Und da *haben* wir des neigetan. Und dann halt *hat* sie sehr *bedankt* bei uns.

Der achte Juli, der _ Mittwoch

Wir *hhaaben* wieder _ das Kaufladen *gespielt* (vgl. Kap. 7.3.4 und 8.1) Ein Freund von mir dabei war. Und *haben* wir sehr viele Angebote *gemacht.* Jeder *hat* manchmal *hab* ich das ganze Geld aus ausss _ na *ausgegeben.* Und manchmal die Hälfte. Und dann halt wir *haben* die R ganze Rolle *gewechselt.* Einmal Ute, einmal der Rainer. Und dann den ganzen Tag war schön miteinander.

Freitag, der zehnte Juli

Wir *haben* Büro sp *gespielt* (vgl. Kap. 7.3.3). Jeder *hat* ein Zettel mußtet *gezogen.* Bös, netter, hm m hoch äh hochnäsiger. Und dann halt *han* mer _ Ich war einmal der äh Büromann. Ute war einmal Bürofrau. Und dann *han* mer immer *gewechselt.* Halt _ am Schluß das fand ich toll an der ganzen Stunde. Wir *haben* noch einmal *durchgenommen* das ganze Spiel. Wir *haben* manchmal Briefe *geschrieben,* oder jemand *anruft hat.* Und äh unsere Fabrik *heißt hat* „Daniel der _ (Tanja flüstert „Gewürzmühle") Gemürzmühle", ja. Und da *halt han* mer *sagt,* jeder hat manchmal _ länger frei, oder sie können jetzt gleich heimgehen. Sie müssen halt z'sampacken und dann heimgehn. Wenns äh wennsch du mit dem Brief fertig bisch, musch Kaffee mir bringen, oder oder sagsch zu denen draußen, 50 Kisten machens. Und _ Pepperoni äh kiste äh machens und sowas ähnliches. Immer *frotzelt hat* er den Chef.

Mittwoch, der zweiundzwanzigster Juli

Wir *haben gespielt.* ah Ich war der äh der Zauberer Zwackelmann und die Ute war die von Buxtehude (vgl. Kap. 7.3.7). Und wir *haben* halt von Brausen *getrinkt* _ äh Zaubertrinke *gemacht.* Und dann *haben* wir ein Lehrling *gebraucht.* Und dann *haben* wir halt so *angefangen.* A jeder *hat* irgendwas anderst *hergezaubert.* Halt hm oder

---

72 „Aber selbst wenn dann ein neues Therapieziel angegangen wird, darf das alte nicht aus den Augen gelassen werden, um nötigenfalls durch erneute Intervention einen Zerfall der Lernstruktur zu verhindern." (DANNENBAUER 1992a, S.186)

73 „Wir", das waren in diesem Fall Daniel und Tanja. In dieser Stunde war ich nicht anwesend, weil Daniel und Tanja nach ein paar Stunden zu dritt die Gelegenheit erhalten sollten, sich näher kennenzulernen.

so hm ja ja so: Wennsch du von diesen Zaubertrink trinksch, werdsch die schönste _ Frau vont ganzen Land. Und dann halt *han* mer *han* mer ein Tisch *genommen*, aller Schmuck äh Ding drauf. Und dann *han* mer halt den Tisch *rausstellt*. Und dann *han* mer richtig *angefangen*. Jeder *hat* _ jeder ein Zaubertrick *gemacht*. Immer _ ganz neue. Nicht immer die Gleichen wegzaubert man. Wennsch du von mein _ Roten trinkst, dann kriegsch ein Schwanz. Oder, wennsch du von diesen Roten trinkst, dann kriegsch eine Hundeschnauze. Dann *han* mer alles Wieder *zurückge-zaubert*. So: Also, wennsch du von m mein Zaubertrink _ , mußt du dann halt äh mir helfen bei der Aufgabe, oder sowas ähnliches. Halt *han* mer des *gemacht*. Alles wieder zurückgewa verwandelt. Halt äh er mußte halt uns was versprechen und halt unsere gute Stunde war bestens!

7.3 Konditional

7.3.1 Sticker tauschen

Als Daniel mir sein Stickerheft[74] zeigte, das er zum Nikolaustag bekommen hatte, schenkte ich ihm zuerst wenig Beachtung, weil ich persönlich die neonfarbenen und glitzernden Tier-Comic-Monster-usw.-motive als eher kitschig empfand. Nach der Therapiestunde schätzte ich diese kleine Episode jedoch ganz anders ein. Ich suchte schon seit einiger Zeit nach einer geeigneten Idee für die Einführung des Konditionals als neues Therapieziel und erkannte in dem Sticker-Tausch-Boom, der damals unter den Kindern in Daniels Alter ausgebrochen war, und dem er offensichtlich auch verfallen war, einen natürlichen Anlaß für die Klärung und Verwendung der Zielstruktur[75].

Ich kaufte ein paar solcher Klebebilder und bot sie Daniel zum Tausch an:

U: Ich mach dir ein Angebot. Und was für eines!
D: Ja.
U: Ähm _ Ich ...
D: Da kannsch was aussuchen.
U: Ja. Ich *gebe* dir diesen Briefumschlag ...
D: M-hm.
U: *Wenn* _ du _ mir den Blumenstrauß *gibst*.

Obwohl ich Daniel wiederholt Konditionalsätze als Modelläußerungen anbot, suchte er (durchaus kreativ) nach grammatikalisch einfacheren, aber pragmatisch angemessenen Lösungen:

---

74 Sammelheft für Klebebilder.

75 „It is my belief that children will learn language more readily when they see it function in the moment, when specific utterances spring directly from specific communicative intents and when these intents are drawn from the world of the child. This latter point is particularly crucial for language-disordered children whose communicative intents may far exceed their expressive abilities." (JOHNSTON 1985, S. 131)

D: Willsch? (bietet mir seinen Lieblingssticker an)
U: Du bist ja schon ein Super-Tauscher. Nein, den kann ich doch nicht nehmen.
D: Doch, kannsch! Was gibst du?
U: Du mußt sagen, was du willst. Du mußt sagen: Ich *geb* dir den Koalabär, *wenn*

.....

D: Also, ich gebe dir Kolalabär gegen ein Löwe.
U: Gegen einen Löwen? Ach, du meinst den Panther.
D: M-hm. Welchen gibst du von dene her? (es stehen zwei zur Auswahl)
U: Ich *geb* dir den Panther, *wenn* du mir den Koalabär *gibst*.
D: Welchen?
U: Ich gebe dir _ den großen Panther.
D: O.K.

.....

U: Ich *gebe* dir den Elefanten, *wenn* ich dafür den *kriege*.
D: O.K. Den springenden Elefant gegen stehenden Elefant. Hähä!

.....

D: Die zwei gegen ein großes Tier von da.

.....

D: Also, ich _ Ein Angebot mach ich dir. Von Micky-Maus kriegscht was, aber ich kriege _ ich kriege wieheigleiwiede ein Clown _ mit gelbe Hose.

Letztendlich ließ er sich doch auf die neue und anspruchsvollere Struktur ein:

D: Bilder. Also, los! (wir schauen und D. trällert dabei) Was willsch?
U: Eigentlich haben wir ja Weihnachten ...
D: M-hm.
U: ... aber ich hätte trotzdem ganz gern so einen Osterhasen.
D: Hm _ Ich will den springenden _ Leopard. (zeigt auf den Panther) Ahaha!
U: O.K., du kriegst ihn auch.
D: M-hm. Aber _ *wenn* _ welchen willscht?
U: *Wenn* ich diesen Hasen *kriege*.
D: O.K. (wir tauschen)

.....

U: Jetzt darf ich was sagen, gell?
D: Nö, ich jetzt.
U: Du?
D: Ja!
U: Also bitte!
D: Also, ich will ...
U: Nein, du mußt mir zuerst ein Angebot machen.
D: Also, du kannst von _ von dem was kriegen. Oder den Zylinder oder eine Micky-Maus wieder.
U: M-hm.
D: Oder von da.
U: *Wenn?*
D: *Wenn* _ ich ein _ ein Clown *kriege*.

.....

D: Ich wieder. Also, da die *kannsch* welche *aussuchen, wenn* du mir _ den _ Geist *gibsch.*

U: Ah, du willst noch einen Geist haben.

D: Gegen was? *Wenn* _

U: Ja, genau. Ich *geb* dir den Geist _ ich *geb* dir den Geist, *wenn* du mir die Maus *gibst.* Die Maus ist größer als der Geist, aber der Geist leuchtet.

D: Hm-hm-hm! (lacht hämisch, weil er einen phosphoreszierenden Geist erbeutet hat) Schau mal! (bildet eine dunkle Höhle mit beiden Händen und läßt den Geist darin aufleuchten)

Uns packte ein regelrechtes Sammel- und Tauschfieber. Daniel tauschte auch mit Freunden in Hort und Schule (mit Hilfe von Konditionalsätzen?), und ich kaufte öfter mal neue Sticker nach. So war jede Stunde für Spannung gesorgt, was denn Neues und Attraktives zu haben sei. Über Wochen hinweg mußten in den ersten zehn Minuten der Therapie erst einmal die Tauschgeschäfte abgewickelt werden, ehe wir zur eigentlichen Tagesordnung übergehen konnten.

7.3.2 Flohmarkt

Um Daniel den semantischen Gehalt und die grammatische Form des Konditionals noch prägnanter erfahrbar zu machen, bauten wir unsere vertrauten kleinen Stickertauschgeschäfte zu einem aktionsreichen Handeln auf dem „Flohmarkt" aus[76]. Dazu brachte ich allerlei attraktive Dinge mit (Spielzeug, Bücher, Schmuck, Haushaltsgeräte usw.), mit denen wir zwei Verkaufsstände aufbauten, einen für Daniel und einen für mich. Tanja erhielt einen prall gefüllten Geldbeutel und schlenderte über den Markt. Es galt nun, die eigene Ware anzupreisen und um Tanjas Gunst zu werben. Daniel mußte sich reizvolle Angebote einfallen lassen und die meinen nach Möglichkeit überbieten, denn Tanja kaufte nur, wenn ein Angebot sie wirklich überzeugte.

Eine Woche später wurden Daniels verkäuferische Fähigkeiten noch einmal auf die Probe gestellt. Wir hatten Daniels Freund Rainer eingeladen, für den unser Spiel völlig neu war. Folglich war sein (Kauf-) Verhalten nicht vorhersehbar und letztendlich von unserem Verhandlungsgeschick[77] abhängig. Ein paar Beispiele sollen genügen, um von Daniels und meiner Geschäftstüchtigkeit zu zeugen (vgl. auch Kap. 8.1 und ausführliches Transkript im Anhang 11.3 6):

---

[76] „Benütze die für das Kind effektiven Situationsstrukturierungen als einen Bestand von Prototypen, die wiederholt, inhaltlich modifiziert und ausgebaut werden können." (DANNENBAUER 1992a, S. 132)

[77] Diese Spracherfahrung des „Verhandelns" wird m. E. zusammen mit den Stickertauschgeschäften JOHNSTON's Postulat „Teach language in contexts which clarify meaning." (dies. 1985, S. 132) gerecht.

U: *Wenn* Sie bei mir *kaufen, dann ist* alles billiger.

D: *Wenn* sie bei mir *kaufen, kriegen* Sie bei mir drei Sachen für einen Preis.

U: *Wenn* Sie Spielsachen *kaufen wollen, dann sind* Sie bei mir richtig.

D: Ja, *wenn* mal dir im Bett kalt *ist, dann kann* man den da a da (deutet) *anzünden.*

7.3.3 Büro

Um Daniel sowohl den temporalen als auch den konditionalen Aspekt der „wenn/dann"-Sätze erkennen zu lassen, spielten wir, das heißt Daniel, Tanja und ich, „Büro". Es war Tanjas Idee, das Sekretariat eines Gewürz-händlers einzurichten, in dem es geschäftig zuging. Das Los hatte ent-schieden, daß nacheinander Tanja der „nette", ich der „böse" und Daniel der „hochnäsige" Chef war.

Der „nette" Chef erteilte die Aufträge an seine beiden Sekretärinnen (Dani-el und ich) freundlich:

„*Wenn* Sie das *ausgerechnet haben, dann können* Sie eine Rechnung *schreiben.*"
„*Wenn* Sie Ihre ganzen Briefe fertig *gemacht haben, dann können* Sie heute etwas früher *gehen.*"
„*Wenn* Sie nachher Zeit *haben, dann packen* Sie bitte die Rechnungen in ein Kuvert."
„*Wenn* Sie bei der Post *waren, dann könnten* Sie einen Kaffee *machen.*"

Die Sekretärinnen, mit Schreibmaschine, Telefon, Formularen usw. be-stens ausgerüstet, führten ihre Pflichten bereitwillig aus:

„*Wenn* Sie *unterschreiben, dann kann* ich's gleich *losschicken.*"
„*Wenn* Sie dann soweit *sind, dann könnte* ich *weiterschreiben.*"
„*Wenn* Sie noch eine Sekunde *warten, dann bin* ich soweit."

Der „böse" Chef zog ganz andere Saiten auf:

„*Wenn* Sie schon in der Früh so *rumsitzen, dann geht* wohl den ganzen Tag nichts."
„*Wenn's* nicht gleich schneller *geht, dann werd* ich fei sauer."
„*Wenn* Sie Ihre Breze *runtergeschluckt haben, dann rufen* Sie bitte den Herrn Müller an."
„*Wenn* Sie nicht schneller *sind, dann muß* ich Sie zum Ersten *rauswerfen.*"
„*Wenn* ich den Herrn Daniel *meine, dann meine* ich den Herrn Daniel."
„*Wenn* Sie da noch *rumratschen, dann werd* ich sauer."
„*Wenn* Sie fertig *gelästert haben, dann könnten Sie* vielleicht endlich *arbeiten.*"
„*Wenn* Sie Privatgespräche *führen wollen, dann benutzen* Sie die Telefonzelle vor dem Haus."
„*Wenn's* mich nicht *gäbe, dann würde* hier alles drunter und drüber *gehen.*"

Entsprechend ängstlich und nervös verhielten sich die Sekretärinnen (Tan-ja und Daniel):

„*Wenn* jetzt der Chef *kommt, dann gibt's* sicher wieder ein Donnerwetter."
„*Wenn* er *kommt, dann bringst* du ihm gleich die Zeitung."
„*Wenn* dauernd das Telefon *läutet, dann komm* ich ja zu nichts."

Daniel, als „hochnäsiger" Chef, versuchte wie folgt, seine Rolle wahrzunehmen:

T: (versucht einen Geschäftsbrief aufzusetzen) *Wenn* Sie Zimt *bestellen wollen, dann* äh _ Daniel, wie könnte man schreiben? *Wenn* Sie Zimt *bestellen wollen, dann...*
D: *... müssen* Sie uns was *schicken* auch. Geld.
U: Ich hab einen Vorschlag: *Wenn* Sie soviel Zimt *bestellen wollen, dann müssen* Sie innerhalb von zwei Wochen *bezahlen.*
T: Genau! Sehr gut.

.....

D: (telefoniert mit einem „Kunden" und will gerade auflegen)
T: Moment! Herr Daniel! Herr Daniel! *Wenn* die Gewürze da *sind, dann werden* wir sie sofort *schicken.*
D: Ja! (zum „Kunden") *Wenn* die Gewürze *sind* da, *dann schicken* wir sie. Ende. Aufwiedersehen!

.....

D: *Wenns* was *brauchts* ihr, *dann kommts* ihr zu mir.

.....

D: (diktiert eine Notiz für das „Schwarze Brett" der Firma) Also, *wenn* sie _ *wenn* sie *kommen, dann sollens* alles blink und sauber *sein.*
U: Aha! (schreibt und spricht langsam mit) *Wenn* der Chef *kommt, dann soll* alles blitzblank sauber *sein.*
D: Ja!

Die Sekretärinnen tuschelten untereinander:

„*Wenn* der jetzt nicht gleich Ruh *gibt, dann flipp* ich *aus.*"
„*Wenn* er so früh *aufsteht, dann ist* er immer so schlecht gelaunt."

Und sie bemerkten spitz:

„*Wenn* Sie die Zeitung *gelesen haben, dann könnten* Sie die Frau Müller *anrufen.*"
„*Wenn* Sie so schnell *diktieren, dann komm* ich ja gar nimmer *mit.*"
„*Wenn* ich 'ne Breze *kaufen soll, dann müssen* Sie mir vorher das Geld *geben.*"

7.3.4 Gretel lernt die Uhr ablesen

Die einzige Vorgabe, die ich bei diesem Handpuppenspiel machen wollte, war die, daß die kleine Gretel die Uhrzeit noch nicht ablesen kann, und die Oma sie entsprechend (mit „wenn/dann"-Sätzen) belehren muß. Eigentlich wollte ich die Oma spielen, um entsprechendes Modell geben zu können, aber Daniel bestand darauf, selber diese Rolle zu übernehmen. Umso mehr überraschte mich, daß Daniel sehr bald von selbst die Zielstruktur verwendete, nachdem ich, d.h. Gretel, das Spiel eröffnet hatte:

G: Oma! Heute ist doch mein erster Schultag!
O: Ja, Kind.

G: Ich möchte so gerne wissen: Wann muß ich denn in die Schule gehen?

O: Um hm _ hm _ Ein Zettel mitbringscht manchmal und da drauf steht, wann aufstehen musch, wann gehen musch und dann alles draufsteht, was ich muß kaufen für dich.

G: Aber Oma, ich kann ja noch nicht lesen.

O: Nein! Ich lese!

G: Aber ich möchte wissen: Wann muß ich heute in die Schule gehen? Ich bin schon ganz aufgeregt!

O: (tröstend) Ich geh mit dir in die Schule!

G: Aber ich bin so neugierig. Sag mir das halt an der Uhr. Ich kann die Uhr ja sehen.

O: Also! *Wenn* der kleine Zeiger auf sechs *ist, dann gehen muß* man _ in die Schule.

G: Ich *muß* in die Schule *gehen, wenn* der Zeiger auf der sechs *ist?*

O: Ja.

G: Welcher Zeiger? Da sind ja zwei.

O: Der kleine.

G: Aha, aha. Oma!

O: Hm?

G: Sooo früh?

O: Jaaa! Um _ Und dann, *wenn* der kleine Zeiger auf acht *ist, dann geht* die Schule *an.*

G: Ehrlich?

O: Ja!

Daniel spann die Geschichte phantasievoll weiter. Zuerst gab es Frühstück:

G: (trinkt schlürfend ihren Kakao)

O: Gretel! Trink g'scheit!

G: Ich trink doch g'scheit. Es schmeckt doch prima.

O: Aber du schlürfsch!

G: Aber ich hab doch schon immer geschlürft.

O: Nein! Du sollsch wie ein Schulkind trinken! ... Du hasch dein Mund auf! Mach den Mund zu!

Dann begab sich Gretel auf den Schulweg. Sie wurde vom Räuber Hotzenplotz (Daniel) überfallen, flehte um Gnade:

G: Räuber Hotzenplotz! Ich *muß* aber in die Schule, *wenn* der Zeiger auf der sechs *steht.*

Sie rief um Hilfe und wurde von der Oma (Daniel) gerettet und getröstet. Dann mußte sie weiter :

O: Komm! Geh in die Schule. Schon sech sechs Uhr. Tschüß!

G: Tschüß, Oma! Äh, Oma!

O: Hm?

G: Wann muß ich denn wieder nach Hause kommen?

O: Um zwölfe. Der kleine Zeiger muß nochmal dahin, und dann Schluß _ die Schule.

G: Aha.
O: Die Zwei auf dem Zwölf steht, dann Schluß die Schule. Ja?
G: Die Schule *ist* aus, *wenn* der Zeiger auf der Zwölf *steht*.
O: Ja!
G: *Wenn* der Zeiger auf der Eins *steht*, *bin ich* wieder zu Hause.
O: Ja.
G: Tschüß!
O: Tschüß!

Unterwegs wurde sie von der Maus (Daniel) angesprochen:

M: Ich muß auch in die Schule.
G: Komm! Dann gehen wir zusammen.

Sie stellten sich einander vor und plauderten:

G: Was hat deine Mama gesagt? Wann mußt du zu Hause sein?
M: Ah! Ich kann noch XXX mit mein Freund gehen.

Gretel wollte gerne mitgehen, traute sich aber nicht, die Oma um Erlaubnis zu fragen. Sie schickte die Maus vor:

M: Hallo, Oma!
O: Ja! Hallo!
M: Äh, die Gretel fragt dir: Liebe Oma, darfsch du bis sechs Uhr draußenbleiben?
O: Na ja, für so ein kleines Mädchen ist sechs schon sehr spät, aber _ ein bißchen länger darf die Gretel schon wegbleiben. Liebe Maus, sag der Gretel bitte: Gretel äh du *mußt* zu Hause *sein ...*
M: M-hm.
O: *... wenn* der Zeiger auf der fünf *steht*.
M: O.K.! Tschüß!
O: *Wenn* es fünf Uhr *ist*.
M: O.K.! Tschüß! Aufwiedersehen!
O: Tschüß!

Die Maus überbrachte Gretel die erfreuliche Nachricht:

M: Gretel! Du soll äh du darfsch bis fünfe bleiben.
G: Und wie weiß ich, wann es fünf Uhr ist?
M: Also, ich zeige dir das.
G: Komm, zeig's mir mal!
M: Also, schau! Der Zeiger muß auf der fünf sein. Und dann musch du heim.
G: Aha! Ich *muß* heim, *wenn* der Zeiger auf der fünf *steht*.
M: Ja!
G: Aber warte mal! Ich *muß* von hier *losgehen...*
M: ...(leise) *wenn* der...
G: ...*wenn* ...
M: ... der Zeiger auf der fünf *steht*.

Gretel wollte jedoch schon um vier Uhr aufbrechen, damit sie ja pünktlich ist, und sich die Oma keine Sorgen zu machen braucht. Die Maus sah das anders: „Nein! Ich helfe dir." ... „Mit Motorrad." ... „Die kennt mich (die Oma)." ... „Ich bin ihre Hausmaus." Das wollte Gretel nicht glauben. Die Maus entgegnete: „Frag die Oma zuerst ... Hast du eine Hausmaus?" Die Oma (Daniel) identifizierte die Maus: „Schau! Das ist unser Hausmaus." Gretel und die Maus versöhnten sich und gingen zum Spielen. Plötzlich erschien Räuber Hotzenplotz (Daniel). (Daniel gab „Regieanweisungen", „Die streiten jetzt.", und dann zu Gretel „Zu Oma läufsch jetzt.", nachdem die Maus vom Räuber entführt wurde.) Die Oma (Daniel) tröstete Gretel: „Der Jerry überlebt's." ... „Er selbst findet den Weg." ... „Komm! Schlafen wir!" Die Beiden gingen zu Bett:

> G: Oh! Das war ein langer Tag. Und so aufregend. (seufzt) Gute Nacht!
> O: Gute Nacht!

(Nach kurzer Zeit bestimmte Daniel: „Auf einmal morgens ist.") Man hörte ein Geräusch. „Schau mer mal nach!" sagte die Oma und stellte erfreut fest: „Unsere Hausmaus! Wie gesagt hab ich."

> O: Er ist müde jetzt. Laß ihn mal schlafen. Ich bin auch müde noch. Gute Nacht, Gretel!
> G: Der letzte Tag war so schwer. Ich *steh* erst *auf, wenn* der Zeiger auf Zehn *zeigt*.
> O: Ja, kannsch. Morgen frei hasch.

Daniels Kommentar am Ende der Stunde lautete: „Schön war die Geschichte!" Ich war auch zufrieden, denn die Zielstruktur hatte trotz minimaler Vorstrukturierung die gesamte Spielhandlung durchzogen[78].

7.3.5 Wunschtraumstein

Daniel und ich besaßen einen „Freundschaftsstein". Das Besondere an diesem Stein, den ich in einem See gefunden hatte (vgl. Daniels Erklärung für Rainer in Kap. 9.1), war seine rötliche Farbe und seine Herzform. Wenn Freunde an unserer Therapie teilnahmen (z.B. Tanja oder Rainer), dann reichten wir das kalte, steinerne Herz von Hand zu Hand und stellten uns gegenseitig Fragen zum besseren Kennenlernen, bis der Stein warm war.

Als Daniel den Konditional schon recht gut beherrschte, wandelten wir dieses kleine Ritual ab. Wir benannten das Herz in „Wunschtraumstein" um und ließen unserer Phantasie freien Lauf. Ich will an dieser Stelle nur die Zusammenfassung unserer Wünsche vorstellen. Selbstverständlich verlief die Interaktion viel abwechslungsreicher und lebendiger. Zu jedem

---

78 Wenn Daniel so wie in dieser Stunde deutlich die Führung übernahm und dabei viel Eigeninitiative und -aktivität zeigte, war ich besonders bemüht, mich selber eher responsiv als stimulierend zu verhalten, weil Kinder im allgemeinen besser auf das sprachliche Modell zu achten und effektiver zu lernen scheinen, wenn sie sich während des gemeinsamen Tuns sprachlich und handelnd entfalten können (vgl. KAMHI 1982).

Wunsch fielen von den anderen beiden Gesprächsteilnehmern interessierte Fragen und Kommentare.

U: *Wenn* ich 25 *bin, dann will* ich mir ein eigenes Auto *kaufen.*

T: *Wenn* _ ich _ 23 *bin, dann möcht* ich mir gern einen ganz schönen Holzofen *kaufen.*

D: *Wenn* ich 18 *bin, dann fahr* ich eine Geländemaschine.

U: *Wenn* ich 27 *bin, dann will* ich endlich mit meinem Studium fertig *sein.*

T: *Wenn* ich _ *wenn* ich _ 27 *bin, möcht* ich gern einen ganz langen Urlaub *machen.* Und *wenn* ich dann endlich das Geld für den Urlaub *hab, dann möcht* ich gern nach Kanada *fahren.*

D: *Wenn* ich _ 35 *bin, dann kauf* ich mir eine _ eine _ eine _ eine nochmal eine Maschine.

U: *Wenn* ich 30 *bin, dann will* ich für zwei Jahre nach Neuseeland *reisen.*

T: Und *wenn* wir dann ganz viel Geld *haben, dann kommen* wir dich besuchen...*Wenn* ich _ fertig mit Studieren *bin* und *arbeite, dann* _ *möcht* ich mir einen kleinen alten Käfer *kaufen.*

D: Also, *wenn* ich _ 85 *bin, dann kauf* ich mir _ ein Porsche.

T: *Wenn du mal 85 bist, dann kommst du* gar nicht mehr in den Porsche rein.

U: *Wenn* ich 32 *bin, dann will* ich *heiraten.*

D: *Wenn* ich 27 *bin, dann werd* äh *dann fahr* ich nach _ nach äh nach nach Merika.

U: *Wenn* die langen Sommerferien *sind, dann will* ich einen Brief von Daniel *bekommen.*

T: *Wenn* ich _ meine Zwischenprüfung *geschafft habe, dann möcht* ich eine Woche gar nichts *tun.*

D: *Wenn* ich _ 22 *werd, dann werd* äh war äh *mach* ich *dann* faulenzen.

U: *Wenn* es möglich *ist, dann will* ich mal als Kamerafrau *arbeiten.*

D: *Wenn* ich 27 *werd, dann arbeite* als Stuntman.

7.3.6 Zauberwettkampf II

Daniel ging, wie immer wenn es um Zaubern ging, sofort auf meinen Vorschlag ein:

U: Du bist der Zauberer Zwackelmann und ich bin der Zauberer aus Buxtehude.

D: Jaaa!! Super!!

U: Genau! Und wir starten heute den großen Zauberwettkampf.

D: Au ja!

U: Wir müssen rauskriegen, wer der beste Zauberer der Welt ist.

D: Ich bin's!

U: Na, das wird sich erst zeigen.

Ich zeigte Daniel die Zauberutensilien, die uns zur Verfügung standen (Schminkzeug, Haarspray, Kunststofftiernasen, eine rote Perücke usw.). „Und jetzt mußt du dir gut überlegen, was du mit diesen Sachen alles zaubern kannst." Tanja stellte sich als Zauberlehrling für unsere Experimente zur Verfügung. Dann konnte es losgehen:

U: Hallo, du armes Opfer. Wir sind zwei Zauberer. Wir machen heute einen Zauberwettkampf.

T: Und wie heißt ihr?
D: Ich bin der Zauberer Zwackelmann.
U: Ich bin der Zauberer aus Buxtehude. Ich bin der beste Zauberer auf der ganzen Welt.
D: Ha! Schau mer mal. Hähähä!
U: Ich braue meinen geheimen Zaubertrank.
D: Und ich auch.
U: Das macht man so: Hokus, pokus, simsalabim, da ist ein schrecklicher Zaubertrank drin.
D: Und bei mir auch. Hokus, pokus, simsalabim, das werd der beste Trink auf ganzer Erde, hex hex.

Wir mischten Wasser und Brausepulver und erhielten sprudelnde Zaubertränke in verschiedenen Farben. Dann warfen wir eine Münze, um zu entscheiden, wer den Wettstreit eröffnen darf:

D: Chrrrr! Ha! Mist!
U: Ich darf beginnen. *Wenn* du von diesem grünen Zaubertrank *trinkst, dann verschwindet* deine Hand. (Tanja trinkt) Hex hex! (Tanja eilt vor die Tür, wo die Zaubersachen stehen, um dann den Raum „verzaubert" wieder zu betreten)
T: Sie ist weg. (Tanja hat die Hand im Ärmel verschwinden lassen)
D: Ähäm.
U: Ja, das sollst du mir erst mal nachmachen.
D: *Wenns* du beim diesen schönen Roten *trinkst, dann* von dir der Hand wieder da.
T: Ja, dann trink ich gerne. (trinkt)
D: Hex hex! Hähä! (schadenfroh, weil er meinen Trick rückgängig gemacht hat)

Wir stachelten uns gegenseitig an:

U: Abrakadabra, simsalabim, *wenn* du von diesem feuerroten Zaubertrank *probierst, _ dann werden* deine Lippen feuerrot wie dieser Zaubertrank. Den Trick kann man nur mit meinem Zaubertrank machen. Was kann man denn mit deinem Zaubertrank machen?
D: Viel Besseres als deins. Haha!
U: Du, Zauberer Zwackelmann!
D: Hm?
U: Das mußt du mir zuerst beweisen.
D: Ja.
U: Das glaub ich nicht einfach so. Also bisher hast du noch nichts Beeindruckendes gezaubert.
D: Oohh! *Wenns* du von mir *trinksch*, dein Gesicht _ das beste Gesicht *werd*.
T: Mein Gesicht wird dann das Beste?
D: M-hm.
T: *Wenn* ich von dem *trink, dann wird* mein Gesicht das Beste?
D: Ja.
U: Was ist denn das für ein Zauberspruch?
D: (räuspert sich vorwurfsvoll)
U: Jetzt hab ich dazwischengequatscht. Jetzt ist er kaputtgegangen. Entschuldige! Zauber nochmal! Ich schweig jetzt.
D: Also, *wennsch* du von diesen *trinksch, dann werd* dein Gesicht ganz schön. Hex hex! (zu mir) Meins viel besser als deins! Tzzz!
U: Hm. Na ja.

D: Du kannst das wegschütten. (deutet auf meinen Zaubertrank) So ein Mist!

U: Du kannst dein Zeug wegschütten! (Tanja kommt herein) Uauh! Wer ist denn diese schöne Frau? Zauberer Zwackelmann, kennst du dies Fräulein?

D: Hihi!

T: Haha!

U: Ich kenne sie nicht. Wo ist denn unser Zauberlehrling? Ich will weiterzaubern.

D: (lacht)

U: Ja, was soll ich denn machen?

D: Vor deiner Nase steht sie.

T: Ich bin doch verzaubert, Zauberer aus Buxtehude!

U: Ohh!

T: Also, *wenn* du mich jetzt nicht mehr *erkennst, dann bist* du aber nicht so'n guter Zauberer.

D: (lacht laut)

U: Ich erkenn dich nicht, weil er dich so toll verzaubert hat.

D: (lacht und freut sich)

Angespornt durch seinen Erfolg und meine Konkurrenz, steigerte Daniel seine Leistungen als Zauberer, aber auch als Sprecher. Eine Zusammenfassung unserer Zaubersprüche soll dieses verdeutlichen:

D: *Wennsch* du von mein *trinks, dann kriegsch* einen Schwanz.

D: *Wenns* du diesen Zaubertrink *trinksch, dann werdsch* du wie grad vorhin.

D: *Wennsch* du von diesem *Zaubertrink trinksch, dann kriegsch* du eine Hundeschnauze.

U: *Wenn* du *zurückkommst, dann hast* du 100 Sommersprossen im Gesicht.

D: Also, jetzt geht's rund! *Wennsch* du von diesen Zauber *trinksch, dann _ dann* was? _ *dann geht* alles *zurück.*

U: *Wenn* du davon einen Schluck *nimmst, dann wachsen* dir feuerrote Locken.

D: Jetzt zeig ich dir! (drohend; mischt seine verschiedenen Zaubertränke, um deren Wirkung zu verbessern) So! Und diesen Trink. Und von diesem. *Wenns* du von diesen Zauber *trinkst, dann laufsch* auf allen vier Beine.

U: *Wenn du* von meinem gelben Zaubertrank *probierst, dann kannst* du nur noch auf einem Bein *hüpfen.*

D: (klaut von meinen Zaubertränken) Von dem was bei dir. Und von dem.

D: *Wennsch* du von diesem *Trink trinksch, dann _ steht* deine Hose in Flammen.

D: *Wennsch* du von diesem *Trink trinksch, dann ist* dei Hemd kaputt.

D: *Wennsch* du von diesem *Trank trinksch, dann* verschwindet deine Uhr.

U: *Wenn* du einen Schluck von dem grünen Saft *kostest, dann verschwinden* deine Socken.

D: Mist! Was kann man noch verschwinden lassen? *Wenns* du _ *wenns* du _ *wenns* du von diesen Trink *trinksch, verschwindet* deine Schnauze.

U: Lieber Zauberlehrling! *Wenn* du von dem Zaubertrank zwei Schluck *nimmst, dann wächst* dir ein netter kleiner Ziegenbart.

D: *Wennsch* du von diesem Trink *trinksch, dann wachsen _* bunte Farben an deine Füße.

Tanja sah inzwischen erbarmungswürdig aus und erhielt folgende Chance:

U: Wir müssen den armen Zauberlehrling ja zurückverzaubern, Daniel. (zu Tanja) Wir müssen dich von den Zauberflüchen befreien. Aber _ du mußt etwas dafür tun, sonst bleibst du so. Also, *wenn* du mir viel Geld *zahlst, dann zauber* ich dir die Hundeschnauze *weg*. Hex hex!

T: Ich versprech es dir. Ich zahl dir ganz viel Geld.

U: Ich will den ganzen Geldsack! Danke!

T: Bitte!

U: Hex hex! XXX

D: Also, *wennsch* du für mich jeden Tag mein Frühstück *machst, dann zaubere* die _ die ro rote Haare *weg*. Hex hex!

T: Das kann ich dir nicht versprechen, daß ich dir jeden Tag das Frühstück mach.

D: Chmm! (brummt böse vor sich hin)

U: Der Zauberlehrling wohnt ja nicht bei dir zu Hause.

D: Chmmm! *Wenns* du _ also, *wenns* du mir je _ *dann* heut _ *dann* _ ein Zaubertrank *machsch, dann zaubere* dir die Haare *weg*.

U: Also, das hab ich jetzt nicht verstanden. Es tut mir leid.

D: *Wennsch* du mir ein Zaubertrank *machsch, dann zauber* dir die rote Haare *weg*. Hex hex!

Auf ähnliche Art und Weise verhalfen wir Tanja wieder zu ihrem ursprünglichen Aussehen:

U: *Wenn* du dich tief vor mir *verneigst, dann zauber* ich dir die schreckliche Wunde *weg*.

D: *Wenns* du mir mein Mantelzauber *zubindest, dann zaubere* deine Socken *her*.

U: *Wenn* du mir nachher die schwere Tasche nach Hause *trägst, dann kriegst* du deine Schuhe wieder.

D: *Wenns* du mir eine Brause *bringst, dann zaubere* ich dir die Sonnensch _ Sonnenpro _ sprossen *weg*.

U: *Wenn* du mir in den Ferien eine Postkarte *schreibst, dann befreie* ich dich von dem schrecklichen Ziegenbart.

D: *Wenns* du mir den Teufel (Handpuppe) *bringst, dann za* _ *verschwindet* die rote Lippe.

8. Vermittlungsprozeß

Aufs engste eingebunden in solche und ähnliche Sach-, Sprach- und Handlungskontexte erfolgte „Die Vermittlung der jeweiligen Zielstruktur und ihre zunehmende Aneignung ... über die gezielte und intensivierte Präsentation situationsadäquater Modelläußerungen und über ihr variables, kontrastierendes Hin- und Herreichen im kommunikativen Austausch." (DANNENBAUER/KÜNZIG 1991, S. 182)

Damit die Anwendung der Techniken des Modellierens (vgl. Tabelle Kap. 2) möglichst effektiv sprachliche Lernprozesse beim Kind bewirkt, müssen einige wichtige Faktoren berücksichtigt werden (vgl. Kap. 2).

Um den entscheidenden Prozessen und Variablen solcher Modellierungs-Imitationssequenzen zu mehr Anschaulichkeit zu verhelfen, möchte ich sie anhand zweier konkreter Interaktionsbeispiele nennen und kommentieren. Die Transkripte sollen exemplarisch verdeutlichen, wie man das umsetzen kann, was sich im Bereich sprachlichen Modellernens als günstig erwiesen hat.

8.1 Strukturanbahnung

8.1.1 Interaktionsbeispiel „Flohmarkt" – Transkript[69]

31. D: Ja! Hahaha! Kaufen Sie bei mir ein! Guten Tag! Was wollen Sie denn?

32. U: Hey, junger Mann! *Wenn* Sie bei mir *kaufen, dann ist* alles billiger.

33. D: Bei mi _ *Wenn* Sie bei mir *einkaufen, dann* alles billiger *kostet.* (R. stöbert in den Sachen herum) Was wollen Sie denn?

34. R: Mmm. Das.

35. D: Das kostet 5 Mark.

36. R: (zählt das Geld ab)

37. U: (flüstert R. zu) Du kannst auch handeln. Du kannst auch sagen: *Wenn* das 5 Mark *kostet, dann kauf* ich's nicht. Vielleicht kriegst du's dann billiger. Schau mer mal.

38. R: Ja, hm.

---

69 Die Numerierung bezieht sich auf das ausführliche Transkript im Anhang 11.3.6.

39. D: Hm, ich gebe für eine Mark her.

40. U: Junger Mann! *Wenn* Sie bei mir *kaufen, dann kriegen* Sie für einen Preis zwei Dinge.

41. R: (kommt an meinen Stand und betrachtet das Angebot)

42. D: *Wenn* Sie bei mir *kaufen*, drei Dinge für einen Preis.

43. R: (steht unentschlossen da, schaut mal zum einen, mal zum anderen)

44. U: Ja, kommen Sie nur. Bei mir sind die Sachen viel neuer, viel schöner, viel attraktiver.

45. R: Mmm. (wendet sich wieder mir zu)

46. U: Was hätten Sie denn gerne?

47. R: (wühlt in einem Kästchen mit Schmuck)

48. U: Sie hätten gerne eine Kette. Ja, wunderbar. *Wenn* Sie diese Kette *kaufen, dann schenke* ich Ihnen noch einen Ohrring dazu.

49. R: Hmm.

50. D: *Wenn* Sie bei mir *kaufen*, alles billig. Letzte Angebot.

51. U: *Wenn* Sie bei mir *kaufen, dann ist* es auch billig. Das kriegen Sie doch für 1 Mark.

(Rollentausch)

185. D: Ah, ja! Das ist ein Taschenofen.

186. U: M-hm.

187. D: Das der kostet nur _ 5 Pfennig.

188. U: Ja, wofür ist der denn gut so? Ich mein, wir haben ja jetzt Sommer.

189. D: Ja, *wenn* mal dir im Bett kalt *ist, dann kann* man den da a da (deutet) *anzünden* und dann ...

190. R: Nehmen Sie doch eine wunderschöne Sparbüchse.

191. U: Das ist eine gute Idee. (zu R.) Eine Sekunde, ich komm gleich zu Ihnen. Ich möchte nur diesen Ofen kaufen, weil das eine sehr gute Idee ist. Wissen Sie, *wenn* mir kalt *ist*...

192. D: äh *muß* ...

193. U: ... *muß* ich den *anzünden* und kann mich aufwärmen. Wunderbar!

194. D: Genau! Hm, hm, hm, hm. (summt vor sich hin)

195. R: Die können Sie nicht zerbrechen. *Wenn* sie auf den Boden *fliegt,* nicht *zerbrechen.*

196. U: Die Sparbüchse ist unzerbrechlich!? Ja, wunderbar!

197. D: *Wenn* sie *runterfällt, dann geht* sie *kaputt.*

198. R: Eben nicht!

199. D: Eben schon!

...

248. D: *Wenn* Sie einen Garten *haben, da hab* ich was für Ihnen. Eine Schaufel, eine Gabel und eine Schaufel für Schnee und ein Rechen. Und ein Besen.

249. U: (zu R.) Und was *ist, wenn* ich bei ihnen *einkaufe?*

250. R: Sie kriegen es...

251. D: 50 Pfennig kostet.

252. U: Ruhe, Ruhe, Ruhe! Ich möchte jetzt von beiden ein Angebot hören.

253. D: Also, *wenn* Sie bei mir *kaufen, dann kostet* das 50 Pfennig.

254. U: Und Sie, junger Mann?

255. R: Sie kriegen das und die Uhr.

256. U: Aber für den Garten brauch ich doch keine Uhr. Außerdem, *wenn* ich die ähm Samen im Kaufhaus *kaufe, dann krieg* ich sie sowieso ganz billig.

257. R: Das kostet ja nur 5 Pfennig.

258. U: Ach, 5 Pfennig? Das is ,n Angebot. Dann möchte ich die Samen. Dankeschön! Und was kosten die Gartengeräte?

259. D: 50 Pfennig.

260. U: Bitteschön! Danke! So, jetzt hab ich mein ganzes Geld ausgegeben. Jetzt muß ich nach Hause gehen. Aufwiedersehen!

261. R: Aufwiedersehen!

262. D: Aufwiedersehen!

8.1.2 Kommentar

8.1.2.1 Allgemeine Merkmale der Modellsprache

Die offensichtliche Natürlichkeit des Interaktionsverlaufs darf nicht darüber hinwegtäuschen, daß die Modellsprache aus dem Mund der Therapeutin in mehrerlei Hinsicht sehr kontrolliert ist.

Das betrifft beispielsweise die Sprechweise, welche DANNENBAUER/ KÜNZIG (1991) als wohlgeformt, klar gegliedert, natürlich betont, flüssig aber leicht verlangsamt beschreiben. Die Äußerungen der Therapeutin sollen für das Kind dadurch besser wahrnehmbar und verständlich, die spezifischen Merkmale der Zielstruktur leichter diskriminierbar werden.

Ich möchte versuchen, diese Art zu sprechen zu veranschaulichen, soweit es mit graphischen Mitteln möglich ist, diese akustischen Ereignisse wiederzugeben.

Eine klarere Gliederung der Sprache kann man vor allem durch bewußt, aber dezent gesetzte Pausen und Betonungen erreichen. In den folgenden zwei Äußerungen gelang es mir auf diese Weise, den speziellen Sinn der Aussagen im gegebenen Situationskontext zu verdeutlichen und gleichzeitig Daniels Aufmerksamkeit auf die formale „Schlüsselstelle" des Satzes (... Verb I/Konjunktion/Verb II ...) zu lenken:

> 72. U: Sie müssen sich das überlegen. Wenn Sie eine Herrenuhr wollen, _ *dann* müssen Sie bei ihm kaufen. Wenn Sie eine Damenuhr wollen, _ *dann* müssen Sie bei mir kaufen. (entweder oder)

> 214. U: Ich bin mir da nicht ganz sicher. Wenn ich sie für den halben Preis kriege, *dann* würde ich sie kaufen. (dann und nur dann)

Daß Daniel seine Aufmerksamkeit innerhalb des komplexen Kommunikationsgeschehens auf die Zielstruktur als Ganzes richtete, erzielte ich unter anderem durch Interjektionen und andere kurze Ausrufe:

> 32. U: *Hey, junger Mann!* Wenn Sie bei mir *kaufen, dann ist* alles billiger.
> 205. U: *Also, Moment!* Wenn diese Sparbüchse *runterfällt, dann zerbricht* sie.

Je lebendiger und aktionsreicher das Spiel verlief, desto schwieriger wurde es, sowohl das Handlungs- als auch das Sprechtempo zu moderieren, ohne den Fluß und die Natürlichkeit der Interaktion zu stören. Als preisbewußter Kunde nahm ich mir jedoch die Freiheit, in aller Ruhe zu überlegen, was ich genau will:

> 235. U: Wenn ich den Geldbeutel kaufe, _ dann _ hätte ich aber gerne _ den kleinen Bären dazu für meine Tochter.

Manchmal mußte ich nicht nur aufpassen, mich nicht allzusehr vom Spielgeschehen mitreißen zu lassen, sondern ich mußte gleichzeitig darauf achten, daß ich mich durch Abbrüche, Revisionen und Wiederholungen in Daniels Sprache nicht ablenken ließ und selber unbeirrt flüssig und langsam antwortete:

302. D: Die hab _ Wenn _ wennst einmal du einmal wennst Sie einmal mit dem Hammer drauf schlagen, die ge die gehen kaputt.
303. U: Wenn man da draufschlägt, dann gehen die gar nicht kaputt.

Neben der Sprechweise stellt auch die Handhabung der „Dialogpartitur" (vgl. HOMBURG 1985) einen Bereich dar, welcher bewußte Kontrolle verlangt, um die eigene Sprache zu einer therapeutischen zu machen. Mit der Zielstruktur als Konstanten im Hinterkopf versuchte ich jede Gelegenheit, die mir der Handlungsverlauf bot, zu nutzen, um die Zielstruktur selber einzusetzen oder sie bei Daniel zu evozieren. Jeweils ein kurzer Dialogausschnitt soll das exemplifizieren, obwohl das dialogische Hin und Her der Zielstruktur ein Prozeß ist, der selbstverständlich das gesamte Geschehen durchzieht:

78. D: Stimmt's? Wir überziehen heut die Stunde.
79. U: *Wenn* es uns gut *gefällt* ...
80. D: Ja. Mir gefällt's. Und dir, Rainer?
81. R: Auch.
82. U: ... *dann überziehen* wir.

252. U: Ruhe, Ruhe, Ruhe! Ich möchte jetzt von beiden ein Angebot hören.
253. D: Also, *wenn* Sie bei mir *kaufen, dann kostet* das 50 Pfennig.

Zudem durfte ich mir nach Möglichkeit kein Auftreten der Zielstruktur in sämtlichen Äußerungen Daniels entgehen lassen, um sofort korrektives Feedback oder funktionale Bestätigung geben zu können:

308. D: Jetza! *Wenn* Sie ein _ *wenn* Sie beim Frühstück Licht *brauchsch*, bei mir schön richtig.
309. U: *Wenn* Sie beim Frühstück Licht *brauchen, dann sind* Sie bei mir richtig!
181. D: ... *Wenns* du diese schöne _ Tasche *kaufst, dann ist* was da drin.
182. U: Oh, das möchte ich jetzt aber wissen. (ich begutachte einen Taschenofen) Was kann man denn damit machen?

Dabei durfte ich auf keinen Fall den roten Faden der Spielhandlung aus den Augen verlieren, weil sie die gesamte Kommunikation trug und den sinnmachenden Kontext für die funktionale Verwendung der Zielstruktur lieferte.

Das vorliegende Interaktionsbeispiel zeigt m.E., daß sich die Rollen des aktiven, vollwertigen Spielpartners und die des strukturorientierten Sprachmodells durchaus vereinbaren lassen.

8.1.2.2 Spontane und funktionale Sprachverwendung

Das Transkript läßt m.E. nicht daran zweifeln, daß die Strukturvermittlung konsequent auf eine spontane und funktionale Sprachverwendung unter natürlichen Konversationsbedingungen abzielte.

Ich machte mir JOHNSTON's Postulat „Teach language while seeming to pursue some other goal" (dies. 1985, S. 132) zum Prinzip. Daniel war es nämlich nur wichtig, seine Ware an den Mann zu bringen, und das trotz meiner bzw. Rainers harten Konkurrenz. Die Sprache diente ihm lediglich als Werkzeug, um dieses primäre Handlungsziel zu erreichen. Der Erfolg hing dabei jedoch wesentlich von der Geschicklichkeit seines spontanen Sprachhandelns ab, wobei speziell die Zielstruktur des Konditionals eine zentrale Rolle spielte. Auf diese Weise fanden die impliziten sprachlichen Lernprozesse auf einer bewußtseinsfernen Ebene statt. Eine genaue Analyse seiner Äußerungen (vgl. Kap. 7.1.2.3) zeigt, daß Daniel dabei durchaus ein prozedurales Regelwissen über die Bildung des Konditionals aufbaute.

8.1.2.3 Approximation an die korrekte Form

Angeregt durch Modelläußerungen und gesteuert durch korrektives Feedback, äußerte Daniel unter anderem folgende Varianten der Zielstruktur:

33. *Wenn* Sie bei mir *einkaufen, dann* alles billiger *kostet.*
42. *Wenn* Sie bei mir *kaufen,* drei Dinge für einen Preis.
50. *Wenn* Sie bei mir *kaufen,* alles billig.
55. *Wenn* Sie bei mir *kaufen, kriegen* Sie bei mir drei Sachen für einen Preis.
60. *Wenn* Sie bei mir *kaufen, kriegen* die zwei Videocassetten.

62. *Wenn* Sie was *einpflanzen wollen, kriegen* Sie das zum Einpflanzen.
181. *Wenns* du diese schöne _ Tasche *kaufst, dann ist* was da drin.189. *Wenn* mal dir im Bett kalt *ist, dann kann man* den da a da (deutet) *anzünden.*
197. *Wenn* sie *runterfällt, dann geht* sie *kaputt.*
248. *Wenn* Sie einen Garten *haben, da hab* ich was für Ihnen.

Anhand dieser ausgewählten Beispiele kann man besonders zwei zentrale Prozesse nachvollziehen, nämlich den Weg von Spontanimitationen der Zielstruktur zu eigenständigen spontanen Produktionen einerseits, und die Annäherung an die korrekte Form über Vor- und Zwischenformen der Zielstruktur andererseits.

Anfangs (vgl. Beispiele 33-60) imitierte Daniel meine Modelläußerungen:

32. U: Hey, junger Mann! *Wenn* Sie bei mir *kaufen, dann ist* alles billiger.
33. D: Bei mi _ *Wenn* Sie bei mir *kaufen, dann* alles billiger *kostet.*

40. U: Junger Mann! *Wenn* Sie bei mir *kaufen, dann* _ *kriegen* Sie für einen Preis zwei Dinge.

41. R: (kommt an meinen Stand und betrachtet das Angebot)

42. D: *Wenn* Sie bei mir *kaufen,* drei Dinge für einen Preis.

Innerhalb weniger Minuten und nur 29 turns (31-60) verwendete Daniel die Zielstruktur fünfmal imitativ[70], wobei seine Äußerungen immer korrekter wurden. „Anscheinend erfüllen solche selektiven Imitationen eine Art Brückenfunktion zwischen beginnender rezeptiver Verfügbarkeit (d.h. niedriger Aktivierungsschwelle) und konstruktivem Spontangebrauch. Sie lassen sich als äußere Zeichen der Akkomodation des kindlichen Sprachsystems an die neuen Aspekte des Sprachinputs interpretieren ... Spontanimitationen fördern unter anderem das Memorieren der Zielform sowie die Koordination der Informationsstrukturen, die jeweils in rezeptiver und expressiver Verarbeitung bestimmend sind." (DANNENBAUER 1992a, S. 193)

Schon nach einem relativ kurzen Hin und Her der Zielstruktur gelang Daniel die erste eigenständige Spontanproduktion (Beispiel 62), der während des Handlungsverlaufs noch weitere folgten (vgl. Beispiele 181 – 248) (vgl. dazu SPEIDEL/NELSON 1989)[71].

Wichtig waren zu diesem Zeitpunkt nicht vollständige, korrekte Äußerungen von seiten Daniels, denn diese waren das Ziel und nicht die Ausgangsbedingung der Sprachtherapie (vgl. dazu DANNENBAUER 1985).

Es ging vielmehr darum, daß Daniel die Zielstruktur eigenaktiv aus dem Sprachinput herausdestillieren konnte, die zugrundeliegende Regelhaftigkeit entdeckte und sie allmählich rezeptiv-expressiv unter Kontrolle bekam.

8.2 Dialogische Sicherung

8.2.1 Interaktionsbeispiel „Lügengeschichte" – Transkript[72]

18. C: Wir wollten Apfelküchle essen.

19. D: Hm! (empört) Das auch stimmt nicht. Wir wollten Pfannenkuchen essen.

---

70 Wichtig ist, daß es sich dabei um Spontanimitationen Daniels, und nicht um Nachsprechleistungen nach Aufforderung handelt. Letztere Art der Imitation hat sich in dem Experiment von COURTRIGHT/COURTRIGHT (1979) als wenig effektiv für die Herbeiführung grammatischer Erkenntnisprozesse bei sprachentwicklungsgestörten Kindern erwiesen.

71 Dieser, zu der Zunahme der Imitationen zeitversetzte Anstieg eigenständiger Spontanproduktionen der Zielstruktur bei gleichzeitig einsetzender Abnahme der Imitationen ist typisch für kindliche Spracherwerbsprozesse unter Modellierungseinfluß (vgl. SCHERER/OLSWANG 1984).

72 Die Numerierung bezieht sich auf das ausführliche Transkript im Anhang 11.3.4. Zum Situationskontext vgl. Kap. 7.2.5.

20. J: Hm, Pfannkuchen! Die schmecken auch viel besser. Du hast recht, Daniel.

21. C: Ich *habe* den Teig *gerührt* und Gerry *hat* ihn *gebacken.*

22. D: Mmm! (empört) Ich *hab gebacken.* Nicht der Gerry. Einmal *hat* er *probiert aus.*

23. J: Aha! Ich verstehe. Die Ute *hat* den Teig *gerührt...*

24. D: M-hm

25. J: ... du *hast* die Pfannkuchen *gebacken.*

26. J: Und der Gerry...

27. D: ... *hat* auch mal *probiert.*

28. J: *Hat* einmal *probiert.* Kannst du denn keinen Pfannkuchenteig rühren?

29. D: Doch!

30. C: Wir *haben...*

31. J: Warte mal! *Hat* die Ute den Pfannkuchenteig *gerührt?*

...

32. D: Nein, ich!

33. J: Also!

34. C: Daniel durfte die Marmelade aussuchen. Er *hat* Zwetschgenmarmelade *genommen.*

35. D: Da! (schaltet aus) Ich *hab* Marmelade äh Marmelade, normale Marmelade. Und Gerry *hat* Apfelm _ äh wieheigleiwiede äh Zwetschgenmarmelade *genommen.*

36. J: Aha! Was ist „normale" Marmelade?

37. D: Ja _ wie _ Trauben _ nee _

38. J: Du *hast* Traubenmarmelade *gegessen?*

39. D: Nein! Nein! Äh wieheigleiwiede Erdbeeren!

40. J: Du *hast* Erdbeermarmelade *gegessen.*

41. D: Also , weiter.

42. J: Das ist eh die beste.

43. C: Daniel *hat* sieben Pfannkuchen *gegessen.*

44. D: Hhooo! (entsetzt)

45. J: Schämst du dich nicht, Daniel?

46. D: Ich *hab* nicht sieben Pfannenkuchen, vielleicht zwei Stück nur oder drei _ sonst nie!

47. J: Du Freßsack, du! Du *hast* meiner Ute sieben Pfannkuchen *weggegessen.*

48. D: Neinnn!!! Stimmt 'haupt nicht.

49. C: Einen *hat* er auch der Frau Sch. (eine Nachbarin) *runtergebracht.* Frau Sch. *hat* ihm dafür einen Apfel *geschenkt.*

50. D: Nneiiinn!! (völlig aus dem Häuschen) äh Frau Sch. *hat* mir Schokolade *geschenkt.* Keinen Apfel!

...

67. C: Dann *haben* wir es uns gemütlich *gemacht.*

68. D: M-hm! (mit Nachdruck) Jaa!

69. C: Daniel *hat* Kaffee *getrunken.* Gerry und ich...

70. D: Nein!! Gerry und Ute *haben* Kaffee *getrunken.* Und ich *hab* Kräutertee *getrunken.*

71. J: Das gehört sich auch so für 11-jährige Buben.

72. C: ...Früchtetee *getrunken.*

73. J: Was *hast* du jetzt *getrunken*?

74. D: Also, ich *hab* Früchte-gete-tee *getrunken.* Und Ute und äh wieheinugleiwiede ihr _ nimmer weiß ich _ Gerry! *haben* Kaffee *getrunken.*

8.2.2 Kommentar

8.2.2.1 Frequenz

Insbesondere dann, wenn das Kind schon in gewissem Maße über die Zielstruktur verfügt, empfiehlt sich ein kurzrhythmisches, funktionales Hin- und Herwechseln derselben mit möglichst hoher Frequenz und Rekurrenz (vgl. DANNENBAUER 1992d).

In der vorliegenden Interaktionssequenz enthalten 95 von 170 sprachlichen Äußerungen (Abbrüche, einfache Antworten und Interjektionen nicht mitgerechnet) die Perfektform. Allein in dem von mir auf Cassette gesprochenen Text, den Daniel aufmerksam und interessiert verfolgt, lassen sich überdurchschnittlich viele Perfektbildungen finden. Daniels provozierten inhaltliche Berichtigungen erfordern auch die Zielform. Ebenso beinhalten die Fragen und Kommentare von Jerry und mir Auxiliare und Partizipien, und regten Daniel zu weiteren Stellungnahmen und Präzisierungen an. Verwendungen der Zielform wurden auch gezielt durch dialogisches Zuspiel evoziert. Situationen wie die folgende forderten Daniel geradewegs zu einer zusätzlichen Produktion heraus:

> 10 D: Das stimmt nicht! Ich *hab* mit Gerry schon *gesprochen*. Ute!
> 11 U: Ehrlich?
> 12 D: M-hmm! (bestätigend)
> 13 U: Ich kann mich nicht erinnern.
> 14 D: Hm! (lacht)
> 15 J: Ja, was stimmt denn jetzt?
> 16 D: Ja, äm äh ich *hab* mit Gerry   h. *hab* ich *gesprochen*. Das stimmt! Ich *hab* schon mit Gerry *geredet*.

Auf diese Weise lieferte die Interaktion Daniel einen spezifizierten Input[73] für seine rezeptive Verarbeitung und bot ihm zugleich vielfach Gelegenheit, die Zielform expressiv in den Griff zu bekommen.

Während einer Dauer von 10 Minuten produzierte Daniel 21 Äußerungen im Perfekt, davon eine nach dem kanonischen Muster (117 „Schreibmaschine *g'holt hat* Ute.“),drei Zwischenformen, die weder Daniels altem Satzmuster noch der korrekten Satzstruktur des Deutschen entsprechen (22 „Einmal *hat* er *probiert aus*.“; 35 „Ich *hab* Marmelade äh Marmelade normale Marmelade.“; 46 „Ich *hab* nicht sieben Pfannkuchen, vielleicht zwei Stück nur oder drei.“) und 17 korrekte Äußerungen[74].

Ein deutlicher Übungseffekt ist dieser Therapiesequenz wohl kaum abzusprechen. Ich halte ein solch dialogisches Einüben in einem relevanten Kontext für die bessere Alternative im Gegensatz zu der Praktizierung von „pattern-drill“ (Einsprechen von Satzmustern).

---

73 JOHNSTON beschreibt den Sinn und die Eigenschaften eines solchen spezifizierten Inputs wie folgt: „Children search out the regular patterns which underlie the utterances they hear. They construct abstract categories of forms according to relative position, meaning role, etc. Ordinarily, this search for regularity must be conducted across utterances of great diversity. Language intervention must therefor utilize focused linguistic input, to narrow the child's search for order, and simplify his rule formulation task. The selection of an instructional goal initiates focus; the construction of the language learning event embodies it. By manipulating the frequency, salience and context of forms, the interventionist can draw the child's attention to pertinent data.“ (dies. 1985, S. 129 f)

74 In Prozentzahlen ausgedrückt ergibt sich folgendes Bild: Daniel übernahm 44% der turns; die dabei produzierten vollständigen Satzkonstruktionen waren zu 79% korrekt. Von diesen wiederum enthielten 62% die Perfektform.

Die überzeugende sprachliche Leistung, die Daniel unter solch natürlichen Konversationsbedingungen erbrachte, spiegelt ein intuitives Wissen über die Regeln der Perfektbildung im Deutschen wider, das jeder eingeschliffenen Kunst- und Übungssprache, deren Generalisierung auf die spontane Sprachverwendung erst zu leisten wäre, vorzuziehen ist[75].

8.2.2.2 Aufmerksamkeitsfokus

Das Bemühen um eine erhöhte Frequenz darf auf keinen Fall zu Lasten der Prägnanz und Relevanz der Modelläußerungen gehen. Mit anderen Worten: „Bei der Anwendung der Modellierungstechniken ist jedoch ein permanentes Einsprechen auf das Kind unbedingt zu vermeiden. Zu leicht kann dadurch eine innere Abschirmung gegen sprachliche Überstimulation ausgelöst werden, die die Therapeutensprache zum akustischen Hintergrundereignis abqualifiziert." (DANNENBAUER 1992a, S. 190)

Darum gilt es, durch situationale, aktionale oder verbale Elemente die Aufmerksamkeit des Kindes zu binden bzw. sie eventuell einfach abzuwarten, und nur wenn das gewährleistet ist, die Zielstruktur zu plazieren[76].

Bei der „Lügengeschichte" sind Daniels motivationale Zuwendung und der damit erreichte Aufmerksamkeitsgrad von Anfang bis Ende gleich deutlich zu erkennen. Trotz der extrem hohen Frequenz der Zielstruktur fand kein unbeachtetes Sprechen statt.

Daß die Fokussierung von Daniels Aufmerksamkeit auf die Modelläußerungen gegeben war, läßt sich beispielsweise an seinen unmittelbaren (emotionalen) Reaktionen ablesen (z.B. Interjektionen und Protest):

    9 C: Daniel *hat* kein Wort mit Gerry *gesprochen.*
  10 D: *Das stimmt nicht!* Ich *hab* mit Gerry schon *gesprochen. Ute!*
  49 C: Einen *hat* er auch der Frau Sch. *runtergebracht.* Frau Sch. *hat* ihm dafür einen Apfel *geschenkt.*
  50 D: *Nnneiiiinn!!* (völlig aus dem Häuschen) Äh Frau Sch. *hat* mir Schokolade *geschenkt.* Keinen Apfel!
  85 C: Er *hat gefragt,* ob er noch bleiben darf. Sein Papa *hat* ja *gesagt.* Gerry *hat* dem Daniel sein Fahrrad *gezeigt.*

---

75 Eine ausführliche Begründung der Unzulänglichkeit von Satzmusterübungen in der Therapie dysgrammatisch sprechender Kinder findet sich bei DANNENBAUER 1991.

76 In dem Experiment von BANDURA/HARRIS (1966) stellte sich die Variable „Aufmerksamkeitsbeeinflussung" (neben „Modellieren" und „Verstärkung") als bedeutsam für Prozesse des formalsprachlichen Modellernens heraus.

86 D: *Nnneiiinn!!* Gerry *hat* sein Motorräd – Motorrad *gezeigt.*

116 C: Also *hab* ich die Waschmaschine *geholt.*

117 D: *Hahahaha!* (lacht laut) Waschmaschine! *Hahaha!* Schreibmaschine g'holt *hat* Ute.

118 U: Ich glaub, ich *hab* mich *versprochen.*

119 C: Daniel *hat* sich in dem Brief für die Funkgeräte *bedankt.* Es war ein sehr freundlicher Brief.

120 D: *Poohh!* Die F _ funk *hab* ich nicht *bedankt.* äh Die Funkgeräte warens kaputt!

8.2.2.3 Flexibles Modellieren

Es ist wichtig, die Techniken des Modellierens variabel und ungezwungen zu benützen, „... damit die Aufmerksamkeit des Kindes nicht durch mechanischen Gebrauch einer oder weniger (besonders Expansion oder Parallelsprechen!) verspielt wird." (vgl. DANNENBAUER 1992a, S. 192)

Je besser es gelingt, die Bandbreite an Techniken, die grundsätzlich zur Verfügung stehen (vgl. Tabelle Kap. 2), zu nutzen (ohne jedoch den Sach- und Interaktionskontext zu verfremden), desto abwechslungsreicher und prägnanter wirken die Modell- und Feedbackäußerungen auf das Kind.

Die Besprechung der „Lügengeschichte" erlaubte mir die Anwendung folgender Techniken:

Bezeichnung	Beispiel		
Daniels Äußerungen vorausgehende Sprachmodelle			
Präsentation	Großteil der Cassetenäußerungen		
	Fragen:	38 J:	Du *hast* Traubenmarmelade *gegessen?*
		56 J:	*Hast* du deiner Oma auch was von der Schokolade *abgegeben?*
		73 J:	Was *hast* du jetzt *getrunken?*
Daniels Äußerungen nachfolgende Sprachmodelle			
Expansion		39 D:	Nein! Nein! Äh wieheigleiwiede Erdbeeren!
		40 J:	Du *hast* Erdbeermarmelade *gegessen.*
		59 D:	Nein! Kein Schach! Karten!
		60 J:	Ach, ihr *habt* Karten *gespielt.*
		65 D:	Mau-Mau-karten.
		66 J:	Ihr *habt* Pfannkuchen *gegessen* und *habt* Mau-Mau *gespielt.*
Umformung		22 D:	Ich *hab gebacken.* Nicht der Gerry. Einmal *hat* er *probiert aus.*

Bezeichnung	Beispiel
	23 J: Aha! Ich verstehe. Die Ute *hat* den Teig *gerührt*, (D: M-hm) du *hast* die Pfannkuchen *gebacken*, und der Gerry...
	27 D: ...*hat* auch mal *probiert*.
korrektives Feedback	46 D: Ich *hab* nicht sieben Pfannkuchen, vielleicht zwei Stück nur oder drei _ sonst nie!
	47 J: Du Freßsack, du! Du *hast* meiner Ute sieben Pfannkuchen *weggegessen*.
Extension	16 D: Ich *hab* schon mit Gerry *geredet*.
	17 J: Ute! Schäm dich! Dann *hast* du ja *gelogen*.
	117 D: Hahahaha! Waschmaschine! Hahaha! Schreibmaschine *g,holt hat* Ute.
	118 U: Ich glaub, ich *hab* mich *versprochen*.

Meine Wahrnehmung war nicht nur auf normabweichende Äußerungen Daniels ausgerichtet, sondern ich bemühte mich, auf seine korrekten Produktionen mit funktionalen Bekräftigungen zu reagieren, die einen Bezug zur Situation und zu Daniels Aussagen hatten (vgl. dazu WHITEHIRST/ VALDEZ-MENCHACA 1988):

    50. D: Nneiiinn!! (völlig aus dem Häuschen) Äh Frau Sch. *hat* mir Schokolade *ge-*
        schenkt. Keinen Apfel!
    51. J: Schokolade ist ja auch viel besser.

    70. D: Nein!! Gerry und Ute *haben* Kaffee *getrunken*. Und ich *hab* Kräutertee *ge-*
        trunken.
    71. J: Das gehört sich auch so für 11-jährige Buben.

8.2.2.4 Syntaktische Prinzipien als Lerneinheiten

Da die relevanten Lerneinheiten unabhängig von bestimmten Satzrahmen definierte syntaktische Prinzipien waren (vgl. Kap. 6.2; z.B. Trennung von Auxiliar und Partizip durch Objekt und/oder Adverbial), stellte die jeweilige Zielstruktur die einzige Konstante dar, die es immer wieder einzubringen, zuzuspielen, aufzugreifen und zu evozieren galt. Ansonsten war ich völlig frei in den Konstruktionen meiner Äußerungen und konnte sie ungezwungen an den Interaktionskontext anpassen.

Daß ich via Cassette bzw. Jerry die Perfektform durch alle grammatischen Personen durchspielte, dabei den Verbalkomplex variabel durch ein oder mehrere Objekte und/oder Adverbiale trennte, sowie Inversionen in Fragen und Topikalisierungen verwendete, war nicht nur der Kommunikation allgemein förderlich, sondern ich schaffte dadurch auch sprachliche Kontraste, aus denen sich die entscheidenden Merkmale der Zielform abheben konnten. Ein schematischer Gebrauch eines einzelnen Satzmusters mit formal gleichbleibender Struktur (z.B. Subjekt + Auxiliar + Objekt + Partizip) hätte das nicht leisten können[77].

Daniel übernahm sämtliche Varianten, die der Situationskontext zuließ[78] in seine Spontanäußerungen:

Modell		Daniel	
Singular			
1. Pers.	21	„Ich *habe* den Teig *gerührt* ..."	16 „Ich *hab* schon mit Gerry *geredet.*"
2. Pers	40	„Du *hast* Erdbeermarmelade *gegessen.*"	....
3. Pers.	43	„Daniel *hat* sieben Pfannku-chen *gegessen.*"	50 „Frau Sch. *hat* mir Schokolade *geschenkt* "
Plural			
1. Pers.	77	„Wir *haben* uns sehr gut *unterhalten.*"	63 „Mau-Mau *haben* wir *gespielt.*"
2. Pers	60	„Ach, ihr *habt* Karten *gespielt.*"	....
3. Pers.	79	„Daniel und Gerry *haben* sich prima *verstanden.*"	74 „Und Ute und ... Gerry *haben* Kaffee *getrunken.*"
Inversionen			
Fragen	56	„*Hast* du deiner Oma auch was von der Schokolade *abgegeben*?"	....
Topikalisierungen	106	„Nach dem Essen *haben* wir Schach *gespielt.*"	91 „Beim dir *haben* wir au Musik *ang'hört.*"

8.3 Zusammenfassung

Ergänzend zu dieser exemplarischen Analyse zweier konkreter Therapiesequenzen möchte ich abschließend eine kurze Zusammenfassung meiner persönlichen Erfahrungen mit dieser Vermittlungsmethode festhalten.

Die effektivsten Stunden waren immer diejenigen (wie die Transkription, Analyse und Reflexion der Tonaufnahmen bestätigten), in denen Daniel immer wieder nach einer Wiederholung bzw. einem Rollentausch verlang-

---

77 Vgl. dazu DANNENBAUER 1991.

78 Daß Daniel keine Fragen stellte und die 2. Person Singular und Plural nicht verwendete, läßt sich direkt aus der immanenten Logik der konkreten Situation ableiten.

te und zum Schluß gutgelaunt und topfit den Therapieraum verließ, während ich mich ausgelaugt und erschöpft fühlte. Dann war es mir meist gelungen, „am Ball" bzw. „an der Zielstruktrur zu bleiben" und deren hochfrequente und prägnante Verwendung zu arrangieren. Daniel hingegen hatte „spielend" gelernt, weshalb er auch kaum Ermüdungserscheinungen zeigte.

Wenn ich in gewissen Zeitabständen eine Spontansprachprobe aus einer natürlichen Spielsituation ohne Modelleinfluß erheben wollte, um Daniels sprachliche Entwicklungsfortschritte zu kontrollieren, dann mußte ich mich bewußt zurückhalten, Daniels fehlerhafte Äußerungen nicht umzuformen, zu expandieren usw. Die Wahrnehmung meiner sprachlichen Modellfunktion im Umgang mit Daniel war mir zur Selbstverständlichkeit geworden. Sie kostete mich weiterhin ein hohes Maß an Aufmerksamkeit, aber keine besondere Anstrengung mehr.

Für Daniel empfand ich diese druckfreie Form der Vermittlung grammatischer Strukturen (Unflüssigkeiten!)[79] und deren bewußtseinsferne Aneignung (Störungsbewußtsein!) als besonders angemessen.

---

79 Vgl. dazu MERITS-PATTERSON/REED 1981.

9. Effekte

9.1 Effekte auf verschiedenen (Sprach-) Ebenen

Obwohl die Therapie primär auf Daniels dysgrammatische Sprechweise abzielte, kam es auch zu Begleiterscheinungen, Folgeeffekten und Entwicklungsfortschritten in anderen Bereichen.

Ein enger Zusammenhang ließ sich beispielsweise zwischen Daniels grammatischem Lernzuwachs und seinen pragmatischen Fähigkeiten beobachten. In den folgenden beiden Beispielen gelang es Daniel, die neuerworbenen Strukturen effektiv für pragmatische Zwecke zu nutzen:

> D: Bei Gerüst *rauskommen*. Nicht bei XXX!
> T: Was? Das hab ich nicht verstanden. Sag's nochmal!
> D: Ihr *sollts* bei Gerüscht vorne *rauskommen*.

> U: Was ist bei dir am Sportplatz?
> D: Goldfische *gesehen haben* wir. Im Wasser.
> U: Was? Am Sportplatz? Nochmal, Daniel!
> D: Also hm Stempflesee waren wir mit der ganzen Schule. Und da *haben* wir Goldfische *gesehen*.

Daniels Revisionsstrategien wurden insgesamt wirkungsvoller. Er konnte seine Äußerungen modifizieren, indem er entweder eine Konstituente hinzufügte oder die Struktur änderte[80]:

> D: Wechseln wir jetzt.
> U: Bitte?
> D: *Rolle* wechseln wir jetzt.

> D: Rainer! Laß mal Tanja reden *mit mir*.
> R: Was hast g'sagt?
> D: Laß mal Tanja *mit mir* reden.

Die größere formalsprachliche Flexibilität ermöglichte es Daniel auch, sich besser an den Informationsstand des Hörers anzupassen, wenn es etwas zu erzählen[81] oder zu erklären gab:

> U: Erklärst du deinem Freund, was das für ein Stein ist?
> D: Ja. Äh die Ute hat mal den Stein im ein Wasser gefunden und das heißt unserer _ weiß ich nimmer, wie heißt.
> U: Freundschaftsstein [82].

---

80 Diese Beobachtungen sprechen für JOHNSTON's (1982) Annahme, sprachentwicklungsgestörte Kinder seien im allgemeinen responsive Kommunikationspartner, deren pragmatische Fähigkeiten jedoch durch die eingeschränkte Beherrschung grammatischer Strukturen herabgesetzt seien (vgl. auch Kap. 5.1).

81 Vgl. auch Beispiel „Goldfische" weiter oben.

82 Vgl. Kap. 7.3.5.

D: Ja, Freundschaftsstein! Jeder kann sich Frage stellen. So einfach: Rainer, ich frage dich, was hast du in der ganzen Woche gemacht? Und dann du antwortesch. Ich geb dir den Stein so wieder und dann du musch die Namen halt fragen und dann so halt.

Im grammatischen Bereich stellten sich auch Teilfortschritte ein, die nicht explizite Therapieziele darstellten (vgl. Kap. 9.2), wie z.B. der Konjunktiv, den Daniel auch zur Erfüllung des Höflichkeitspostulats zu nutzen wußte. Auf einen Beutel mit kleinem Plastikspielzeug deutend, bat er zaghaft: „Könnte ich so eins nehmen?"

Des weiteren wuchs Daniels Wortschatz in diesen zwei Jahren beträchtlich. Ich stellte fest, daß Daniel Wörter, deren Bedeutung wir im Rahmen der Therapie geklärt hatten, auch zu späteren Zeitpunkten und in anderen Zusammenhängen verwendete, aber auch neue Begriffe aus Schule, Fernsehen usw. in seine Erzählungen einflocht, auch wenn sie manchmal phonologisch oder semantisch ungenau waren.

Diese Entwicklung fiel auch Daniels Erzieherin im Hort auf, die der Meinung war, Daniels Wortschatz habe sich „einmalig erweitert" (vgl. Gespräch Kap. 9.2.2).

Zwei nichtsprachliche Effekte der Therapie scheinen mir auch von Bedeutung zu sein.

Daniels Lehrerin empfand unter anderem den Einfluß der Therapie auf Daniels emotionale Befindlichkeit als besonders positiv. Der Junge legte des öfteren ein freches, unfolgsames und aggressives Verhalten an den Tag, was den Umgang mit ihm manchmal sehr anstrengend machte. An den Freitagen hingegen sei er in freudiger Erwartung der Sprachtherapie meist gut gelaunt und fröhlich, und kehre danach ausgeglichen und heiter zurück. Er könne dann dem Unterricht gut folgen und zeige eine gute Arbeitshaltung.

Bemerkenswert ist auch, daß Daniels ausgeprägtes Störungsbewußtsein und der damit verbundene Leidensdruck (vgl. Kap. 3.6.4 und 4.1.4) im Laufe der Zeit allmählich abnahmen.

Parallel zum objektiven Wachstum seiner sprachlichen Kompetenzen und seiner Kommunikationsstärke verbesserte sich auch seine subjektive Selbsteinschätzung. Vor allem im letzten halben Jahr unserer gemeinsamen Therapie äußerte Daniel von sich aus wiederholt und selbstbewußt

Bemerkungen wie diese: „Gut reden kann ich." Und sozusagen als Rechtfertigung seiner kühnen Behauptung, als müsse er mich erst überzeugen: „Auch meine Mama ist das aufgefallen."

9.2 Effekte auf grammatischer Ebene

9.2.1 Beobachtungen im Rahmen der Therapie

In der Therapie bekam Daniel die Zielstrukturen unter optimierten Bedingungen Schritt für Schritt in den Griff (vgl. auch Kap. 7 und 8). Die eigentliche Bewährungsprobe für jedes einzelne grammatische Therapieziel stellte jedoch die echte Spontansprache ohne Modellierungseinfluß dar.

Erst nach mehreren gezielten Therapiesequenzen, während derer Daniel mehrfach die Verwendung von Modalen in Zweitstellung und getrennt vom infiniten Vollverb gelungen war, tauchte diese Struktur nach etwa zwei Monaten vereinzelt auch in völlig unbeeinflußter Spontansprache auf. Meine besondere Aufmerksamkeit galt jenen Äußerungen, mit denen Daniel mich spontan begrüßte bzw. die er innerhalb der ersten paar Minuten produzierte, bevor die eigentliche Therapie begann:

„Ich *muß* dir etwas *sagen*."
„Ich *darf* nicht bei dir *anrufen*."
„Du *mußt* zu uns *kommen*."
„Ich *muß* noch *warten*."
„Ich *darf* nicht *reingehen*."
„Ich *muß* länger in der Schule *bleiben*."
„*Dürfen* wir die Schultaschen in der Schule *lassen*?"
„Ich *will* den Brief *lesen*."
„Die Mama *darf* wieder ins Krankenhaus *gehen*."
„*Kann* ich auch zwei Freunde *mitbringen*?"

Solche u.ä. völlig korrekte Äußerungen traten zunächst nur ab und zu in Daniels ansonsten unverändert vom kanonischen Muster *(Adverbial + Objekt + Verbalkomplex + Subjekt)* geprägten Sprache auf.

Allmählich war die normgerechte Struktur immer öfter in Daniels Spontansprache auszumachen, und er verwendete das alte und das neue Muster mit schwankender Häufigkeit.

Als der Anteil der korrekten Äußerungen mehr als 50% ausmachte, konnte ich annehmen, daß Daniel die normgerechte Regel zentral repräsentiert hatte. Ich entschloß mich, das nächste Therapieziel in Angriff zu nehmen, und die Generalisierungsprozesse der Modalkonstruktionen weiterhin aufmerksam zu verfolgen[83].

Da die zweite Zielstruktur der ersten sehr ähnlich war (*Subjekt + Modal + Adverbial/Objekt + Infinitiv* bzw. *Subjekt + Auxiliar + Adverbial/Objekt + Partizip*), hatte ich Grund, einen positiven gegenseitigen Einfluß anzunehmen.

Die ersten korrekten Perfektkonstruktionen erschienen schon nach wenigen Wochen vereinzelt in natürlichen Sprechsituationen. Daniel empfing mich beispielsweise mit Äußerungen wie den folgenden:

> „Hasch du Annette *getroffen?*"
> „Du *hast* die Schreibmaschine *vergessen.*"
> „Letztes mal *hast* du die Tüte *vergessen.*"
> „Ich *hab* mich so *gefreut.*"
> „Ich *hab* den Block *vergessen,* aber ich hab die Fragen im Bauch."
> „Wir *haben* Fußball *gespielt* im Hort."

Interessanterweise waren von dieser positiven Entwicklung nicht nur Modale und Auxiliare betroffen. Es ließen sich Generalisierungsprozesse der Verbzweitstellungsregel auf andere Verbklassen beobachten.

Zunächst überraschte mich Daniel mit Äußerungen wie diesen:

> „Wie *geht's* dir denn?"
> „Was *machst* du nachher?"
> „Wir *treffen* uns im Klassenzimmer, O.K.?"
> „Hier *machen* wir es uns immer schön."
> „Wir *brauchen* Batterien."
> „Wir *haben* ein neues Auto."

Nach einem zeitlichen Abstand von etwa zwei Monaten setzte Daniel auch Kopulae an die richtige Stelle im Satz:

> „Was *ist* denn das?"
> „Wo *ist* er denn?"
> „*Bist* du mit dem Auto da?"
> „Ich *bin* ein Kavalier."

---

83 „We typically set a criterion of 50 per cent correct use of a target behavior under reasonably naturalistic conditions, such as conversation during play or some activity of daily living (e.g., making popcorn or setting the table for dinner). After the child meets this criterion and new goals are established, we make provisions to sample the original behavior periodically to make sure that the trend toward mastery continues without further intervention. This procedure reflects my belief that, even with intervention, mastery of a new linguistic act will take place gradually, and that once the acquisition processes are set in motion through intervention, the child will continue to develop control over that feature without further intervention. This hypothesis is not always shown to be true, and more intervention is warranted under these conditions." (FEY 1986, S. 57)

114

„Zu Hause in meine Familie *bin* ich der größte Kavalier."
„Das *ist* ein Rambo-Messer."

Am hartnäckigsten waren die Präfixverben, die Daniel lange Zeit nicht trennte, letztendlich aber doch korrekt verwendete[84]:

„*Gib* mal *her!*"
„Ich *kenne* mich *aus* an dem."
„Ich *gebe auf.*"
„*Kommst* du *mit?*"
„Der *kommt* heute mit uns *mit.*"

Obwohl diese Lernprozesse eigentlich bewußtseinsfern verliefen, schien Daniel seine eigene Sprache insgesamt mit einem neuen Bewußtseinsgrad wahrzunehmen. Ich beobachtete ihn beispielsweise in der Interaktion mit anderen Kindern im Hort; dabei korrigierte er sich zweimal selbst:

„Auf Stop *druckt hab.* _ Ich *hab* auf Stop *gedrückt.*"
„Wer *schaut* _ ? _ Wer *hat* die Maus *gesehen?*"

Solche Selbstkorrekturen traten nun öfter auf und wirkten wie eine Art der kurzen Reflexion im spontanen Sprachgebrauch.

Diese Fortschritte dürfen keinesfalls über ein zentrales Problem der Therapie hinwegtäuschen, nämlich der Inkonsistenz von Daniels sprachlichen Leistungen.

Wenn Daniel etwas erzählte, setzte er oft richtig an, benutzte mehrmals nacheinander die korrekte Perfektform, verfiel dann ins alte Muster, um jedoch genauso unvermittelt wieder das neue aufzugreifen.

Manchmal schien dieser Wechsel eher zufällig zu sein, aber meistens waren Variablen wie z.B. die Komplexität des zu vermittelnden Inhalts, Wortfindungsschwierigkeiten, starke emotionale Beteiligung usw. dafür verantwortlich, daß Daniel das kanonische Muster verwendete. Unterschiedliche externale und internale Faktoren schienen Daniels Sprachverarbeitung zu stören bzw. deren eingeschränkte Kapazität zu überfordern.

Dafür spricht auch, daß Daniel beispielsweise in ein und derselben Therapiestunde zu Beginn von einem Schulausflug in die Westernstadt berichtete und dabei konsequent die falsche Verbstellung gebrauchte, während er im anschließenden dialogischen Hin und Her von kurzen turns im freien Handpuppenspiel mit der gleichen Selbstverständlichkeit vor allem Äußerungen mit korrekter Verbstellung produzierte.

---

84 Zur Generalisierung der Verbstellungsregel auf Vollverben, Kopula und Präfixverben vgl. auch Anhang 11.3.5.

Manchmal waren diese Leistungsschwankungen so stark, daß ich in einer Stunde meinte, die Vermittlung der entsprechenden Zielstruktur abschließen zu können, und in der darauffolgenden Stunde sowohl am Konzept als auch an meinen therapeutischen Fähigkeiten zweifelte.

Insgesamt zeichnete sich jedoch in Daniels Sprachgebrauch eine deutliche Entwicklung hin zum korrekten deutschen Hauptsatz ab.

Beim Erwerb des Konditionals, dem Inhalt des letzten Therapiehalbjahres, verliefen die Lernprozesse vergleichsweise geradlinig und beschleunigt.

Die neue Struktur vermochte sehr bald etwas in Daniels Leben zu leisten. Obwohl ihre Häufigkeit im alltäglichen Sprachgebrauch bei weitem nicht so hoch ist wie die von Modalen und Auxiliaren, setzte Daniel sie in unterschiedlichsten Sprechsituationen erfolgreich ein[85].

Als er sich aus einem Beutel mit verschiedenen kleinen Spielsachen etwas aussuchen durfte, probierte er eine relativ kurze Halskette an und sagte: *„Wenn* nicht des *paßt, dann nehm* ich die Pfeife".

Ein anderes Mal wollte ich Daniel aus dem Klassenzimmer abholen, als er gerade dabei war, vor der ganzen Klasse seine „Sandkastengeschichte"[86] zu erzählen. Dabei fiel die Äußerung: „Der Hubschrauber *kommt* da nüber, *wenn* die Kirche *brennt.*"

Die Beschreibung der Zubereitung eines Reisgerichts beendete Daniel mit dem Satz: „*Wenn* das Ganze heiß *ist, dann gibst* du den Schinken *dazu.*"

Bei der Planung der nächsten Therapiestunde machte Daniel folgenden Vorschlag: „Hast du einen schwarzen Mantel? *Wennsch* du *hast, kannst* du dann *mitbringen.* Ich bring noch ein kleines Spiel mit, und dann könn mer noch ein kleines Tagebuch machen."

Geradezu meisterhaft wirkt jedoch Daniels Erklärung der Schachspielregeln (vgl. Anhang 11.2.2):

„*Wenn* du da *bist, kann* ich dich *werfen.*"
„*Wenn* der weg *is, dann darf* er *laufen.*"
„*Wenn* da ein Männchen von mir *steht, dann darfsch* erst."
„*Wenn* da ein Feld frei *ist* und da mein Bauer weg, *und dann kannst* dahin, und *dann kannsch* du dein Bauern oder deine Dame wieder *zurückwünschen.*"
„*Wenn* da von mir ein Männchen *steht, dann darfsch* erst *werfen.*"

---

85 Der Verlauf der sprachlichen Lernprozesse bei Daniel deckt sich mit den Beobachtungen unter experimentellen Bedingungen von MALOUF/DODD (1972), die die Effekte des Modellierens auf die Spontansprache als anfangs sehr langsam, dann als zunehmend beschleunigt und zum Schluß als steil ansteigend beschreiben.

86 Jede Woche durfte ein Kind mit Bausteinen, Männchen, Autos usw. im Sandkasten eine frei erfundene Geschichte „bauen" und sie am Freitag der Klasse erzählen.

9.2.2 Beobachtungen außerhalb der Therapie

Meine Beobachtungen im Rahmen der Therapie deckten sich größtenteils mit denen der Personen in anderen Lebensräumen Daniels (Schule, Hort und Familie).

Die ersten Rückmeldungen erhielt ich nach dem ersten Therapiehalbjahr, also während der Phase der Vermittlung der Modalkonstruktionen. Es handelt sich hierbei um spontane, subjektive Kommentare, welche die betreffenden Personen unabhängig voneinander machten.

Daniels Religionslehrer berichtete, Daniel bilde im Unterricht ab und zu korrekte Sätze. Auch Daniels Erzieherin im Hort fiel auf, daß in seiner nach wie vor dysgrammatischen Sprache vereinzelt fehlerlose Äußerungen auftauchten.

Eine andere Erzieherin erzählte mir erfreut, sie hätte tags zuvor geglaubt, sich verhört zu haben, als Daniel völlig korrekt fragte, ob er seine Jacke schon anziehen dürfe. Überrascht sagte sie: „Bitte?", worauf Daniel die Frage fehlerfrei wiederholte.

Daniels Mutter war erstaunt, daß Daniel „nach so langer Zeit plötzlich irgendwie besser spricht" und hoffte: „Vielleicht redet er ja auch einmal so wie wir."

Daniels Lehrerin konnte keine Fortschritte in seiner Sprache feststellen. Das äußerte sie auch gegenüber den Eltern, die unterschiedlich darauf reagierten. Der Vater beharrte auf seiner Meinung, daß Daniels Sprache sich gebessert habe, während sich die Mutter als Laie durch das fachkundige Urteil der Sprachheillehrerin, Daniel könne nicht besser sprechen, verunsichern ließ.

Am Ende des Schuljahres wurde ein pädagogisch-psychologisches Gutachten erstellt, zum Zwecke der Einweisung Daniels in die Sonderschule für Lernbehinderte. Darin beurteilte die Lehrerin Daniels sprachliche Fähigkeiten wie folgt: „Trotz intensivster[87] sprachtherapeutischer Betreuung seit zwei Jahren durch Studenten des Fachbereichs Sprachheilpädagogik[88],

---

87 Diese Bewertung erscheint mir bei einmal 45 Minuten pro Woche abzüglich der Ferien und sonstiger Verhinderungen durch Krankheit, schulische Aktivitäten usw. unangemessen; ich bedauerte es im Gegenteil sehr, daß die gesamten äußeren Umstände keine intensivere Intervention erlaubten, die mit Sicherheit die Effektivität der Therapie erhöht und die Dauer verkürzt hätten.

88 Damit waren wohl die zwei Jahre Therapie durch einen Kommilitonen und Annette, meine Vorgängerin, gemeint, die vor allem auf Daniels Konzentrationsprobleme und seine Lese-Rechtschreibschwierigkeiten abzielte (vgl. Kap. 3.3), sowie mein erstes Therapiejahr.

die er zusätzlich erfährt, machte er wenige sprachliche Fortschritte und integrierte die spärlichen Therapieerfolge kaum in die Spontansprache."

Es handelt sich hierbei um eine subjektive Bewertung, der kein Test bzw. Analyse von Daniels grammatischen Kompetenzen zugrundelag. Es lagen auch keinerlei sprachliche Vergleichsdaten vom Schuljahresanfang oder den vorherigen Schuljahren vor.

Ich ließ mich von den niederschmetternden quantitativen Angaben „wenig", „spärlich" und „kaum" letztendlich doch nicht entmutigen und vertraute der sich abzeichnenden Entwicklungsdynamik in Daniels Sprachsystem, die sich aus den von mir erhobenen Sprachstichproben eindeutig ablesen ließ und nach der langen Stagnation vor der Therapie (vgl. Kap. 3.6.3) wenigstens soviel Optimismus erlaubte, aus dem „wenig" bzw. „spärlich" doch noch zumindest ein „mehr" oder sogar ein „viel" machen zu können.

Im dritten Therapiehalbjahr, das sich wohl am treffendsten mit dem Begriffspaar „Generalisierungsprozesse" und „Inkonsistenz" beschreiben läßt, berichtete Daniels Lehrerin in der Schule für Lernbehinderte, der Junge spreche im Unterricht drei bis vier Sätze völlig korrekt, dann formuliere er falsch, um mitten im Redefluß wieder fehlerfrei anzusetzen.

Außerdem seien seine sprachlichen Leistungen an verschiedenen Tagen sehr unterschiedlich. Seine schlechte Sprache gehe immer mit Nervosität, vorlautem und ungeduldigem Verhalten im Unterricht oder irgendeinem konkreten Problem (z.B. fehlende Hausaufgaben, Streit oder Schläge in der Familie usw.) einher.

Auch wenn Daniel im Heimat- und Sachkundeunterricht überlegen müsse, eigene Ideen haben und ausdrücken solle, dann sei er oft sehr fehlerhaft.

Andererseits habe er auch leistungsstarke Phasen, in denen er überraschend gut spreche. Seine Leistungen schwankten zwischen zwei ziemlich weit auseinanderliegenden Polen: „Er hat zeitweise eine ganz normale Sprache, und dann geht's syntaktisch wieder dahin."[89]

Im vierten Therapiehalbjahr stellte die Lehrerin einen Umbruch in Daniels Sprache fest. Ganz deutlich sei ihr und einer Kollegin beispielsweise während eines Schulausflugs aufgefallen, wie sehr sich seine Sprechleistung gebessert habe. Während er spazierenging, erzählte er irgendetwas, ohne dabei überlegen zu müssen, oder rief anderen Kindern etwas zu. Dabei

---

89 Dieses Leistungsgefälle äußerte sich bei Daniel auch in anderen Bereichen. Obwohl er beispielsweise meist schnell und selbständig rechnen konnte, war er während eines Wettbewerbs am Klassenausflug nicht fähig, seine Spielpunkte zusammenzuzählen.

sprach er meist grammatikalisch richtig. Dann verdrehte er einzelne Sätze wieder, merkte es jedoch oft selber und korrigierte sich.„Wenn eine ruhige Atmosphäre herrscht, dann geht auch das Erzählen von Persönlichem gut." Außerdem habe Daniel im Unterricht einen „langen, komplizierten aber in der Satzstellung fehlerhaften Satz formuliert und konnte ihn auf Aufforderung tatsächlich in derselben Länge korrekt wiederholen." Das habe sie sehr erstaunt.

Die Mutter war mit den Fortschritten, die Daniel in den zwei Jahren gemacht hatte, zufrieden: „Daniel spricht viel besser. Das sagen alle im Haus."[90]

Mit Daniels Erzieherin im Hort, die den Jungen während seiner gesamten Schulzeit von vier Jahren nachmittags betreut hatte, führte ich am 03.06.1992 ein rückblickendes Gespräch über Daniels sozio-emotionale, schulische und sprachliche Entwicklung. Über seine sprachlichen Fähigkeiten konnte sie folgendes berichten:

Frage: Was fällt Ihnen ganz allgemein zu Daniels Sprache ein?

Wissen's, des is jetzt nach den vier Jahren auch gar nicht so leicht. Ich erwisch mich nämlich auch manchmal dabei, daß ich ihn gar nicht mehr unterscheide im Gespräch zu anderen. Wobei die Frau O. (eine Kollegin) sagt, also sie empfindet XXX keine gravierenden Unterschiede. Und dann sag ich: „Ja, aber schaun Sie mal, wie der heut gesprochen hat." „Ja, heut is wieder extrem." Sie empfindet nicht solche gravierenden sprachlichen Unterschiede zu anderen Kindern.

Frage: Ist Ihnen irgendwas Besonderes an Daniels sprachlichen Fähigkeiten aufgefallen, was sich in den letzten zwei Jahren verändert hat?

Wortschatz hat sich einmalig erweitert. Denn das merk ich an seinen schulischen Aufsätzen, wenn er Sätze bilden muß für die Schule. Die sind da. Die kommen. Da hat er auch tausend Ideen. Er ist also, äh was die äh Kreativität anbelangt, sprachlich auch da. Er benutzt auch Wörter. Sein riesengroßer Knackpunkt, wie er herkam: „hat gemacht hat" und das hinten dranhängen, das zeigt er überhaupt nicht mehr. Fast nicht mehr. Oder ich hör's nicht mehr.

Frage: Ist Ihnen das anfangs wirklich aufgefallen?

Das ist mir knallhart aufgefallen. Und zwar haben wir immer gesagt: „Ist der unter Ausländern großgeworden?" Ausländer haben manchmal eine ganz eigenwillige Satzkonstellation. Und die benutzte er.

Frage: Macht er das jetzt anders?

Ja. So im Alltag. Ja, das bringt er richtig. Ja, das bringt er im Alltag wirklich richtig. Und da sind da zwischenrein das sind dann diese Situationen, wo ich dann zwischendrin sag: „Daniel, das kann man auch anders sagen."

---

90 Die Familie wohnt in einem Wohnblock.

Frage: Wenn es dann ab und zu nicht so ist, oder wie?

Ja, dann fällt's mir auf. Und dann klopf ich an.

Frage: Also, es fällt Ihnen auf, weil es Ausnahmen sind?

Wahrscheinlich. „Ich geh essen.", wenn er von der Schule kommt, sind seine Floskeln. „Ich geh jetzt vor runter." „Kann ich Hausaufgaben machen?" „Kann ich mal Kaba kochen?" Wie frag ich dann immer? „Was hast du heute auf? Was mußt du machen?" Ich red dann meistens auf Dialekt mit ihm oder viel so so äh ganz einfache Sprache oder Umgangssprache, ne? Wie sagt er dann immer? „Ach, ich hab nicht viel zu tun.", oder „Ich hab heut ganze Menge auf. Rechnen und Schreiben und dann noch das." So spricht er. Das ist also im Empfinden, meinem Empfinden eine tolle Umwandlung vom Satzbau zu den Zeiten, wie er kam.

Frage: Was ist noch fehlerhaft an Daniels Sprache?

Er fängt zu Themen Sätze an und weiß am Schluß nicht mehr, was er sagen wollte. Fügt Wörter an Wörter, aber begreift den Sinn nicht. Wenn wir uns unterhalten und fragen: „Na, was habt ihr am Wochenende erlebt?", oder äh jetzt z.B. sprechen wir über das Thema „Freunde". „Hast du auch'n Freund?", und dann erzählt er alles, was zum Thema „Freunde" ein _ ihm einfällt. Und zwar in des is seine _ wie soll ich das sagen? Das spricht er unsauber zunächst einmal. Und dann wird sortiert. Er fügt Wörter an Wörter. Die nicht unbedingt 'nen Satz ergeben. Das macht er, wenn er vor gesammelter Runde spricht. Oder wenn er in 'ner Abhängigkeitssituation ist. Dann spricht er so. Ja, wenn er k.o. ist, wenn er dann krank wird. Wenn er nicht drauf ist. Er kann, und ich möcht Ihnen so gerne Beispiele geben auch mal so, er kann ganz normal reden. Über mehrere Sätze hinweg. Ganz normal. Ja, aber das ist für mich _ Dieser Satz! Dieser gravierende Unterschied! Er hat, wie er kam, keinen Satz zusammenhängend in die Reihe gekriegt. Weder im im Regelspiel noch im im im schulischen Auf äh im Bewältigen der Hausaufgabe noch in sonstigen Dingen. Jetzt differenziert er ganz klar. In Situationen, wo er ganz normal redet, und in Situationen, wo er nicht normal redet. Interressant is, oder festgestellt hab ich das auch ganz stark, als er im Frühjahr verstärkt schriftlich Sätze bilden mußte: „Ich helfe meiner Mutter beim Abtrocknen." „Ich helfe Vati beim Autowaschen." Es ging der Lehrerin nicht um den Satzbau, sondern um die Zeitwörter, die groß geschrieben werden. „Beim Waschen" schreibt man ja „Waschen" groß, ne? Und daß man also Verben klein und groß schreiben kann. Und als er diese Sätze schreiben mußte, da mußte er die ja vorher immer äh auf'm Schmierblatt aufsetzen. Und seltsamerweise kamen die ortographisch im Schriftbild richtig. Rechtschreibmäßig nicht äh nicht ortographisch also wie sagt man ah im Sinn richtig. Die waren rechtschreibmäßig falsch, aber die Wörter waren in 'ne Kette aneinandergereiht. Es hat immer gestimmt. Und ich hab das Gefühl gehabt, als hätte er damit auch sprachlich 'n Stück zugekriegt.

9.2.3 Profilanalyse

Wie auch immer man die subjektiven Einschätzungen von Daniels sprachlichen Fähigkeiten bewerten mag, so läßt sich m.E. zumindest eine Schlußfolgerung daraus ziehen: Daniels Sprachauffälligkeit hatte sich deutlich reduziert.

Eine Profilanalyse soll detaillierter und objektiver Auskunft darüber geben, welche Teilentwicklungen unter dem Einfluß der Therapie in Daniels grammatischem Sprachsystem stattgefunden hatten und zu einer Annäherung an den normgerechten Sprachgebrauch geführt hatten.

9.2.3.2 Datenerhebung

Vorliegendes Sprachentwicklungsprofil (vgl. Anhang 11.2.2) hat katamnestischen Charakter, weil die verwendeten Sprachproben Ende September und Anfang Oktober 1992, also etwa zwei Monate nach Beendigung der Therapie erhoben wurden. Sie stammen aus Interaktionen Daniels mit Tanja, die mit Schuljahresbeginn eine Phase des Beziehungsaufbaus und der Diagnose eingeleitet hatte, auf deren Basis sie die therapeutische Betreuung Daniels fortsetzen wollte. Tanja wandte dabei keine Techniken des Modellierens an. Es handelt sich also um unbeeinflußte Spontansprache in natürlichen Sprechsituationen.

Die Äußerungen 1-93 entstammen einem ungezwungenen Gespräch während eines „Zimmerpicknicks“. Äußerung 94-126 fielen bei einem Schachspiel und Äußerung 127-165 produzierte Daniel, als er zusammen mit Tanja mit Kartoffeldruck Briefpapier herstellte.

Der Sprachcorpus von 165 analysierbaren Äußerungen hat den gleichen Umfang wie jener der diagnostischen Profilanalyse (vgl. Kap. 5.4.1), was einen direkten Vergleich der gewonnenen Daten erlaubt.

9.2.3.2 Analyse und Interpretation

Die überwiegende Mehrzahl der Eintragungen (ca. 60%) finden sich in Phase IV, in welcher der korrekte deutsche Hauptsatz als erworben gilt. Dabei sind alle der möglichen Satzstrukturen vertreten.

Die Perfektform gelingt Daniel in 15 Fällen; 4 mal verwendet er das kanonische Muster. Modalkonstruktionen produziert Daniel 32 mal korrekt und nur 2 mal nach dem alten Muster. Die Kopula trennt er zwar nur zweimal vom Adjektiv, jedoch ist ihre Stellung im Satz in weiteren 18 Äußerungen fehlerlos (z.B. 9 „Ich war der Netteste.“, 39 „Der Sand ist orange.“, 98 „Wenn du da bist...“, 106 „Wenn da ein Feld frei ist...“). Die erforderliche Trennung der Präfixverben gelingt Daniel von 8 Fällen 5 mal.

Eine weitere Leistung der Phase IV stellt die Trennung von Verb und Objekt dar, die Daniel in 12 Äußerungen vollzieht.

Die relativ hohe Anzahl von 41 Sätzen mit topikalisierten Komplementen und Subjekt-Verb-Inversion erinnert an die ebenfalls zahlreichen Eintragungen unter dieser Kategorie in der diagnostischen Profilanalyse. Ein Vergleich deckt jedoch wesentliche Unterschiede auf. Während die Äußerungen früheren Datums zum größten Teil das kanonische Muster aufweisen (z.B. 13 „Ein Schwanz gehext hab i.", 120 „Noch länger haben wir.", 151 „Noch bißle warten wir."), handelt es sich bei den Beispielen neueren Datums um regelgerechte Produktionen (z.B. 18 „Hinter dem Sessel ist ein kleiner Fernseher.", 121 „Jetzt hol ich mir deine Dame.", 135 „Aus Mais kann man Topcorn machen.").

Auch von den Äußerungen der Phasen II und III kann ein großer Teil als korrekt bezeichnet werden. Die Struktur von 86 „Du kommst.", oder 134 „Meine Mama kann kochen." usw. ist einfach (SV Phase II) aber fehlerfrei. Auch die 28 SVX-Sätze, die den Hauptanteil der Eintragungen in Phase III ausmachen, sind als Entwicklungsfortschritt zu werten, wenn sie durch Spontanproduktionen wie die folgenden repräsentiert werden: 15 „Ich war schon mal im ICE.", 71 „Mein Freund und ich waren an der erste Schultag gleich in der Straßenbahn."

Die vereinzelten Auslassungen sind vernachlässigbar bis auf die 23 fehlenden Subjekte (ca. 14%). Die in Daniels schwäbischem Sprachraum durchaus übliche Auslassung der 2. Person Singular wirkte sich in seinem Fall ungünstig auf die allgemeine Regelbildung aus. 11 der 23 Äußerungen ohne Subjekt fallen in Daniels Sprachumwelt nicht auf, wie z.B. 91 „Und da hättesch gewonnen.", 128 „Musch mal ausprobieren."

Die Wortstellung, Daniels zentrales formalsprachliches Problem (vgl. Kap. 5.4), hatte sich nicht nur in Aussagesätzen, sondern auch in Fragen wesentlich gebessert. Sämtliche Informations- und Entscheidungsfragen, die Daniel an Tanja stellt, sind korrekt. Sie weisen die Strukturen aus Phase IV auf, bis auf die Frage 112 „Wo warsch denn?", die wegen des fehlenden Subjekts der Phase III zugeordnet werden muß, aber trotzdem als richtig gelten kann.

Von den 14 Nebensätzen hat Daniel 8 regelgerecht gebildet (die wegen des vorangestellten Adverbials „da" unter „Andere" eingetragenen Äußerungen 104 „Wenn da ein Männchen von mir steht...", 106 „Wenn da ein Feld frei ist..." und 113 „Wenn da von mir ein Männchen steht..." sind auch korrekt, obwohl sie unter „Andere" eingetragen sind). Die gegensätzliche Verbstellung in Haupt- und Nebensatz gelingt Daniel in sämtlichen Konditionalsätzen, einem Temporalsatz und einem Relativsatz, während er auf 4 weitere Subordinationen die Verbzweitstellung übergeneralisiert (vgl. 12, 17, 20, 42).

Die insgesamt 20 komplexen Sätze mit bis zu 4 Teilsätzen spiegeln sowohl einen quantitativen als auch einen qualitativen Entwicklungsfortschritt in Daniels Sprachgebrauch wider. Daß auch die einfachen Hauptsätze länger und komplexer geworden sind, läßt sich am gestiegenen MLU von 5.01[91] und an der Vielzahl der Komplementstrukturen in Phase IV und V ablesen. Zudem sind Ergänzungen zum Subjekt, Objekt und Prädikatsnomen in Daniels Sprache neu.

Auf morphologischer Ebene fällt Daniels Beherrschung der Verbflexion auf. Formen wie 41 „Wißts ihr...?" oder 143 „Hasch du Deckweiß?" sind dialektgeprägt, so daß eine einzige Flexion (47 „Beide Schiffe war oben...") als falsch bezeichnet werden kann.

Im Bereich des Kasussystems stehen 48 Akkusativ- und Dativformen insgesamt nur 10 Übergeneralisierungen gegenüber.

Beurteilt man Daniels Äußerungen jeweils als Ganze nach den Regeln der deutschen Grammatik, so kann man 116 seiner Spontanproduktionen (ca. 70%) als völlig korrekt bezeichnen. Der Unterschied zu 26 unauffälligen Äußerungen (ca,. 16%) in der ersten Sprachprobe ist signifikant.

Auch qualitative Unterschiede zwischen den „Fehlern" der beiden Sprachproben reduzieren die Auffälligkeit der zweiten. Viele Äußerungen weichen nur noch in einer einzigen morphologischen oder syntaktischen Kategorie ab (z.B. 96 „...und der Pferd kann springen.", 150 „Er hat mir eine Jacke gebt.").

Zusammenfassend kann festgestellt werden, daß sich aus vorliegendem Sprachentwicklungsprofil einschneidende Veränderungen in Daniels internem grammatischem Regelsystem ablesen lassen, die ihn einem normgerechten Gebrauch seiner Muttersprache ein gutes Stück nähergebracht haben.

9.3 Zusammenfassung

Unter dem Einfluß der Therapie hatte Daniel sprachliche Entwicklungsfortschritte auf breiter Basis gemacht. Er leidet trotz grammatischer Fehlleistungen nicht mehr unter einer „sehr starken Sprachbehinderung" (vgl. Gutachten Kap. 3.6.2), weil sich die Abweichung seiner Sprache von der Norm verringert hat, ebenso wie sein subjektives Empfinden der Behinderung.

---

91 Der von COPROF errechnete MLU muß mit Vorbehalt beurteilt werden. Das Computerprogramm teilt komplexe Sätze, die eigentlich einer Äußerung des Kindes entsprechen, in die Teilsätze auf, und zieht diese zur Berechnung des MLU heran. Z.B. bilden die Teilsätze 21-24 (vgl. Anhang) einen komplexen Satz, bestehend aus 20 Wörtern. Sie werden jedoch einzeln, also als Werte von 7, 4, 4 und 5 gerechnet. Bei der relativ hohen Anzahl von 20 komplexen Sätzen verfälscht dieser Rechenmodus den Endwert wesentlich.

Es scheint sich zu bestätigen, daß die Vermittlungsmethodik des Modellierens, besonders wenn sie in einem reichhaltigen Sozial- Sach- und Sprachkontext Anwendung findet, nicht nur ganz gezielt an den jeweils ausgewählten Strukturen wirksam wird, sondern auch den Spracherwerb insgesamt anregen kann (vgl. DANNENBAUER 1984; KÜNZIG 1989; NELSON 1977).

Die genaueren Zusammenhänge zwischen den therapeutischen Maßnahmen und den Effekten (z.B Kommunikationsstärke, Erweiterung des Wortschatzes) einerseits, und zwischen den einzelnen Entwicklungsverläufen in verschiedenen Teilbereichen der Sprache (z.B. zwischen Grammatik und Pragmatik, oder innerhalb der Grammatik zwischen Verbstellungsregel und Verbflexion, Kasusmarkierung, MLU) können nur hypothesengeleitet geklärt werden.

Eine abschließende Betrachtung des gesamten Therapieverlaufs führt zu der wichtigen Erkenntnis, daß im Bereich des grammatischen Lernens eine Orientierung an den Phasen, Abfolgen und Zusammenhängen des natürlichen normalen Spracherwerbs zweifelsohne sehr sinnvoll ist, jedoch der Therapeutin nicht die Berücksichtigung der individuellen Entwicklungsdynamik des betreffenden Kindes abnehmen kann.

Analog dazu funktioniert Sprachtherapie nur dann, wenn allgemeingültige Therapieprinzipien nach Maßgabe ihrer Bedeutung und Angemessenheit, und nicht um ihrer selbst willen in konkretes Geschehen umgesetzt werden.

Daniels eigene Erklärung für seine verbesserte Sprache, die er fünf Monate nach Beendigung der Therapie in einem rückblickenden Gespräch äußerte, ist vielleicht das treffendste Resümee der gesamten Therapie: „Da in mein Kopf (schnippt mit den Fingern neben seiner Schläfe) Klick macht hat's."

10. Schlußbemerkung

Im Hinblick auf Daniels ungünstige Prognose, welche durch das Ausmaß seiner Sprachstörung und wegen seines Alters[92] gegeben war (vgl. ALAN/ RAPIN 1980), sind die beobachtbaren Veränderungen seines Sprachsystems im geschilderten Zeitraum m.E. durchaus als Erfolg/Fortschritt zu werten, auch wenn seine aktuellen sprachlichen Fähigkeiten noch von der Norm abweichen.

Die objektiven Resultate der Therapie sowie die subjektive Bewertung meiner Erfahrungen mit dem entwicklungsproximalen Konzept lassen mich seine Praxistauglichkeit grundsätzlich bestätigen.

Selbstverständlich werde ich in Zukunft einen viel pragmatischeren Umgang mit dem Konzept entwickeln, als ich es im Falle Daniels getan habe, denn das Argument „Zeitaufwand" kann in der Praxis darüber entscheiden, ob überzeugende theoretische Erkenntnisse in der therapeutischen Arbeit umgesetzt werden oder nicht. Es nahm tatsächlich viel Zeit in Anspruch, mir den theoretischen Hintergrund anzueignen, mein Handeln zu planen, durchzuführen und gründlich zu reflektieren, Fertigkeit mit den Techniken des Modellierens zu erwerben usw. Andererseits stellte ich nach einem gewissen Erfahrungszeitraum fest, daß, obwohl mir die Therapie mit Daniel permanent Auseinandersetzungs- und Entscheidungsprozesse abverlangte, sich der Zeitaufwand bald reduzierte. Auch in unvorhersehbaren Situationen (die es bei dieser offenen und individualisierenden Therapieform oft gab) reagierte ich meist intuitiv im Sinne der entwicklungsproximalen Grundgedanken, wodurch sich das gesamte Therapiegeschehen lebendiger und müheloser gestaltete, ohne an Zielorientierung und Effektivität zu verlieren.

Es ist nicht einfach, aber mit Sicherheit lohnenswert, sich auf therapeutische Prozesse einzulassen, die so viel ausgelebte Individualität für Kind und Therapeutin zulassen, wie es der dargestellte Ansatz tut.

---

92 Die sprachtherapeutische Intervention fand während Daniels elftem und zwölftem Lebensjahr statt, also am Ende der sogenannten „sensiblen Phase" (ungefähr drittes bis dreizehntes Lebensjahr). „In dieser Zeit scheint das Individuum äußerst sensibel für Reize zu sein und eine gewisse angeborene Flexibilität für die Organisation der Hirnfunktionen zu bewahren, um die komplexe Integration der für die gleichmäßige Entwicklung des Sprechens und der Sprache notwendigen Subprozesse vollenden zu können. Nach der Pubertät nimmt die Fähigkeit zur Selbstorganisation und Anpassung an die physiologischen Erfordernisse des verbalen Verhaltens schnell ab. Das Hirn verhält sich so, als ob seine Funktionen nun festgelegt wären, und primäre, grundlegende Sprachfertigkeiten, die um diese Zeit nicht erworben worden sind, bleiben – außer dem Artikulationsvermögen – gewöhnlich während des ganzen Lebens unzulänglich." (LENNEBERG 1986, S.196)

Daß die Arbeit in so einem dynamischen interaktionalen Rahmen Daniel und mir viel mehr Spaß gemacht hat, als es vermutlich ein direktives Verfahren getan hätte, ist vielleicht eher nebensächlich. Ausschlaggebend ist, daß ich eine Therapie, die sich an der Logik und den Prinzipien des entwicklungsproximalen Konzepts orientiert, aufgrund meiner Erfahrungen als echte Chance für sprachliches Lernen trotz erschwerter Bedingungen betrachten kann.

11. Anhang

11.1 Erläuterungen zur Profilanalyse von Clahsen

Clahsens Profilanalyse ist ein diagnostisches Hilfsmittel bei der Beschreibung und Beurteilung von Sprachentwicklungsauffälligkeiten. Dazu wird eine Tonbandaufnahme von einer möglichst natürlichen und ungezwungenen Kommunikationssituation erstellt, in der das sprachauffällige Kind mit einer ihm vertrauten Person in gewohnter Weise spielerisch und sprachlich agiert. Ein solcher Spontansprachcorpus läßt zuverlässige Rückschlüsse auf die Sprachfähigkeiten im Alltag des Kindes zu. Alle kindlichen Äußerungen werden anschließend transkribiert und nacheinander nach morphologischen und syntaktischen Gesichtspunkten analysiert. Diese Analysekriterien sind in einem Profilbogen (vgl. Kap. 11.3.1.1) festgehalten und nach fünf Entwicklungsstufen geordnet. In jeder Stufe sind die entsprechenden charakteristischen invarianten Aspekte des normalen kindlichen Spracherwerbs zusammengefaßt. Alle typischen Wort- und Satzstrukturen werden durch eindeutige Abkürzungen repräsentiert.

Jede einzelne Äußerung des betreffenden Kindes wird daraufhin untersucht, welche syntaktische Struktur ihr zugrundeliegt und welche morphologischen Strukturen sie enthält. An der entsprechenden Stelle im Profilbogen erfolgt eine Eintragung.

Ein konkretes Beispiel soll das Vorgehen verdeutlichen. Daniels Äußerung Nr. 18 „Fliegen kannst jetzt." aus der diagnostischen Profilanalyse (vgl. Kap. 11.3.1.1) besteht aus dem **V**erbalkomplex „fliegen kannst" und der temporalen **A**dverbialbestimmung „jetzt". Also erfolgt eine Eintragung in Phase II unter der Kategorie **VA**. Auf Wortebene handelt es sich um das **V**ollverb „fliegen" (Eintragung unter **V** in Phase I), das **Mod**alverb „kannst" (Eintragung unter **Mod** in Phase III) und das **Adv**erb „jetzt" (Eintragung unter **Adv** in Phase II). Weiterhin fällt das Fehlen des **S**ubjekts auf. Dieses wird unter **Auslassungen S** vermerkt. Daß das Vollverb im Infinitiv „fliegen" und die Kopula korrekt für die 2. Person Singular flektiert „kann**st**" vorliegen, wird in der hierfür vorgesehenen Kategorie **n** in Phase II bzw. **st** in Phase IV festgehalten. Weitere Analyseschritte, wie z.B. die Frage nach Kasusmarkierungen, Komplementstrukturen, Nebensatzkonstruktionen, Negationen oder Frageformen erübrigen sich bei diesem affirmativen Zweikonstituentensatz.

Ausführliche Erläuterungen und Anleitungen zur schrittweisen Erstellung eines Sprachentwicklungsprofils finden sich bei CLAHSEN 1986. Alternativ kann man auch die Vorteile des von CLAHSEN und HANSEN hierfür entwickelten Computerprogramms COPROF nutzen. Nacheinander werden alle Analyseschritte dem Benutzer in Form von Fragen mit anwählbaren multiple-choice-Antworten dargeboten.

Nachdem in entsprechender Art und Weise sämtliche Äußerungen des Kindes analysiert worden sind, bieten die Anzahl und die Verteilung der Eintragungen im Profilbogen eine gute Grundlage zur detaillierten Beschreibung der Leistungsstärken und -schwächen sowie eine Beurteilung des Entwicklungsstandes des sprachauffälligen Kindes. Vergleicht man die gewonnenen Daten mit denen des normalen frühen Grammatikerwerbs, so kann man einfache Retardierungen, qualitative Abweichungen, Stagnationen oder progressive Teilentwicklungen bestimmen und daraus genau definierte und begründbare Ziele für die therapeutische Intervention ableiten.

Das vorgestellte Verfahren erscheint auf den ersten Blick vielleicht recht aufwendig und kompliziert. Vor allem die (erlernbaren!) linguistischen Fachtermini erschweren einem den ersten unbefangenen Umgang. Hat man jedoch den Anspruch, sprachtheoretisch fundierte und individuell entwicklungsangemessene sprachtherapeutische Maßnahmen zu planen, so kommt man nicht umhin, eine umfassende und systematische Spontansprachanalyse durchzuführen.

Hat man dieses mehrfach getan, so sind die Beurteilungskategorien und die zugrundeliegenden Spracherwerbsdaten so vertraut und gegenwärtig, daß man die erforderlichen diagnostischen Erkenntnisse unmittelbar anhand des Transkripts eruieren kann, ohne den Profilbogen als solchen auszufüllen. Geht man die kindlichen Äußerungen sozusagen mit dem Raster des Profilbogens „im Kopf" durch, so fallen unwillkürlich gehäufte Kongruenzschwierigkeiten, übergeneralisierte Kasusmarkierungen, Auslassungsfehler, Probleme mit dem Genus, Wortstellungsabweichungen u.ä. auf (vgl. Anhang 11.4). Unter vertretbarem Zeitaufwand erhält man die linguistischen Informationen, die notwendig sind für die Auswahl geeigneter und erfolgversprechender Therapieziele.

11.2 Profilanalysen

11.2.1 Diagnostische Profilanalyse (11.1990)

11.2.1.1 Profilbogen

Name: Daniel   Alter: 10;03;   Datum: .11.90   Situation: vgl. Kap. 5.4

A. Nicht-analysierte Äußerungen
    unverständlich: abgebrochen:
    mehrdeutig: imitativ:
    einfache Antworten: stereotype Ausdrücke:
    formalisierte Ausdrücke: Andere:

B. Analysierte Äußerungen
                 EKÄ   ZKÄ   MKÄ
    Ellipsen: Wiederholungen:
    Andere: 11   38   116

C. Entwicklungsprofil

I   N: 48   Pr: 3   Frage: Q: 5   Negation: 'nein':

II   ProP: 62   ProA: 37   SV: 15   VS: 6   SO: 1   OS: SA: AS:
      DN: 48   AdjN: 5   VO: 5   OV: 8   VA: 4   AV: 10   OA: AO: 1
      DAdjN: 3   NPNP: AA: 2   Andere:
      Adv: 96   PNP: 35
      V: 83   Adj: 14   Frage: QXY: 6   Negation: Neg V: 1
      PrV : 43 Andere: 6   V Neg: 3
      O: 24   n: 31   t: 40..
      ....Auslassungen   Kop: 5   Aux: 1   V: 7   ......
III   P: 6   Art: 30   S: 53

          ....
      Aux: 18   SXV: 5   XS(Y)V: 3   XYV: 2   SXY:
      Mod: 21   SXAdj: XS(Y)Adj: XYAdj: X(Y)S(Z)*: 1
      Kop: 24   SXPr(V): 2   XS(Y)Pr(V): 2 XYPr(V): 2   XYZ:
                  SXPt: XS(Y)Pt: XYPt: Andere :24
                  SVX:10   XSVY: (X)VY(Z)*: 4
      Gen.suff.:
                  Frage: QXYZ: 6   Negation:(X)Neg(Y)V(Z)*: 4
      e: 4   Andere: 1
          ....

...............Komplementstruktur   ......

IV   (V)XA:50   (V)XAA: 9   Andere: 1
     ....

Nominativform   (X) Aux Y Pt: (X) V Y Pr: X V S (Y):24
Akk.kon.: 5   (X) Mod Y Inf: 4   (X) V A O: 2
Dat.kon.: 3   (X) Kop Y Adj: 1

st: 22   Frage: (w) V S (X):12   Negation:(X) V Neg (Y)*: 1
Andere: 29   Q V S (X): 2

V   Akkusativform   (sK)SXV: 2   (sK)SV: (sK)X :
Akk.kon.: 8   (sK)XV: (sK)SX: 1   Andere: 6
Dat.kon.: 1
          Frage:(ob) X: Negation:(sK) X Neg V :
Dativform: 9   (w) X: (X) V Y Neg (Z): 1
Andere: 6
          Komplementstruktur
sK: 7   kK: 9   2Obj: 2Obj+A: Andere:

MLU: 3.90   EWÄ: 5   ZWÄ: 26   MWÄ: 134

11.2.1.2 Transkript

Datenbank: PROFI1

< TRANSKRIPT >

1) Ein Radio mitbracht hast?
2) Deiner?
3) Wem gehört des?
4) Von wem hast du den?
5) Für mich mitbringt hat?
6) Schöner Mantel.
7) Du anziehst?
8) Mantel gut ist für mich.
9) Grade a so hinstellen.
10) Augen zumachen.
11) Der Mensch aus ein Vogel werde.
12) Federn kriegt hast.
13) Ein Schwanz gehext hab i.
14) Flügel ist es jetzt.
15) Die Vögel immer ein spitzige Mund braucht.
16) Darf nicht...
17) ...oder verhexe gleich wieder zu ein Mensch.
18) Fliegen kannst jetzt.
19) Ich helfe...
20) ...jetzt kannst richtig fliegen.
21) Jetzt richtig fliegen kannst.
22) Fenster öff dich.
23) Schön ist der.

24) Paßt dir.
25) Weiß nimmer...
26) ...wie ausschaut.
27) G'hört hab i...
28) ...der Zwackelmann Gutes zaubern kann.
29) Du bist der Zauberer Zwackelmann?
30) Ich bin Daniel.
31) Aus Buxtehude wohn ich.
32) Buxtehude ihn sein Freund kommt.
33) Ich bin von Buxtehude.
34) G'hört hat...
35) ...schöne Sachen hexen kannst.
36) Zuerst du deine kannst vorführen.
37) Jetzt ein großer Blitz fliegt.
38) Jetzt großer Drache kommt.
39) Bist ein Frosch.
40) Jetzt mein Freund Zwackelmann wieder da.
41) Meine Glatze wieder her.
42) Ich kann's selbst.
43) Da steht ein Kuchen.
44) Da steht bei dir ein Kuchen und ein Tee.
45) Da steht alle Zutaten.
46) Bei mir steht ein Hühnchen.
47) Das ist ausgepackt.
48) Jetzt hier sin mer.
49) Die Motorräder sind weg.
50) Das ist meine Cobra.
51) Da draußen sind die.
52) Draußen ein Haus bauen.
53) Meine Cobra meine Wache ist.
54) Cobra ein Zelttier ist.
55) Da steht drei Löwen auf Cobra
56) Streicheln kannst die Löwen
57) Ganz zart sind jetzt.
58) Daß die Löwen nicht auf mich losgehen.
59) Die immer losgehen die Löwen auf Cobra.
60) Bloß bißle aufpassen auf Cobra.
61) Aber schaffen nicht.
62) Du kommst.
63) Was mit Mantel machst?
64) Ich mit heim nehmen den Hut.
65) Hut aufsetze.
66) Drei Wochen nicht da warst.
67) Drei Wochen nicht da warst
68) Ein Tag da warst.
69) Mit Hutbasteln wir anfangt.
70) Haupt nichts g'habt hat.
71) Aber nichts g'hört hat von dir.
72) Frau M. krank ist.
73) Ganze Woche nicht kommt.

74) Bei Frau W. sin mer jetzt.
75) Besser als bei Frau M.
76) Ganze Zeit auf unsere Schuld gibt.
77) Bei mir Federmäppchen weg war.
78) Gleich auf mir schiebt hat.
79) Einfach in seine Schultasche.
80) Untersucht hat alle.
81) Frau W. fragt hat.
82) In sein Tasche war.
83) Wenn wir mal was verschlampt...
84) ...gleich auf unsere Schuld gibt.
85) Einmal Schulranzen rausräumt hat von Alexander.
86) Weil wieder auf uns Kinder Schuld hat Frau M.
87) Frau W. sagt hat...
88) Nicht wir immer schuld sind.
89) Alexander auch mal schuld ist.
90) Alexander auch frech ist zu uns.
91) Anhören mer?
92) Gemein is.
93) Hat schon.
94) Kenn i das Spiel.
95) Wo sind andere?
96) Soll mischen?
97) Stimmen die Karten?
98) Die weiß i wieder nimmer mit die weißen Flügel.
99) Sonst keine kenn i mehr.
100) Mein Lieblingstier Eulen.
101) Weißeulen gibt's auch nomal.
102) Du auch mit.
103) Papagei fliegen könn.
104) Und des fliegen kann.
105) Fliegen kann.
106) Affe hupfen.
107) Reinfallt.
108 Trick reinfallt bist.
109) Nicht reinfallt ist.
110) Schlange giftig.
111) Bloß schwimmen braucht er.
112) Klappertier auch gibt's.
113) Die Katze laufen kanns.
114) Ente kannt unter dem Wasser schwimmen.
115) Wasser rausspritzt.
116) Schau mal Lexikon nach.
117) Manche Schlangen im Wasser leben.
118) Die Tiere wegscheuchen.
119) Was basteln wir heute nun?
120) Noch länger haben wir.
121) Zauberer bin.
122) Bin schon ein.

123) Ich kann schon ein Zaubertrick.
124) Weiß nicht ein Trick.
125) Hut du mit heim nimmst dann wieder?
126) Was ist da?
127) Mag no spielen mit dir.
128) Nicht mehr spielen heute wir?
129) Neu?
130) Bus schauen...
131) ...wo fahrt er dann.
132) Welchen Bus fahrst du?
133) Mußt zuerst Bus hinfahren lassen.
134) Messen wir zuerst mal...
135) ...wie groß muß sein.
136) Da stimmt's.
137) Was hast du dabei?
138) Für was des Buntstift?
139) Oder Sternen paar raufmach mer.
140) Aufzeichnen wir...
141) ...und dann da raufkleben.
142) Zuerstmal Hut basteln wir.
143) Aber oben spitz muß sein dann.
144) Hintun?
145) Auch gut?
146) Darf ich's aufkleben?
147) Wer ausschneidet dann?
148) Stimmt?
149) Da bißle ankleb me?
150) Und dann raufmach me?
151) Dann bißle warten wir...
152) ...bis trocknet.
153) Egal jetzt.
154) Die Sterne reichen.
155) Da neitun den da.
156) Für was brauchst du sowas?
157) Bloß ankleben mu mir no...
158) ...und dann fertig.
159) Ich schon mal aufkleben.
160) Sowas ausmalst haben wir.
161) Meine Oma schon anfängt backen
162) Wann machst du?
163) Wann kommt Weihnachten?
164) Muß beeilen mit Backen.
165) Wo welche reinkommen nachher?

< TRANSKRIPT >

COPROF 1.0 – 10006U1191   UNIVERSITÄT MÜNCHEN – Sprachbehindertenpädagogik -

11.2.1.3 Spezielle Listen

< SATZSTRUKTUREN: PHASE II >

SV:

    7) Du anziehst?
  19) Ich helfe...
  47) Das ist ausgepackt.
  62) Du kommst.
  72) Frau M. krank ist.
  81) Frau W. fragt hat.
  87) Frau W. sagt hat...
103) Papagei fliegen könn.
104) Und des fliegen kann.
106) Affe hupfen.
110) Schlange giftig.
113) Die Katze laufen kanns.
115) Wasser rausspritzt.
126) Was ist da?
154) Die Sterne reichen.

< SATZSTRUKTUREN: PHASE III >

SVX:

  22) Fenster öff dich.
  29) Du bist der Zauberer Zwackelmann?
  30) Ich bin Daniel.
  33) Ich bin von Buxtehude.
  42) Ich kann's selbst.
  49) Die Motorräder sind weg.
  50) Das ist meine Cobra.
  64) Ich mit heim nehmen den Hut.
123) Ich kann schon ein Zaubertrick.
165) Wo welche reinkommen nachher?

< AUSLASSUNGEN >

S:

  1) Ein Radio mitbracht hast?
  5) Für mich mitbringt hat?
  9) Grade a so-hinstellen.
10) Augen zumachen.
12) Federn kriegt hast.
17) ...oder verhexe gleich wieder zu ein Mensch.
18) Fliegen kannst jetzt.
20) ...jetzt kannst richtig fliegen.
21) Jetzt richtig fliegen kannst.
24) Paßt dir.
26) ...wie ausschaut.

134

35) ...schöne Sachen hexen kannst.
39) Bist ein Frosch.
41) Meine Glatze wieder her.
52) Draußen ein Haus bauen.
56) Streicheln kannst die Löwen.
57) Ganz zart sind jetzt.
60) Bloß bißle aufpassen auf Cobra.
63) Was mit Mantel machst?
65) Hut aufsetze.
66) Da das wegschneiden.
67) Drei Wochen nicht da warst.
68) Ein Tag da warst.
70) Haupt nichts g'habt hat.
71) Aber nichts g'hört hat von dir.
73) Ganze Woche nicht kommt.
75) Besser als bei Frau M.
76) Ganze Zeit auf unsere Schuld gibt.
78) Gleich auf mir gschiebt hat.
79) Einfach in seine Schultasche.
80) Untersucht hat alle.
82) In sein Tasche war.
84) ...gleich auf unsere Schuld gibt.
85) Einmal Schulranzen rausräumt hat von Alexander.
93) Hat schon.
108) Trick reinfallt bist.
118) Die Tiere wegscheuchen.
121) Zauberer bin.
122) Bin schon ein.
124) Weiß nicht ein Trick.
127) Mag no spielen mit dir.
130) Bus schauen...
133) Mußt zuerst Bus hinfahren lassen.
135) ...wie groß muß sein.
138) Für was des Buntstift?
141) ...und dann da raufkleben.
143) Aber oben spitz muß sein dann.
145) Auch gut?
152) ...bis trocknet.
153) Egal jetzt.
155) Da neitun den da.
158) ...und dann fertig.
164) Muß beeilen mit Backen.

< AUSLASSUNGEN >

Art:

6) Schöner Mantel.
8) Mantel gut ist für mich.
10) Augen zumachen.

38) Jetzt großer Drache kommt.
54) Cobra ein Zelttier ist.
59) Die immer losgehen die Löwen auf Cobra.
60) Bloß bißle aufpassen auf Cobra.
63) Was mit Mantel machst?
65) Hut aufsetze.
69) Mit Hutbasteln wir anfangt.
73) Ganze Woche nicht kommt.
76) Ganze Zeit auf unsere Schuld gibt.
77) Bei mir Federmäppchen weg war.
84) ...gleich auf unsere Schuld gibt.
85) Einmal Schulranzen rausräumt hat von Alexander.
103) Papagei fliegen könn.
106) Affe hupfen.
108) Trick reinfallt bist.
110) Schlange giftig.
112) Klappertier auch gibt's.
114) Ente kannt unter dem Wasser schwimmen.
115) Wasser rausspritzt.
116) Schau mal Lexikon nach.
121) Zauberer bin.
125) Hut du mit heim nimmst dann wieder?
130) Bus schauen...
133) Mußt zuerst Bus hinfahren lassen.
142) Zuerstmal Hut basteln wir.
164) Muß beeilen mit Backen.

< SATZSTRUKTUREN: PHASE IV >

(X) Mod Y Inf:

114) Ente kannt unter dem Wasser schwimmen.
127) Mag no spielen mit dir.
133) Mußt zuerst Bus hinfahren lassen.
146) Darf ich's aufkleben?

< SATZSTRUKTUREN: PHASE IV >

(X) Kop Y Adj:

122) Bin schon ein.

< WORTARTEN >

Aux:

1) Ein Radio mitbracht hast?
5) Für mich mitbringt hat?
12) Federn kriegt hast.
13) Ein Schwanz gehext hab i.

136

27) G'hört hab i...
34) G'hört hat...
47) Das ist ausgepackt.
70) Haupt nichts g'habt hat.
71) Aber nichts g'hört hat von dir.
78) Gleich auf mir schiebt hat.
80) Untersucht hat alle.
81) Frau W. fragt hat.
85) Einmal Schulranzen rausräumt hat von Alexander.
86) Weil wieder auf uns Kinder Schuld hat Frau M.
87) Frau W. sagt hat...
108) Trick reinfallt bist.
109) Nicht reinfallt ist.
160) Sowas ausmalst haben wir.

< WORTARTEN >

Mod:

18) Fliegen kannst jetzt.
20) ...jetzt kannst richtig fliegen.
21) Jetzt richtig fliegen kannst.
28) ...der Zwackelmann Gutes zaubern kann.
35) ...schöne Sachen hexen kannst.
36) Zuerst du deine kannst vorführen.
56) Streicheln kannst die Löwen.
96) Soll mischen?
103) Papagei fliegen könn.
104) Und des fliegen kann.
105) Fliegen kann.
111) Bloß schwimmen braucht er.
113) Die Katze laufen kanns.
114) Ente kannt unter dem Wasser schwimmen.
127) Mag no spielen mit dir.
133) Mußt zuerst Bus hinfahren lassen.
135) ...wie groß muß sein.
143) Aber oben spitz muß sein dann.
146) Darf ich's aufkleben?
157) Bloß ankleben mu mir no...
164) Muß beeilen mit Backen.

< WORTARTEN >

Kop:

8) Mantel gut ist für mich.
14) Flügel ist es jetzt.
23) Schön ist der.
29) Du bist der Zauberer Zwackelmann?

30) Ich bin Daniel.
39) Bist ein Frosch.
48) Jetzt hier sin mer.
49) Die Motorräder sind weg.
50) Das ist meine Cobra.
51) Da draußen sind die.
53) Meine Cobra meine Wache ist.
54) Cobra ein Zelttier ist.
57) Ganz zart sind jetzt.
72) Frau M. krank ist.
74) Bei Frau W. sin mer jetzt.
82) In sein Tasche war.
88) Nicht wir immer schuld sind.
89) Alexander auch mal schuld ist.
90) Alexander auch frech ist zu uns.
92) Gemein is.
121) Zauberer bin.
122) Bin schon ein.
135) ...wie groß muß sein.
143) Aber oben spitz muß sein dann.

< WORTARTEN >

PrV:

1) Ein Radio mitbracht hast?
5) Für mich mitbringt hat?
7) Du anziehst?
9) Grade a so hinstellen.
10) Augen zumachen.
17) ...oder verhexe gleich wieder zu ein Mensch.
26) ...wie ausschaut.
36) Zuerst du deine kannst vorführen.
47) Das ist ausgepackt.
58) Daß die Löwen nicht auf mich losgehen.
59) Die immer losgehen die Löwen auf Cobra.
60) Bloß bißle aufpassen auf Cobra.
64) Ich mit heim nehmen den Hut.
65) Hut aufsetze.
66) Da das wegschneiden.
67) Drei Wochen nicht da warst.
68) Ein Tag da warst.
69) Mit Hutbasteln wir anfangt.
77) Bei mir Federmäppchen weg war.
85) Einmal Schulranzen rausräumt hat von Alexander.
91) Anhören mer?
107) Reinfallt.
108) Trick reinfallt bist.
109) Nicht reinfallt ist.
115) Wasser rausspritzt.

116) Schau mal Lexikon nach.
118) Die Tiere wegscheuchen.
125) Hut du mit heim nimmst dann wieder?
126) Was ist da?
139) Oder Sternen paar raufmach mer.
140) Aufzeichnen wir...
141) ...und dann da raufkleben.
144) Hintun?
146) Darf ich's aufkleben?
147) Wer ausschneidet dann?
149) Da bißle ankleb me?
150) Und dann raufmach me?
155) Da neitun den da.
157) Bloß ankleben mu mir no...
159) Ich schon mal aufkleben.
160) Sowas ausmalst haben wir.
161) Meine Oma schon anfängt backen.
165) Wo welche reinkommen nachher?

< SATZSTRUKTUREN: PHASE IV >

(X) V A O:

123) Ich kann schon ein Zaubertrick.
133) Mußt zuerst Bus hinfahren lassen.

< SATZSTRUKTUREN: PHASE IV >

X V S (Y):

13) Ein Schwanz gehext hab i.
14) Flügel ist es jetzt.
31) Aus Buxtehude wohn ich.
43) Da steht ein Kuchen.
44) Da steht bei dir ein Kuchen und ein Tee.
45) Da steht alle Zutaten.
46) Bei mir steht ein Hühnchen.
48) Jetzt hier sin mer.
51) Da draußen sind die.
55) Da steht drei Löwen.
74) Bei Frau W. sin mer jetzt.
99) Sonst keine kenn i mehr.
101) Weißeulen gibt's auch nomal.
111) Bloß schwimmen braucht er.
112) Klappertier auch gibt's.
120) Noch länger haben wir.
136) Da stimmt's.
139) Oder Sternen paar raufmach mer.
142) Zuerstmal Hut basteln wir.
149) Da bißle ankleb me?

150) Und dann raufmach me?
151) Dann bißle warten wir...
157) Bloß ankleben mu mir no...
160) Sowas ausmalst haben wir.

< NEBENSÄTZE >

(sK)SXV:

28) ...der Zwackelmann Gutes zaubern kann.
58) Daß die Löwen nicht auf mich losgehen.

< NEBENSÄTZE >

(sK)SX:

83) Wenn wir mal was verschlampt...

< NEBENSÄTZE >

Andere:

20) ...jetzt kannst richtig fliegen.
26) ...wie ausschaut.
86) Weil wieder auf uns Kinder Schuld hat Frau M.
131) ...wo fahrt er dann.
135) ...wie groß muß sein.
152) ...bis trocknet.

< FRAGEN >

Q:

2) Deiner?
96) Soll mischen?
129) Neu?
144) Hintun?
148) Stimmt?

< FRAGEN >

QXY:

1) Ein Radio mitbracht hast?
5) Für mich mitbringt hat?
7) Du anziehst?

140

91) Anhören mer?
138) Für was des Buntstift?
145) Auch gut?

<FRAGEN>

QXYZ:

29) Du bist der Zauberer Zwackelmann?
63) Was mit Mantel machst?
125) Hut du mit heim nimmst dann wieder?
149) Da bißle ankleb me?
150) Und dann raufmach me?
165) Wo welche reinkommen nachher?

<FRAGEN>

(w) V S (X):

3) Wem gehört des?
4) Von wem hast du den?
95) Wo sind andere?
119) Was basteln wir heute nun?
126) Was ist da?
128) Nicht mehr spielen heute wir?
132) Welchen Bus fahrst du?
137) Was hast du dabei?
147) Wer ausschneidet dann?
156) Für was brauchst du sowas?
162) Wann machst du?
163) Wann kommt Weihnachten?

<FRAGEN>

Q V S (X):

97) Stimmen die Karten?
146) Darf ich's aufkleben?

COPROF 1.0 – 10006U1191 UNIVERSITÄT MÜNCHEN – Sprachbehindertenpädagogik -

11.2.2 Katamnestische Profilanalyse (09./10.1992)

11.2.2.1 Profilbogen

Name: Daniel   Alter: 12;02;   Datum: .10.92   Situation: vgl. Kap. 9.3

A. Nicht-analysierte Äußerungen
    unverständlich: abgebrochen:
    mehrdeutig: imitativ:
    einfache Antworten: stereotype Ausdrücke:
    formalisierte Ausdrücke: Andere:

B. Analysierte Äußerungen
                    EKÄ   ZKÄ   MKÄ
    Ellipsen: Wiederholungen:
    Andere: 11   154

C. Entwicklungsprofil

I   N: 31 Pr   Frage: Q: Negation: 'nein':

II ProP :104 ProA : 44 SV:11 VS: 3 SO: OS: SA: AS:
    DN   : 77 AdjN : 3 VO: OV: 3 VA: 3 AV: 5 OA: AO:
    DAdjN: 8 NPNP :   AA: Andere:
    Adv :124 PNP : 44
    V   :111 Adj : 15 Frage: QXY: Negation: Neg V:
    PrV : 33 Andere: 4   V Neg:
    O: 47 n: 16 t: 48...
    ....Auslassungen   Kop: Aux: 1 V: 1   —
III   P : 1   Art: 4   S:23

    ....
    Aux   :23   SXV : 2   XS(Y)V :   XYV :   SXY   : 1
    Mod   :38   SXAdj :   XS(Y)Adj :   XYAdj :   X(Y)S(Z)*:
    Kop   :23   SXPr(V):   XS(Y)Pr(V): XYPr(V): XYZ   :
                  SXPt :   XS(Y)Pt :   XYPt :   Andere :14
                  SVX :28   XSVY   : 1   (X)VY(Z)*: 2
    Gen.suff.:
                  Frage: QXYZ: 1   Negation:(X)Neg(Y)V(Z)*:
    e   : 1   Andere:
                  ....
    ....Komplementstruktur   ......

IV   (V)XA:46   (V)XAA:21   Andere: 2
    ....
    Nominativform   (X) Aux Y Pt : 15   (X) V Y Pr: 5   X V S (Y): 41
    Akk.kon.: 4   (X) Mod Y Inf: 32   (X) V A O : 12
    Dat.kon.: 5   (X) Kop Y Adj: 2

142

st: 11   Frage: (w) V S (X): 7   Negation:(X) V Neg (Y)*:
Andere: 41   Q V S (X): 12

V

Akkusativform	(sK)SXV: 2	(sK)SV: 3	(sK)X :
Akk.kon.: 20	(sK)XV:	(sK)SX:	Andere: 9
Dat.kon.: 1			

Frage:(ob) X: Negation:(sK) X Neg V :
Dativform:18   (w) X: (X) V Y Neg (Z): 2
Andere :
                Komplementstruktur
sK:10   kK:25   2Obj: 2   2Obj+A: 1   Andere:

MLU: 5.01   EWÄ: 9   ZWÄ:5   MWÄ: 160

COPROF 1.0 – 10006U1191 UNIVERSITÄT MÜNCHEN – Sprachbehindertenpädagogik –

11.2.2.2 Transkript

Datenbank: PROFI2

< TRANSKRIPT >

1) Auf des freuen wir uns.
2) Oder was meinst du?
3) Die Erstkläßler die nerven schon wieder.
4) Am ersten Tag gleich zum Raufen anfangt.
5) Ich find schlimm.
6) Riech mal dran.
7) Irgendjemand hat mal den Bösen gespielt.
8) Wer war des der Böse?
9) Ich war der Netteste.
10) Und du warsch der Böse.
11) Wißts ihr schon...?
12) ...um wieviel Uhr han mer aus heut.
13) Um welche Uhrzeit kommts ihr immer?
14) Ganz gleich ist mir.
15) Ich war schon mal im ICE.
16) Ich weiß schon...
17) ...wie ausschaut da drin.
18) Hinter dem Sessel ist ein kleiner Fernseher.
19) Aber da kann man servieren lassen...
20) ...wo du sitsch gerade.
21) Da kann man den Fernseher stehen lassen...
22) ...und dann was rausschieben...
23) ...und da drauf essen...
24) ...und dann nebenbei Fernsehen anschauen.
25) Ich war mal mit dem ICE unterwegs.
26) Die Männer einsteigen vorne.

27) Da war ich vorne mal.
28) Da kann man auch mit dem Auto fahren.
29) Mit dem Lastwagen kann man auch neifahren.
30) Hier irgendwo ist der Papa zum Ausladen.
31) Da fahrt er immer hin.
32) Da ladet er auch was auf.
33) Nirgends schummle ich.
34) Beim Baden war ich oft mit meinem Freund.
35) Fragt hab ich sie.
36) Aber das ist nimmer so drecket.
37) Kann ich noch was haben?
38) Das ist jetzt sauber gemacht worden.
39) Der Sand ist orange.
40) Irgendwo gibt ‚s die Tankschiffe.
41) Wißts ihr...?
42) ...wo ist die Titanic untergegangen.
43) Da ist die Titanic.
44) Da ist der Hafen.
45) Hinfahrt sind ‚s...
46) ...und dann untergegangen.
47) Beide Schiffe war oben...
48) ...und die Menschen könnten sie noch retten...
49) ...aber manche Menschen sind sie mit der Titanic untergegangen.
50) In der Zeitung war gestanden ist.
51) Die Titanic die war groß.
52) Filme drehts.
53) Wie heißt er?
54) Ich kenn paar Wörter.
55) Mein Papa heißt Rudi.
56) Meine Schwester heißt Susi.
57) Meine Mutter heißt Maria.
58) Alles immer ein Buch steht.
59) Hab noch nie g'hört den Namen.
60) Kommen ‚s aus Europa?
61) Sag uns einen Trick.
62) Tamisch wird man gleich.
63) Bei mir braucht man nicht fragen.
64) Die Letzte kriegt irgendjemand.
65) Hab scho des unten bemerkt.
66) Für was Korb hat sie dabei?
67) Irgendwas da drin.
68) Des hab i schon gesehen.
69) Ich hab auch sehr viel schon erlebt in die ganze Woche.
70) Sin mer noch rumgefahren.
71) Ich war die ganze Zeit bei mein Freund.
72) Aber manche Wochen waren wirklich lustig.
73) Mein Freund und ich waren an der erste Schultag gleich in der Straßenbahn.
74) Er wollte eine Tür ausreißen...
75) ...und dann hier anbauen.

76) Ich hab Jahreskarte.
77) Des war aus.
78) Kann man mal spielen?
79) Wer hat was zum Schreiben da?
80) Tic-Ta-To spiel mer jetzt.
81) Kennts ihr das Spiel?
82) Bißle Putzfrau was zum Arbeiten hat sie.
83) Wir spielen Tic-Ta-To.
84) Mach das Kreuz irgendwohin.
85) Eine Reihe bilden.
86) Du kommst.
87) Jetzt kommt die Ute und du.
88) Wer der Verlierer ist...
89) ...der muß gegen den anderen spielen.
90) Du spielst mit ihr.
91) Und da hättescht gewonnen.
92) Ich wollt da eine Reihe bilden...
93) ...aber sie hat mich dazwischengefunkt.
94) Der Turm darf nur so.
95) Und der König darf ein Schritt immer vor....
96) ...und der Pferd kann springen.
97) Und die Bauern dürfen zwei oder drei.
98) Wenn du da bist...
99) ...kann ich dich werfen.
100) So kann ich dann laufen.
101) Und du dann mich werfen kannsch.
102) Wenn der weg is...
103) ...dann darf er laufen.
104) Wenn da ein Männchen von mir steht...
105) ...dann darfsch erst.
106) Wenn da ein Feld frei ist...
107) ...und da mein Bauer weg...
108) ...und dann kannst dahin...
109) ...und dann kannsch du dein Bauern oder deine Dame wieder zurückwünschen.
110) Kannsch bis dahin fahren.
111) Du kannsch mich werfen.
112) Wo warsch denn?
113) Wenn da von mir ein Männchen steht...
114) Mußt bleiben jetzt...
115) ..oder mit dem losgehen kannst.
116) Jetzt kannst mich so werfen.
117) Du hast über mich sprungt jetzt.
118) Meine ganze zwei Türme wegblast hat sie.
119) Jetzt hol ich meinen Turm jetzt.
120) Er kann nur so.
121) Jetzt hol ich mir deine Dame.
122) Im Schachzug stehst.
123) Meine Läufer sind weg vom Fleck.
124) Sie zieht mich ins Schach.

125) Sie hat meine zwei Bauern.
126) Ich bin erledigt.
127) Wir haben letztesmal einen kleinen niedlichen Fisch gemalt.
128) Musch mal ausprobieren.
129) Drei Farben musch nehmen.
130) Wir tauschen jetzt.
131) Meiner ist verrutscht.
132) Hab schon mal mich neigeschnitten.
133) Hast du mal vom Feld mal ein Mais genommen?
134) Meine Mama kann kochen.
135) Aus Mais kann man Topcorn machen.
136) Kennsch du die Leber?
137) Die macht mei Mama super.
138) Die neue Kartoffel muß an die Farbe hin.
139) Die blutet.
140) Kennsch du das neue Lied scho von Hasselhoff?
141) Heiß ausschaut.
142) Darf man an den Kasten Farbe zaubern?
143) Hasch du Deckweiß?
144) Hoffentlich geht die Farbe.
145) Jetzt weiß ich´s
146) Da kann man totlachen sich.
147) Bestimmt Ute freut sich
147) Bestimmt Ute freut sich.
148) Wir immer witzige Sachen machen.
149) Hasch du mal ein Autogramm kriegt vom Hasselhoff?
150) Er hat mir eine Jacke gebt.
151) Mit vier Männer auf einem Auto muß er fahren.
152) Für meinen Papa ist beschissen des.
153) Welche Farbe hast du?
154) Mama vermißt meinen Papa.
155) Muß nochmal weg.
156) Er muß nur immer gradeaus fahren.
157) Ich bin jetzt der Chef.
158) Jetzt kann ich rumsausen...
159) ...wann ich mag.
160) Und ich darf länger aufbleiben jetzt wie die anderen.
161) Die anderen müssen ins Bett...
162) ...und ich muß aufbleiben.
163) Wenn Mama aufbleibt...
164) ...muß ich auch aufbleiben.
165) Find ich nicht schön.

< TRANSKRIPT >

COPROF 1.0 – 10006U1191   UNIVERSITÄT MÜNCHEN – Sprachbehindertenpädagogik -

11.2.2.3 Spezielle Listen

< SATZSTRUKTUREN: PHASE II >

SV:

165) Find ich nicht schön.
5) Ich find schlimm.
39) Der Sand ist orange.
51) Die Titanic die war groß.
77) Des war aus.
86) Du kommst.
96) ...und der Pferd kann springen.
126) Ich bin erledigt.
131) Meiner ist verrutscht.
134) Meine Mama kann kochen.
139) Die blutet.
162) ...und ich muß aufbleiben.

< SATZSTRUKTUREN: PHASE III >

SVX:

3) Die Erstkläßler die nerven schon wieder.
9) Ich war der Netteste.
10) Und du warsch der Böse.
15) Ich war schon mal im ICE.
16) Ich weiß schon...
25) Ich war mal mit dem ICE unterwegs.
26) Die Männer einsteigen vorne.
47) Beide Schiffe war oben...
54) Ich kenn paar Wörter.
55) Mein Papa heißt Rudi.
56) Meine Schwester heißt Susi.
57) Meine Mutter heißt Maria.
61) Sag uns einen Trick.
71) Ich war die ganze Zeit bei mein Freund.
73) Mein Freund und ich waren an der erste Schultag gleich in der Straßenbahn.
76) Ich hab Jahreskarte.
83) Wir spielen Tic-Ta-To.
90) Du spielst mit ihr.
94) Der Turm darf nur so.
95) Und der König darf ein Schritt immer vor....
97) Und die Bauern dürfen zwei oder drei.
120) Er kann nur so.
124) Sie zieht mich ins Schach.
125) Sie hat meine zwei Bauern.
130) Wir tauschen jetzt.
154) Mama vermißt meinen Papa.

157) Ich bin jetzt der Chef.
161) Die anderen müssen ins Bett...

< AUSLASSUNGEN >

S:

4) Am ersten Tag gleich zum Raufen anfangt.
6) Riech mal dran.
14) Ganz gleich ist mir.
17) ...wie ausschaut da drin.
50) In der Zeitung war gestanden ist.
52) Filme drehts.
59) Hab noch nie g'hört den Namen.
65) Hab scho des unten bemerkt.
85) Eine Reihe bilden.
91) Und da hättescht gewonnen.
105) ...dann darfsch erst.
108) ...und dann kannst dahin...
110) Kannsch bis dahin fahren.
112) Wo warsch denn?
114) Mußt bleiben jetzt...
115) ..oder mit dem losgehen kannst.
116) Jetzt kannst mich so werfen.
122) Im Schachzug stehst.
128) Musch mal ausprobieren.
129) Drei Farben musch nehmen.
132) Hab schon mal mich neigeschnitten.
141) Heiß ausschaut.
155) Muß nochmal weg.

< SATZSTRUKTUREN: PHASE IV >

(X) Aux Y Pt:

7) Irgendjemand hat mal den Bösen gespielt.
38) Das ist jetzt sauber gemacht worden.
49) ...aber manche Menschen sind sie mit der Titanic untergegangen.
59) Hab noch nie g'hört den Namen.
65) Hab scho des unten bemerkt.
68) Des hab i schon gesehen.
69) Ich hab auch sehr viel schon erlebt in die ganze Woche.
70) Sin mer noch rumgefahren.
93) ...aber sie hat mich dazwischengefunkt.
117) Du hast über mich sprungt jetzt.
127) Wir haben letztesmal einen kleinen niedlichen Fisch gemalt.
132) Hab schon mal mich neigeschnitten.
133) Hast du mal vom Feld mal ein Mais genommen?
149) Hasch du mal ein Autogramm kriegt vom Hasselhoff?
150) Er hat mir eine Jacke gebt.

< SATZSTRUKTUREN: PHASE IV >

(X) Mod Y Inf:

19)   Aber da kann man servieren lassen...
21)   Da kann man den Fernseher stehen lassen...
22)   ...und dann was rausschieben...
23)   ...und da drauf essen...
24)   ...und dann nebenbei Fernsehen anschauen.
28)   Da kann man auch mit dem Auto fahren.
29)   Mit dem Lastwagen kann man auch neifahren.
37)   Kann ich noch was haben?
48)   ...und die Menschen könnten sie noch retten...
63)   Bei mir braucht man nicht fragen.
74)   Er wollte eine Tür ausreißen...
75)   ...und dann hier anbauen.
78)   Kann man mal spielen?
89)   ...der muß gegen den anderen spielen.
92)   Ich wollt da eine Reihe bilden...
99)   ...kann ich dich werfen.
100) So kann ich dann laufen.
101) Und du dann mich werfen kannsch.
103) ...dann darf er laufen.
109) ...und dann kannsch du dein Bauern oder deine Dame wieder zurückwün-
      schen.
110) Kannsch bis dahin fahren.
111) Du kannsch mich werfen.
116) Jetzt kannst mich so werfen.
128) Musch mal ausprobieren.
135) Aus Mais kann man Topcorn machen.
142) Darf man an den Kasten Farbe zaubern?
146) Da kann man totlachen sich.
151) Mit vier Männer auf einem Auto muß er fahren.
156) Er muß nur immer gradeaus fahren.
158) Jetzt kann ich rumsausen...
160) Und ich darf länger aufbleiben jetzt wie die anderen.
164) ...muß ich auch aufbleiben.

< SATZSTRUKTUREN: PHASE IV >

(X) Kop Y Adj:

36)   Aber das ist nimmer so drecket.
72)   Aber manche Wochen waren wirklich lustig.

< SATZSTRUKTUREN: PHASE IV >

(X) V Y Pr:

31)   Da fahrt er immer hin.
32)   Da ladet er auch was auf.

66) Für was Korb hat sie dabei?
138) Die neue Kartoffel muß an die Farbe hin.
155) Muß nochmal weg.

< WORTARTEN >

Aux:

7) Irgendjemand hat mal den Bösen gespielt.
35) Fragt hab ich sie.
38) Das ist jetzt sauber gemacht worden.
42) ...wo ist die Titanic untergegangen.
45) Hinfahrt sind ,s...
46) ...und dann untergegangen.
49) ...aber manche Menschen sind sie mit der Titanic untergegangen.
50) In der Zeitung war gestanden ist.
59) Hab noch nie g'hört den Namen.
65) Hab scho des unten bemerkt.
68) Des hab i schon gesehen.
69) Ich hab auch sehr viel schon erlebt in die ganze Woche.
70) Sin mer noch rumgefahren.
91) Und da hättescht gewonnen.
93) ...aber sie hat mich dazwischengefunkt.
117) Du hast über mich sprungt jetzt.
118) Meine ganze zwei Türme wegblast hat sie.
127) Wir haben letztesmal einen kleinen niedlichen Fisch gemalt.
131) Meiner ist verrutscht.
132) Hab schon mal mich neigeschnitten.
133) Hast du mal vom Feld mal ein Mais genommen?
149) Hasch du mal ein Autogramm kriegt vom Hasselhoff?
150) Er hat mir eine Jacke gebt.

< WORTARTEN >

Mod:

19) Aber da kann man servieren lassen...
21) Da kann man den Fernseher stehen lassen...
22) ...und dann was rausschieben...
23) ...und da drauf essen...
24) ...und dann nebenbei Fernsehen anschauen.
28) Da kann man auch mit dem Auto fahren.
29) Mit dem Lastwagen kann man auch neifahren.
37) Kann ich noch was haben?
48) ...und die Menschen könnten sie noch retten...
63) Bei mir braucht man nicht fragen.
74) Er wollte eine Tür ausreißen...
75) ...und dann hier anbauen.
78) Kann man mal spielen?
89) ...der muß gegen den anderen spielen.
92) Ich wollt da eine Reihe bilden...

96) ...und der Pferd kann springen.
99) ...kann ich dich werfen.
100) So kann ich dann laufen.
101) Und du dann mich werfen kannsch.
103) ...dann darf er laufen.
109) ...und dann kannsch du dein Bauern oder deine Dame wieder zurückwünschen.
110) Kannsch bis dahin fahren.
111) Du kannsch mich werfen.
114) Mußt bleiben jetzt...
115) ..oder mit dem losgehen kannst.
116) Jetzt kannst mich so werfen.
128) Musch mal ausprobieren.
129) Drei Farben musch nehmen.
134) Meine Mama kann kochen.
135) Aus Mais kann man Topcorn machen.
142) Darf man an den Kasten Farbe zaubern?
146) Da kann man totlachen sich.
151) Mit vier Männer auf einem Auto muß er fahren.
156) Er muß nur immer gradeaus fahren.
158) Jetzt kann ich rumsausen...
160) Und ich darf länger aufbleiben jetzt wie die anderen.
162) ...und ich muß aufbleiben.
164) ...muß ich auch aufbleiben.

< WORTARTEN >

Kop:

5) Ich find schlimm.
8) Wer war des der Böse?
9) Ich war der Netteste.
10) Und du warsch der Böse.
14) Ganz gleich ist mir.
36) Aber das ist nimmer so drecket.
39) Der Sand ist orange.
51) Die Titanic die war groß.
55) Mein Papa heißt Rudi.
56) Meine Schwester heißt Susi.
57) Meine Mutter heißt Maria.
62) Tamisch wird man gleich.
72) Aber manche Wochen waren wirklich lustig.
77) Des war aus.
88) Wer der Verlierer ist...
98) Wenn du da bist...
102) Wenn der weg is...
106) Wenn da ein Feld frei ist...
107) . ..und da mein Bauer weg...
123) Meine Läufer sind weg vom Fleck.
126) Ich bin erledigt.

152) Für meinen Papa ist beschissen des.
157) Ich bin jetzt der Chef.

< WORTARTEN >

PrV:

4) Am ersten Tag gleich zum Raufen anfangt.
12) ...um wieviel Uhr han mer aus heut.
17) ...wie ausschaut da drin.
24) ...und dann nebenbei Fernsehen anschauen.
26) Die Männer einsteigen vorne.
29) Mit dem Lastwagen kann man auch neifahren.
31) Da fahrt er immer hin.
32) Da ladet er auch was auf.
38) Das ist jetzt sauber gemacht worden.
42) ...wo ist die Titanic untergegangen.
45) Hinfahrt sind ‚s...
46) ...und dann untergegangen.
49) ...aber manche Menschen sind sie mit der Titanic untergegangen.
66) Für was Korb hat sie dabei?
70) Sin mer noch rumgefahren.
75) ...und dann hier anbauen.
93) ...aber sie hat mich dazwischengefunkt.
109) ...und dann kannsch du dein Bauern oder deine Dame wieder zurückwün
schen.
115) ..oder mit dem losgehen kannst.
118) Meine ganze zwei Türme wegblast hat sie.
128) Musch mal ausprobieren.
131) Meiner ist verrutscht.
132) Hab schon mal mich neigeschnitten.
138) Die neue Kartoffel muß an die Farbe hin.
141) Heiß ausschaut.
146) Da kann man totlachen sich.
155) Muß nochmal weg.
158) Jetzt kann ich rumsausen...
160) Und ich darf länger aufbleiben jetzt wie die anderen.
162) ...und ich muß aufbleiben.
163) Wenn Mama aufbleibt...
164) ...muß ich auch aufbleiben.

< SATZSTRUKTUREN: PHASE IV >

(X) V Y Pr:

31) Da fahrt er immer hin.
32) Da ladet er auch was auf.
66) Für was Korb hat sie dabei?
138) Die neue Kartoffel muß an die Farbe hin.
155) Muß nochmal weg.

< SATZSTRUKTUREN: PHASE IV >

(X) V A O:

    7)   Irgendjemand hat mal den Bösen gespielt.
  24) ...und dann nebenbei Fernsehen anschauen.
  32) Da ladet er auch was auf.
  37) Kann ich noch was haben?
  59) Hab noch nie g'hört den Namen.
  65) Hab scho des unten bemerkt.
  69) Ich hab auch sehr viel schon erlebt in die ganze Woche.
  92) Ich wollt da eine Reihe bilden...
 127) Wir haben letztesmal einen kleinen niedlichen Fisch gemalt.
 132) Hab schon mal mich neigeschnitten.
 133) Hast du mal vom Feld mal ein Mais genommen?
 149) Hasch du mal ein Autogramm kriegt vom Hasselhoff?

< SATZSTRUKTUREN: PHASE IV >

X V S (Y):

    1) Auf des freuen wir uns.
  18) Hinter dem Sessel ist ein kleiner Fernseher.
  19) Aber da kann man servieren lassen...
  21) Da kann man den Fernseher stehen lassen...
  22) ...und dann was rausschieben...
  23) ...und da drauf essen...
  24) ...und dann nebenbei Fernsehen anschauen.
  27) Da war ich vorne mal.
  28) Da kann man auch mit dem Auto fahren.
  29) Mit dem Lastwagen kann man auch neifahren.
  30) Hier irgendwo ist der Papa zum Ausladen.
  31) Da fahrt er immer hin.
  32) Da ladet er auch was auf.
  33) Nirgends schummle ich.
  34) Beim Baden war ich oft mit meinem Freund.
  40) Irgendwo gibt ,s die Tankschiffe.
  43) Da ist die Titanic.
  44) Da ist der Hafen.
  48) ...und die Menschen könnten sie noch retten...
  62) Tamisch wird man gleich.
  63) Bei mir braucht man nicht fragen.
  64) Die Letzte kriegt irgendjemand.
  68) Des hab i schon gesehen.
  70) Sin mer noch rumgefahren.
  80) Tic-Ta-To spiel mer jetzt.
  87) Jetzt kommt die Ute und du.
  99) ...kann ich dich werfen.
 100) So kann ich dann laufen.
 109) ...und dann kannsch du dein Bauern oder deine Dame wieder zurückwün-
       schen.

118) Meine ganze zwei Türme wegblast hat sie.
119) Jetzt hol ich meinen Turm jetzt.
121) Jetzt hol ich mir deine Dame.
135) Aus Mais kann man Topcorn machen.
137) Die macht mei Mama super.
144) Hoffentlich geht die Farbe.
145) Jetzt weiß ich ,s.
146) Da kann man totlachen sich.
151) Mit vier Männer auf einem Auto muß er fahren.
152) Für meinen Papa ist beschissen des.
158) Jetzt kann ich rumsausen...
164) ...muß ich auch aufbleiben.

< NEBENSÄTZE >

(sK)SXV:

88) Wer der Verlierer ist...
98) Wenn du da bist...

< NEBENSÄTZE >

(sK)SV:

102) Wenn der weg is...
159) ...wann ich mag.
163) Wenn Mama aufbleibt...

< NEBENSÄTZE >

Andere:

12) ...um wieviel Uhr han mer aus heut.
17) ...wie ausschaut da drin.
20) ...wo du sitsch gerade.
42) ...wo ist die Titanic untergegangen.
82) Bißle Putzfrau was zum Arbeiten hat sie.
104) Wenn da ein Männchen von mir steht...
106) Wenn da ein Feld frei ist...
107) ...und da mein Bauer weg...
113) Wenn da von mir ein Männchen steht...

< FRAGEN >

(w) V S (X):

2) Oder was meinst du?
8) Wer war des der Böse?
13) Um welche Uhrzeit kommts ihr immer?
53) Wie heißt er?
66) Für was Korb hat sie dabei?

< FRAGEN >

Q V S (X):

11) Wißts ihr schon...?
37) Kann ich noch was haben?
41) Wißts ihr...?
60) Kommen ,s aus Europa?
78) Kennts ihr das Spiel?
81) Kennts ihr das Spiel?
133) Hast du mal vom Feld mal ein Mais genommen?
136) Kennsch du die Leber?
140) Kennsch du das neue Lied scho von Hasselhoff?
142) Darf man an den Kasten Farbe zaubern?
143) Hasch du Deckweiß?
149) Hasch du mal ein Autogramm kriegt vom Hasselhoff?

COPROF 1.0 – 10006U1191   UNIVERSITÄT MÜNCHEN – Sprachbehindertenpädagogik –

11.3 Transkripte

11.3.1 „Gespräch" vom 18.01.1991

D: Überall Fasching ausfällt.

U: Ja? Warum?

D: Wegs Krieg.

U: Ja, das stimmt. Das hab ich heute auch im Radio gehört.

D: Nur bloß wegs Krieg. Aber wir trotzdem verkleiden darf ich. In Hort Fescht haben wir.

U: M-hm.

D: Hingehe.

U: Weißt du, Daniel, warum manche Leute nicht Fasching feiern wollen in diesem Jahr?

D: Warum net? Wegs Krieg?

U: Ja. Weil da im Krieg so viele Leute sterben.

D: Ja. Aber _ ve verstehe kann was nicht. Warum _ warum _ aber in Nachrichten XXXX äh nächstes J äh aber nimmer länger warten kanns die Amikaner. Und dann Ding vor _ wir haben wir dreißig Waffen kaputt-macht haben wir. Insgesamt Waffen kaputtmacht haben wir. Und zwei Rak äh drei Raketen.

U: Woher weißt du das?

D: Von Raxio. Und eine Ölförderung in Luft geht.

U: Hast du das alles im Radio gehört?

D: M-hm.

U: Hast du _ hast du heut in der Früh das Radio angemacht?

D: M-hm. Ja.

U: Ja, siehst du? Und das hören die anderen Leute alle auch und...

D: Hey, Gott!

U: ...es geht ja nicht nur _ es gehen ja nicht nur die Ölraffinerien kaputt...

D: Ja!

U: ...und die Waffen und die Raketen, sondern auch die Menschen.

D: Ja. Er auch bald sterbt.

U: Wer?

D: Er. Krieganführer.

U: Der Hussein?

D: Krank ist er.

U: Wieso? Das hab ich nicht gehört im Radio.

D: Tja. Er bald sterbt. Er auf ihm seine Ölförderung schießt. Er ihm seine Leute hochjagt und er sagt hochgeht.

U: Seine eigenen Leute hat er hochgejagt?

D: M-hm. Drei _ hoho! _ ihm seine Ölförderung alle drei wegja _ hochja-gen. Er selbst und ihm seine Mannschaft hochjagt hat. Und er _ äh Hölle kommt er. Hölle.

U: Woher weißt du das? Das hast du aber nicht im Radio gehört.

D: Nö, aber von mein Freund g'hört hat.

U: Dein Freund meint, es wäre so.

D: M-hm. Wirklich ist so.

U: Welcher Freund war das, Daniel?

D: Früher zweier äh ah zwei Krieg äh e ersten Krieg äh ja ersten Krieg er auch in Ding kommt ist. In Hölle. Er anderer Anführer.

U: Der andere Anführer?

D: Ja.

U: Vom ersten Weltkrieg?

D: Ja.

U: Der ist auch in die Hölle gekommen?

D: Ja. Und er kommt auch genauso.

U: Wer hat das gesagt, Daniel?

D: M mein Freund A.D.

U: Gehst du mit dem in die Schule?

D: Nein. In Hort geh _ mit ihm.

U: In Hort?

D: Ja.

U: Das kann schon sein, aber _ Ah, der meint das und du meinst das auch.

D: M-hm. Passiert.

U: Ja, aber schau! Wenn der Anführer, der Hussein, in die Hölle kommt, Daniel...

D: Unsere Welt Luft geht.

U: Ja, hoffentlich...

D: Wir auch auch in Himmel mü müß mer.

U: Aber _

D: Was?

U: Schau, wenn der Hussein in die Hölle kommt, Daniel, dann hilft das den Soldaten auch nichts, die jetzt dort sterben müssen.

D: Nee.

U: Du meinst, die Soldaten kommen in den Himmel.

D: Ja! Und der Anführer in _ er selbst schuld j jetzt.

U: Ja, aber das hilft den armen Soldaten nichts. Die sterben alle auch.

D: Ja.

U: Und deshalb sind die Leute traurig und haben dann einfach keine Lust auf Fasching.

D: Beim uns beim uns H. drei Freunde schon unten sind. Eine Frau drei Kinder daheim hat und ihre Mann daheim ist unten jetzt die Frau.

U: Ist die Frau...

D: Unten.

U: ...im Krieg, oder der Mann?

D: Der Mann daheim und die Frau unten.

U: Ist das eine Amerikanerin?

D: (nickt)

U: Deshalb! Weil in Amerika gehen die Frauen auch...

D: Ja. Manche.

U: Sind das Nachbarn von euch, Daniel?

D: Nö, aber kennt meine Mama sie.

U: Kennst du die drei Kinder?

D: Nö. Hm. Nu _ auswendig kannt nicht mir a _ erinnern.

U: Nicht auswendig, Daniel. Ob ob du sie kennst. Ob du mit ihnen schon einmal gespielt hast. Nicht, wie die heißen.

D: Doch! Einen! Mit einen spielt hab ich. Mit ihm seine Schwester auch.

U: Dann kennst du die Kinder. Sind die jetzt sehr traurig?

D: M-hm. Hm. Trotz _ er ihm sein Papa ihre äh ihm seine Papas Papa.

U: Der ist noch trauriger, meinst du.

D: M-hm.

U: Siehst du, und manche Leute...

D: Gegen _ er wütend ist _ auf Krieganführer.

U: Das glaub ich.

D: Ja.

U: Und andere Leute sind auch wütend.

D: Ja.

U: Weißt du? Äh, man...

D: Ich verstehen kanns nicht XXXX

U: Da geht's mir genauso, Daniel. (lange Pause) Und die Leute, die das nicht verstehen und die so verzweifelt sind und traurig (D: M - h m .), weil das jetzt alles passiert, die haben einfach keine Lust mehr, Fasching zu feiern (D: M-hm). Wenn man will, darf man Fasching feiern.

D: Ja. Meine Mama sagt hat, daheim umziehen könn mer rumfetzen daheim.

U: Gell, da darfst du dich zu Hause verkleiden und...

D: In Hasselhoff.

U: Ja?

D: M-hm.

U: Was ist das für ein Kostüm?

D: Also, schwarze Jacke, fetzige Hose (U: M-hm.) und dann _ ich weiß nicht.

U: Schminkst du dich auch ein bißchen?

D: Ja.

U: Wie?

D: Weiß nicht genau mehr. Bißle da. Schwarz bißle da. (deutet mit dem Zeigefinger auf seine Stirn)

U: Die Stirn? Na! Ach, du meinst, du malst du malst dir schwarze Augenbrauen an.

D: M-hm. Kein Bart.

U: Keinen?

D: M-m. Kit äh Hassel hat kein Bart.

U: Stimmt. Ich kenn den. Der heißt David Hasselhoff (D: M - h m .) . Stimmt's? (D: M-hm.) Und der hat keinen Bart. Der hat ein ganz glattes Gesicht.

D: Ja.

U: Ja, aber breite Augenbrauen hat er schon.

D: Ja. M Mama alles macht.

U: Machst du die braun oder schwarz? Was hat er eigentlich für Haare, der Hasselhoff?

D: Schwarze.

U: Schwarze.

D: Ich habe glatt, aber _ will nicht Locken mal machen.

U: (lacht) Ich glaub, es gibt so einen Haarspray. So bunte Haarsprays.

D: M-hm. Wieder wegtrit (wegkriegt) wir?

U: Ja. Das geht schon wieder weg, Daniel.

D: Schwarze auch dabei ist. Mama vielleicht kauft.

U: Aber die sind ziemlich teuer. Ich weiß nicht, ob deine Mama so einen Spray kauft. Weißt du...

D: Meine M _ Waschspüler jetzt äh eine Mark _ mehr kostet. Weichspüler. 1 Mark beim „Plus".

U: Ja? Warum?

D: Weiß nicht.

U: Vielleicht war das vorher ein Sonderangebot, Daniel.

D: Ja. Neue Sendeangebot. Meine Mama sagt hat mir.

U: Ja, wart mal. Wenn der Weichspüler 1 Mark teurer ist, dann ist das jetzt kein Sonderangebot.

D: Hm. Was dann?

U: Ich hab gemeint, vielleicht war das vorher ein Sonderangebot.

D: Nö, nö! Viellei _ äh 10 Mark 50 kostet hat.

U: 10 Mark 50 war der normale Preis?

D: Und jetzt 1 Mark 50 kostet auf einmal.

U: Du meinst 11 Mark 50.

D: M-hm.

U: M-hm. Und das ärgert deine Mama.

D: M-hm.

U: Das glaub ich. Hier eine Mark mehr, dort eine Mark mehr.

D: Hähähä!

U: Alles teurer.

D: Also, anhör mer? (die Cassette mit der Geschichte vom „Zauberkünstler Fix", die wir noch fertigmachen und Annette schicken wollen)

U: Ja! Genau! Jetzt haben wir genügend geratscht.

11.2.2 „Zauberkünstler Fix" vom 18.01.1991

Der Zauberer _ künstler Fix. Der Zauberer Fix kennt alle Tricks. Der Zauberer frägt: „Kennst du mir mir den Zauberer Fix von den Zirkus?" „Ja, wir kennen dich." Also, der Klaus sagt: „Kathri _ Kathrin, der Vati nicht da ist. Jetzt zaubme zaubre äh zaubmern wir beide." Der Klaus ist ein Bub von ihm sein Papa, und die Schwester auch von ihm sein Papa, heißt Kathrin und Klaus. Der der Klaus nimmt der den Zylinderhut, und dann sagt er: „Uih! Schau mal her, Kathrin! Nix drinne is." Er sagt hat: „Kathrin, schau mal her! Ganz viele schöne Blumen." „Uih! Schöne Blumen! So schöne Blumen no hat no nie gesehen." Also, der Klaus sagt: „Ich zaubre wie mein Vati. Komm herbei, ihr Täubchen!" Und Kathrin sagt: „Uih! _ Eih!" _ Und dann Kathrin sagt: „Ich hole schnell von der Küche äh Futter von für die Vögel." Also, der _ er sagt hat: „Der das war nicht leicht." Und dann sagt hat: „Jetzt kommt herbei von den Mantel!" Kathrin sagt: „Sieben Hasen!" Aber sie weg _ laufen. Also, der sagt hat, der Klaus: „Komm herbei! Komm her, Karnickels Kani Kaninchen! Hörst du schlecht?" Hinter dem Schrank, hinter dem Bett, in dem Bett und hinter dem Goldfischglas und hinter dem auf dem äh Bett. Und dann sagt hat: „Der Vati kommt nach Haus!" Und dann die beiden, Kathrin und der Klaus _ äh wie heißt nur wieder äh _ n _ Tränen vergoßt hat, und dann Klaus sagt hat: „Bitte, bitte Vati!" Und dann der Vati sagt hat: XXXXX Am Zauberhut geklopft hat: „Husch, husch auf eure Plätze!" Also, der Vati sagt hat: „Nicht so schwer ist.", sagt hat der Vati. Und dann der Klaus sagt hat: „War nicht schwer." Und dann _ der Klaus und die Kathrin umarmt hat. Und dann _ zuerst Klaus, und dann Kathrin. Und dann sagt hat: „Husch, husch in eure Betten!" Und dann Kabmet (Kabinett) zugesperrt hat.

11.3.3 „Gespräch mit Jerry" vom 25.01.1991[93]

D: Na, Jerry!

J: Hm? XXXX

D: Also, Jerry, äh ähm mir passiert ist äh hm ich ha äh _ ich war äh zu schnell gerannt bin und dann Fahrrad äh gefallt bin und dann zwei Löcher und da ein Fleck. Ja, ja, Jerry. Dir gut geht's! Ich _ mir nicht. M-m. Hm, hm. (schmust mit Jerry)

J: Hm, hm. XXXX

D: Du auch.

J: XXXX Ich hab ein weiches Fell.

D: M-hm. Und XXXX

J: XXXX

D: Na, wie geht's denn dir zu _ daheim?

J: Mir geht's daheim sehr gut.

D: Ja? Käse gern äh daheim esch?

J: Woher weißt du das? Ich esse sehr gern Käse.

D: Mäuse essen _ essen so gerne Käs Käse.

J: Das stimmt.

D: Hm, hm.

J: Weißt du, Daniel?

D: Hm?

J: Ich wohn bei der Ute.

D: Weiß ich.

J: Und die Ute hat einen großen Kühlschrank.

D: Na, wirklich?

J: Ja.

---

93 Die Qualität der Tonaufnahme ist ziemlich schlecht. Darum sind Teile des Dialogs, sowie der Schluß unverständlich.

162

D: Immer heimlich immer heimlich Käse rausholsch. Stimmt's?

J: Manchmal schleich ich mich zum Kühlschrank und hol mir einen Käse raus. Du mußt mich nicht schimpfen, Daniel. Die Ute weiß ja, daß ich Käse ess.

D: M-hm. Abends auch noch bißle Käse esch?

J: Ich ess auch abends Käse.

D: Heimlich, die Großen im Bett sind? Auch? Heimlich hinschleichst dich?

J: Wenn die wenn die Großen im Bett sind ...

D: Ja.

J: ... dann schleich ich mich ganz leise zum Kühlschrank ...

D: M-hm.

J: ... mach ihn auf und nasch vom Käse. Woher weißt du das?

D: Hm, hm, hm! (lacht) Denken muß man. Uah! (fällt beinahe vom Stuhl)

J: Das stimmt. Man muß denken. Denken ist immer gut.

D: Ja.

J: Weißt du, die Ute die kauft ja immer meinen Lieblingskäse.

D: Ja? Welchen? Sagsch du mir?

J: (flüstert Daniel die Antwort ins Ohr)

D: Ja! Hmmm! (genüßlich) Meiner auch Lieblingskäse.

J: Das ist ein feiner Käse.

D: M-hm. Mein Waschbär ein schönen Gruß ausrichten von Waschbär. Erkältet hat sich _ er. XXXXX

J: Daniel, sag deinem Waschbär auch einen schönen Gruß. Er soll sich den Schal umbinden. (nimmt seinen kleinen rosa Schal ab, und gibt ihn Daniel)

D: O.K.! O.K.!

J: Denn, wenn er sich erkältet hat, dann muß er sich schön warm halten.

D: M-hm. Du auch.

J: Ja, das ist wichtig. Das mußt du deinem Waschbär sagen. Sagst du ihm das?

D: M-hm. Ja.

J: Er soll aufpassen auf sich, soll schnell gesund werden und soll uns dann besuchen.

D: Hm. O.K.!

J: Du mußt deinen Waschbär pflegen, daß er gesund wird.

D: M-hm.

J: Weißt du, was du tun mußt?

D: Ja. Pfefferminz oder Wasser geben ihm muß. Bißle helfen ihm immer. Jeden Tag mach ich. In der Früh.

J: Hm. Dann geht's dem Waschbär aber gut.

D: Hm. Mir nicht.

J: Warum?

D: XXX mein Arm weh tut.

J: Der Arm tut weh.

D: M-hm.

J: Und das Bein tut auch weh?

D: Ja.

J: Oh je! XXXXX Was meinst du? Wann ist der Waschbär wieder gesund?

D: Weiß ich nicht. Muß warten. Weiß no nicht.

J: Seit wann ist der Waschbär schon krank?

D: Von gestern.

J: Seit gestern?

D: M-hm. Hohes Fieber hat er.

J: Er hat Fieber?

D: 15 Grad Fieber.

J: Er hat 15 Grad Fieber? Ja, was machst du dann mit ihm?

D: Ein Hustensaft gib ich ihm und dann ein hm ein Aspirin und dann irgendwas sowas so gen Fieber gebe ihm dann wieder XXXX

J: M-hm. Du hast ihm Hustensaft gegeben, und du hast ihm Aspirin gegen Fieber gegeben.

D: M-hm.

J: Stimmt das so?

D: M-hm. Ja.

J: Dann hast du aber etwas Wichtiges vergessen.

D: Was denn?

J: Bei Erkältung ist sowas ganz, ganz wichtig.

D: Was denn?

J: Hast du deinem Waschbär schon Honig gegeben?

D: M-hm. Ja.

J: Hast du?

D: M-hm.

J: Ja. Fein! _ _ _ Warum hast du nicht so große Ohren wie ich?

D: Ich bin äh ich bin ein Mensch und du ein T _ eine Maus.

J: Stimmt! Du bist ein Mensch und ich bin eine Maus. Dumme Frage. Ich muß dich ja gut anschauen. Die Ute hat mir schon viel erzählt ...

D: Ja?

J: ... aber ich war ja erst einmal da.

D: M-hm. Bist du zweimal jetzt in Hort? Doppelter doppelte mal.

J: Ich bin jetzt zum zweiten Mal hier.

D: M-hm. Aber doppelt bist.

J: Ich bin doppelt?

D: M-hm!

J: Wieso bin ich doppelt? Siehst du mich doppelt?

D: Nein!

J: Ich bin einmal da. Schau mich doch an.

D: Nein! Von unserer Gruppe jemand hat dich auch gleiche Maus.

J: Ein Freund von dir hat die gleiche Maus?

D: M-hm!

J: Ehrlich?

D: M-hm!

J: Gibt's das?

D: Ja!

J: Vielleicht bin ich ja verwandt mit der Maus.

D: Hahaha!

∗∗∗

11.3.4 „Lügengeschichte" vom 14.10.1991

1. C: Freitag, der 26. Juli.

2. D: Ja.

3. C: Heute *hab* ich den Daniel zu mir nach Hause *eingeladen*. Endlich hatte ich auch die Funkgeräte dabei. Daniel *hat* sich *gefreut*. Die Funkgeräte *haben* leider nicht *funktioniert* .

4. D: M-hm.

5. C: Manchmal *hat* man kein Wort *verstanden*, und manchmal *haben* wir einen anderen Funker *gehört*.

6. D: M-hm! (mit Nachdruck)

7. C: Wir *haben* sehr laut *gesprochen*, und *haben* die Frau Scharschinger *geweckt*. Aber wir *haben* uns gleich *entschuldigt*. In der Wohnung *hat* Daniel den Gerry *kennengelernt*.

8. D: M-hmm! (lächelt)

9. C: Daniel *hat* kein Wort mit Gerry *gesprochen*.

10. D: Das stimmt nicht! Ich *hab* mit Gerry schon *gesprochen*. Ute!

11. U: Ehrlich?

12. D: M-hmm!

13. U: Ich kann mich nicht erinnern.

14. D: Hm! (lacht)

15. J: Ja, was stimmt denn jetzt?

16. D: Ja, äm, äh, ich *hab* mit Gerry *hhab* ich *gesprochen*. Das stimmt! Ich *hab* schon mit Gerry *geredet*.

17. J: Ute! Schäm dich! Dann *hast* du ja *gelogen!*

18. C: Wir wollten Apfelküchle essen.

19. D: Hm! (empört) Das auch stimmt nicht. Wir wollten Pfannenkuchen essen.

20. J: Hm, Pfannkuchen! Die schmecken auch viel besser. Du hast recht, Daniel.

21. C: Ich *habe* den Teig *gerührt* und Gerry *hat* ihn *gebacken*.

22. D: Mmm! (empört) Ich *hab gebacken*. Nicht der Gerry. Einmal *hat* er *probiert aus*.

23. J: Aha! Ich verstehe. Die Ute *hat* den Teig *gerührt...*

24. D: M-hm.

25. J: ...du *hast* die Pfannkuchen *gebacken*.

26. J: Und der Gerry...

27. D: ...*hat* auch mal *probiert*.

28. J: *Hat* einmal *probiert*. Kannst du denn keinen Pfannkuchenteig rühren?

29. D: Doch!

30. C: Wir *haben...*

31. J: Warte mal! *Hat* die Ute den Pfannkuchenteig *gerührt?*

32. D: Nein, ich!

33. J: Also!

34. C: Daniel durfte die Marmelade aussuchen. Er *hat* Zwetschgenmarmelade *genommen*.

35. D: Da! (schaltet aus) Ich hab Marmelade äh Marmelade, normale Marmelade. Und Gerry *hat* Apfelm...äh wieheigleiwiede äh Zwetschgenmarmelade *genommen*.

36. J: Aha! Was ist „normale" Marmelade?

37. D: Ja _ wie _ Trauben _ nee _

38. J: Du *hast* Traubenmarmelade *gegessen?*

39. D: Nein! Nein! Äh wieheigleiwiede Erdbeeren!

40. J: Du *hast* Erdbeermarmelade *gegessen*.

41. D: Also , weiter.

42. J: Das ist eh die beste.

43. C: Daniel *hat* sieben Pfannkuchen *gegessen*.

44. D: Hhooo! (entsetzt)

45. J: Schämst du dich nicht, Daniel?

46. D: Ich *hab* nicht sieben Pfannenkuchen, vielleicht zwei Stück nur oder drei _ sonst nie!

47. J: Du Freßsack, du! Du *hast* meiner Ute sieben Pfannkuchen *wegge-gessen*.

48. D: Neinnn!!! Stimmt ,haupt nicht.

49. C: Einen *hat* er auch der Frau Sch. *runtergebracht*. Frau Sch. *hat* ihm dafür einen Apfel *geschenkt*.

50. D: Nneiiinn!! (völlig aus dem Häuschen) Äh, Frau Sch. *hat* mir Schoko-lade *geschenkt*. Keinen Apfel!

51. J: Schokolade ist ja auch viel besser.

52. D: Njam, njam, njam! (schleckt sich den Mund) Mit Nuß und Trauben. Meine Oma...

53. C: Nach dem Essen...

54. U: Daniel!

55. D: Meine Oma und ich essen so gerne so ein _

56. U: *Hast* du deiner Oma auch was von der Schokolade *abgegeben?*

57. D: M-hmm. Ja!

58. C: ...Schach gespielt.

59. D: Nein! Kein Schach! Karten!

60. J: Ach, ihr *habt* Karten *gespielt*.

61. D: Mau-Mau.

62. J: Was? Jetzt komm ich gar nimmer mit.

63. D: Mau-Mau *haben* wir *gespielt*.

64. J: Aha!

65. D: Mau-Mau-karten.

66. J: Ihr *habt* Pfannkuchen *gegessen* und *habt* Mau-Mau *gespielt.* Alles klar. Ich komm noch mit.

67. C: Dann *haben* wir es uns gemütlich *gemacht.*

68. D: M-hm! (mit Nachdruck) Jaa!

69. C: Daniel *hat* Kaffe *getrunken.* Gerry und ich...

70. D: Nein!! Gerry und Ute *haben* Kaffe *getrunken.* Und ich *hab* Kräutertee *getrunken.*

71. J: Das gehört sich auch so für 11-jährige Buben.

72. C: ...Früchtetee *getrunken.*

73. J: Was *hast* du jetzt *getrunken?*

74. D: Also, ich *hab* Früchte_gete_tee *getrunken.* Und Ute und äh wieheinugleiwiede ihr _ nimmer weiß ich _ Gerry! *haben* Kaffee *getrunken.*

75. J: Spitze!

76. D: So! Na _ neidruckt. (am Recorder)

77. C: Wir *haben* uns sehr gut *unterhalten.*

78. D: Ja!

79. C: Daniel und Gerry *haben* sich prima *verstanden.*

80. D: Oh ja!

81. C: Gerry *hat* den Daniel viel *gefragt...*

82. D: M-hm!!!

83. C: ... und Daniel *hat* viel *erzählt.* Daniel *hat* zu Hause *angerufen.*

84. D: M-hm.

85. C: Er *hat gefragt,* ob er noch bleiben darf. Sei Papa *hat* ja *gesagt.* Gerry *hat* dem Daniel sein Fahrrad *gezeigt.*

86. D: Nnneiiinnn!!! Gerry *hat* sein Motorräd _ Motorrad *gezeigt.*

87. J: Aha, toll!

88. C: (läuft zu schnell – Quietschgeräusch)

89. D: Was war das?

90. C: (quietscht; man hört Musik)

91. D: Was war das? Ah, ich weiß es, warum war die äh Musik. Beim dir *haben* wir au Musik *ang'hört.*

92. U: Meinst du, das ist die Musik, die wir bei mir *gehört haben?*

93. D: (lacht laut)

94. U: Warte! Ich glaube, dieser Schalter ist ein bißchen kaputt.

95. D: O-oh!

96. U: Ich muß das jetzt schnell richten. Es ist so leise. Jetzt stimmt's wieder, aber ich muß ein Stück zurückspulen. Wir *haben* ein Stück *verpaßt.*

97. D: Du musch voll neidrücken.

98. C: Wir *haben* das sehr gut *gemacht.* Daniel durfte die Marmelade aussuchen.

99. D: Ja! Laß halt.

100. C: Er *hat* Zwetschgenmarmelade *genommen.*

101. D: Wir *haben* schon *gehört.*

102. C: Daniel *hat* sieben Pfannkuchen *gegessen.*

103. D: M-m.

104. J: Ich weiß alles. Ich weiß, daß es nicht stimmt.

105. C: Einen *hat* er auch der Frau Scharschinger *runtergebracht.* Frau Scharschinger *hat* ihm dafür einen Apfel *geschenkt.* Nach dem Essen *haben* wir Schach *gespielt.* (D: M-m.) Ich *habe* immer *gewonnen.* (D: M-m.) Dann *haben* wir es uns gemütlich *gemacht..* (D: M-hm.) Daniel *hat* Kaffee *getrunken,* (D: M-m.) Gerry und ich *haben* Früchtetee *getrunken.* Wir *haben* uns sehr gut *unterhalten.* (D: M-hm.) Daniel und Gerry *haben* sich prima *verstanden.* Gerry *hat* den Daniel viel *gefragt,* und Daniel *hat* viel *erzählt.* Daniel *hat* zu Hause *angerufen.* (D: M-hm.) Er *hat* mit seinem Papa *gesprochen.* (D: M-hm) Er *hat gefragt,* ob er noch bleiben darf. (D: M-hm.) Sein Papa *hat* ja *gesagt.* Gerry *hat* dem Daniel sein Fahrrad *gezeigt.* (D: M-m.) Gerry *hat gesagt:* „Willst du dich aufs Fahrrad setzen?"

106. D: Gerry *hat gesagt:* „Willsch du auf mei Motorrad naufsitzen setzen?"

107. C: Daniel *hat* sich nicht *getraut.*

108. J: Daniel, du Feigling! Sowas! Ich bin enttäuscht.

109. C: Ich *hab* ein paar Fotos *gemacht.* Gerry *hat* dem Daniel einen Zaubertrick *gezeigt.*

110. D: Ja, kenn ich den Trick.

111. C: Daniel *hat* sehr *gestaunt*. Gerry *hat* ihm den Zaubertrick *erklärt*.

112. D: M-hm.

113. C: Daniel wollte Herrn D. einen Brief schreiben.

114. D: Oh ja! Stimmt des.

115. C: Also *hab* ich die Waschmaschine *geholt*.

116. D: Hahahaha! (lacht laut) Waschmaschine! Hahaha! Schreibmaschine *g'holt hat* Ute.

117. U: Ich glaub', ich *hab* mich *versprochen*.

118. C: Daniel *hat* sich in dem Brief für die Funkgeräte *bedankt*. Es war ein sehr freundlicher Brief.

119. D: Pohh! Die F funk *hab* ich nicht *bedankt*. Äh, die Funkgeräten warens kaputt!

120. C: Wir *haben* die ganze Zeit Musik *gehört*.

121. D: M-hm! (mit Nachdruck)

122. C: Daniel *hat gesagt*, er mag David Hasselhoff so gern.

123. D: Ja.

124. C: Leider haben wir keine Platte von David Hasselhoff.

125. D: M-m.

126. C: Aber unsere Musik *hat* dem Daniel auch *gefallen*.

127. D: M-hm!

128. C: Es war wirklich ein schöner Tag. Ich hoffe, daß der Daniel mich bald wieder besucht.

129. D: Au ja! Danke!

11.3.5 „Walky-Talkies" vom 06.03.1992[94]

(Monika, eine Klassenkameradin Daniels, wurde von der Lehrerin mit dessen gestickter Handarbeit in den Therapieraum geschickt, um sie uns zu zeigen)

---

94 Modal- und Perfektkonstruktionen sind durch *Kursivschrift*, Vollverben, Kopula und Präfixverben durch <u>Unterstreichung</u> hervorgehoben.

U: Daniel!

D: Ja.

U: Zeig mir mal genauer, was du da alles gemacht hast.

D: Ja, also, das <u>sind</u> die Blüten. Hallo! (probiert schon den Walky-Talky aus)

R: Ja!

D: Ja, also, das <u>sind</u> die Blüten, die Blätter und das <u>sind</u> ...

R: Hallo!

D: <u>Hör auf</u> mal!

U: Das machen wir nachher, Rainer. Gleich.

D: Ja, also, das <u>sind</u> die Blü äh Äpfel. das <u>sind</u> die Bl Blätter. Das sind die _ äh Ding. Das <u>sind</u> Blumen. Und das <u>*ist*</u> die Erde und die Blu _ ,und die _ Gelben *sind* die Gräser.

U: Ah, toll! Und das ist ja ein richtig schöner ...

D: Ich <u>war</u> der Erste mit die Dings Stamm fertig <u>war.</u>

...

M: Wir haben Fische g'macht. XXXX

D: Was <u>machts</u> ihr jetzt?

M: Nein, wir haben doch _ wo wir bei der Frau S. waren ...

D: Ja.

M: ... haben wir Fische gemacht.

D: Ja, was <u>macht</u> ihr jetzt?

U: Jetzt grad!

M: Wir machen Musik.

D: Ich <u>bin</u> noch oben. Hähä!

U: Da geht dir nichts ab, gell?

D: Genau!

M: XXXXX

D: <u>Nimmsch</u> du wieder <u>mit</u>?

M: Ja.

D: O.K. Tschüß!

U: Tschüß!

D: Hey! Frag Frau S., *können* wir einen *runterschicken* mit Funkgerät und da reden wir ganz leise. Hä, Rainer?

U: Nee, das muß die Frau S. gar nicht wissen. Wir finden schon eine Lösung.

D: Beim Herr K.!

M: In das andere Klassenzimmer rüber.

R: Hallo!

D: Hallo!

U: Ja, vielleicht ist da was frei.

D: XXXX Also, du *musch aufdrehen* da.

M: Dann geht halt einer schnell rüber zu ...

D: So! Laß los! Hör mal! Hallo! Hallo! Hallo! Hallo!

R: Ja?

D: Wir gehen. Du *musch* mich *antworten* jetzt. XXXX Red rein!

R: XXXXXX

D: Da rein. Du *musch reden* und *reindrücken.*

R: Ja, es geht gut.

D: M-hm. O.K.

R: Ja.

D: Laß los! Ja, Rainer! Also, wir machen jetzt des. O.K.?

R: O.K.

D: Du mußt.

R: O.K. (gibt das Funkgerät Tanja)

D: O.K. Drück mal hier! Laß mal los! Da drehen! Da nei! Red mal!

T: So kann i net. Wenn ich draufdrück, dann kann ich reden.

D: <u>Schau</u>! Wie ich _ Was?

T: Und jetzt kannst du mich hören.

D: Ja? Ja! Ja, <u>hör</u> ich dich. <u>Drück</u>! Ich <u>hör</u> dich!

T: O.K. Super!

...

D: Hallo! Wie <u>geht's</u>? Wie <u>geht's</u> da draußen?

T: Hallo, ihr da drinnen! Wie geht's euch?

D: Gut. Wo <u>seids</u> ihr grade?

T: Im Gang.

D: In welchen Gang?

T: Nicht weit von da. In dem Quergang. In dem Gang wo man XXXX

D: O.K. Was <u>sehts</u> ihr da?

T: Was? Was wir sehen?

D: Ja. Was <u>siehts</u> ihr da? Ein Klassenzimmer oder eine Bühne? Hallo! <u>Melde</u> euch!

...

T: Wir sind jetzt in dem Raum drin.

D: Im welchen Raum?

T: In so'm Gruppenraum. Schaut chaotisch aus.

D: <u>Sind</u> da Schränke drin, oder ein Spielraum?

T: XXX Rainer, der soll's dir erzählen.

R: XXXX

D: Beim Herr K. <u>seids</u> ihr drin.

R: Wir sind auf der Bühne. XXXX. Verstehst?

D: Also, wo <u>seids</u> ihr? Nebendran bei bei uns?

R: Nein! XXXX

D: Also, sie <u>sind</u> beim Herr ...

R: Hörst?

D: Ja, wir *haben g'hört.*

R: Was?

D: Wir *haben g'hört.* Ihr <u>machts</u> kurz schnell den Funkgerät <u>aus</u>.

U: Schick sie mal _ Du kennst doch die Schule. Schick sie mal in ein anderes Stockwerk, oder ...

D: O.K. Ihr *sollts* bis bis Pausehof *nuntergehen.* Ihr *sollts* bis Pausehof *nuntergehen.* Ende.

T: Was? Hab ich nicht verstanden. Sag es nochmal.

U: Du darfst nicht so reinschreien. Ganz normal, sonst ...

D: O.K. (leiser) Ihr *sollts* bis Pausehof *nuntergehen.* Ende.

T: Gibst du mal schnell die Ute?

D: Ihr *sollts* Treppe *runtergehen.* Ganz nunter. Ende.

...

U: Du mußt ihnen Anweisungen geben.

D: Rainer! Geh <u>geh</u> von der Tür <u>raus</u>.

R: Daniel! Kannst du uns hören?

D: Ja, ich <u>hör</u> euch noch. Rainer, <u>melde</u> dich mal kurz! Ende.

R: Daniel, hörst du uns immer noch?

D: Ja, ich <u>hör</u> dich, aber ihr *sollts* in Ding XXX, <u>reinkommt</u> man. Bei Gitter raus äh wieheigleiwiede des Ding.

U: Das ist ein Gerüst.

D: Gerüst <u>rausgehts</u> ihr. Ende.

R: XXXX

D: Ihr *sollts* bei Gerüst *rauskommen.* Ende. _ Hey, Rainer! <u>Melde</u> dich! <u>Melde</u> dich halt! Rainer!

...

D: *Habt* ihr das Fahrrad *gefunden?*

R: XXXX

D: Die *haben* no nicht *gefunden.*

R: XXXX

D: Wo <u>seids</u> ihr?

R: XXXX

D: (zu Ute) Wo <u>ist</u> dein Fahrrad ungefähr? (zu Rainer) Beim Fahrradständer. Ende. Rainer! Beim Fahrradständer. Rainer! Beim Fahrradständer.
<u>Melde</u> dich! Ende. Oh, ich <u>hör</u> schlecht. Ja, ich <u>komm</u> gleich. Komm
mal!

U: Nein, nein! Wir bleiben hier. Wir rufen sie sonst wieder zurück. Wir
bleiben hier.

D: Ihr *sollts* wieder *hochkommen*. Ende. *Habts* ihr *g'hört?* Ende. *Habts* ihr
mich *g'hört?* Ende.

U: XXXX

D: <u>Melde</u> euch halt mal! Ende.

U: Du kannst sie ja noch ein bißchen begleiten. XXXX

D: Hey, Rainer! <u>Gehts</u> ihr zu Frau S. und besicht äh <u>besucht</u> ihr ihr, O.K.?
Ende.

R: XXXX

D: Ihr *sollts* zu Frau S. ge ge *gehen* und dann *sollts* ihr hm *hochkommen,*
und dann <u>wechseln</u> wir dann. Ich <u>geh raus,</u> und dann ihr *sollts* mir
Anweisungen *geben._* Hey, Rainer! *Melde* dich! _ Hey, Rainer! *Melde*
dich! Ende.

U: Die kommen jetzt wieder. Die kommen jetzt wahrscheinlich hoch.

D: Rainer! Ihr *sollts* zu uns *herkommen.* Ende.

R: XXXXX

D: Wo *seids* ihr?

R: Vor der Tür.

D: O.K. *Reinkommen!* (Tanja und Rainer kommen herein)

U: Das ist gar nicht so leicht, ha?

D: Super! Also, ihr *sollts* mich *führen.*

R: XXXX

D: Ich *soll* ihr *sollts* mich *führen* jetzt.

R: Ha, O.K.

U: XXXXX schickt uns ein bißl. Du kennst dich ja im Schulgebäude aus, oder?

R: M-hm.

U: Jetzt bin ich ja gespannt, wo du uns hinschickst.

D: Rainer!

R: Ja.

D: <u>Hörst</u> du mich?

R: XXXXX

U: XXXXX

D: Wo *soll* ich *hingehen* jetzt? Bitte! (Daniel spricht sehr laut)

U: Daniel sprich normal, sonst XXXX.

D: O.K. Wir *sollen* in Pause _ Ja, wir *haben verstanden*. Ende. Wir <u>gehen</u> jetzt in Pausehof. Ende.

R: XXXXX

D: Wir *sollen* in Pausehof *umschauen*. Rainer, wir <u>gehen</u> jetzt <u>runter</u>. Ja?

R: XXXXX

D: Oh Gott! Wir *sollen* zu Herr Rektor *neigehen*. Rainer! Mi _ wo *sollen* wir *hingehen?*

R: XXX

D: O.K. Wir *sollen* _ XXX. Ende.

U: XXXXX

D: Wir *haben* äh beim Herr Rektor ihm sein Zimmer *vorbeigegangen*. Was jetzt? Rainer! <u>Hör</u> mich mal! Ende. Wo *soll* ich *hingehen?* Ende.

R: XXXX

D: Ho! Wir *sollen* die Tür *anschauen*. Wir *haben* die Tür *anschaut*. Also, wo *sollen* wir *hingehen?* Zu Frau S. nei, oder wir *sollen nuntergehen?* Ende.

R: XXXXX

U: Wir sollen scheinbar zum Rektor gehen.

D: Wo *soll* mer *hingehen?*

R: XXXXX

D: Wo nei?

R: XXXXX

D: In Pausehof. Wir <u>sind</u> auf dem Weg. Tschüß! Ende. Wir *sollen* in den Pausehof. Wir <u>kommen</u> beim Frau G. <u>vorbei</u>. Ende. Ich *sagt hab* ich, bei G. <u>vorbeikommt</u> sie.

R: Seid ihr schon unten?

D: Nein, wir <u>sind</u> noch nicht unten. Ende.

R: XXXX

D: Wir <u>sind</u> no nicht unten. Ende. Wo *sollen* wir jetzt *hingehen?* Ende.

R: XXXX

D: Nein, no nicht. O.K. Ja, wir <u>sind</u> jetzt unten. Was *soll* mer jetzt *machen?* Ende. Wir *sollen rumschauen.* Wir <u>sehen</u> ganz viele Autos und Fahrräder. Ende.

R: XXX

D: Pausehof. Ende.

R: XXXX

D: Wir <u>sehen</u> jetzt ein Bub, gerade die Tonnen *ausleert haben.*

R: XXXX

D: O.K. Wir *haben* gerade ein Bub *gesehen,* grade die zwei Tonnen *ausgeleert haben _ hat* er. Ende.

R: XXX

D: Oh! 22 Treppen hoch!

U: Was? Was 22 ...

D: Wir *sollen hochkommen.* Die 22 Treppe.

U: Also, komm! 1,2, ...

D: *Soll* mer dann bei Frau S. *neischaun?* Au ja, ich <u>hab</u> ganz andern Sender drinne jetzt. O.K. Wir _ wieviel <u>sin</u> mer jetzt scho?

U: Ich denk, wir haben's geschafft.

178

D: Wir *sind* 22 Treppen *gegangen*. Wo *sollen* wir jetzt *hingehen?* Ende.

R: XXX

D: Oh Gott! Noch weiter! Und dann?

R: XXX

D: Ja, *soll* mer bei Frau S. kurz mal *neischauen?* In zweiten Stock hoch. Und jetzt sin mer in zweiten Stock hoch. Wo *soll* mer jetzt *hingehen?*

R: XXXX

D: Oh! Wieder runter! XXXX

R: XXXX fünf Treppen wieder runterhupfen.

U: XXXX

D: 1, 2, 3, 4, 5. O.K. Wir *sind* 5 Treppen wieder *runtergegangen.*

R: XXXX

D: Oh Gott! Bei der Bühne nei. O.K. Wir gehen in die der Bühne nei.

U: Was? Daniel, ich hör das ja nicht. Du mußt mir das schon sagen, was die gesagt haben.

D: Wir gehen jetzt in die Bühne nei! Ende. Wenn uns jemand schimpft, was dann? Ende. Rainer! Wir sind in der Bühne. Was *soll* mer jetzt *machen?*

R: XXX

D: O.K. Wir *sollen* in die Tür *hineingehen.* Wir kommen jetzt. Ende. O.K. Wir sin mer an der Tür. Was *soll* mer jetzt *machen?*

R: XXXX

D: Oh Gott! Zehn Kniebeugen. Zehn Kniebeugen.

U: Wer? Was? Wie?

D: Wir!

U: Wir sollen zehn Kniebeugen machen?

D: Also Rainer, wir können es nicht. Ende.

U: Doch! Wir können.

D: Rainer! Wir schauen kurz mal bei Frau S. vorbei. Ende.

R: Was hast g'sagt?

D: Bei Frau S. <u>vorbeischauen</u> mer jetzt. Ende.

R: XXX

D: Nein! *Warte sollts* ihr.

R: Ach so! Geht ihr zur Frau S.?

D: Ja!

U: M-m. Nee du! Wir stören sie nicht beim Unterricht. Ihr erzählt ihr das nachher mit den Funkgeräten.

T: Ihr sollt zehn Kniebeugen machen.

U: Wir stören ja den Unterricht.

D: Oh! O.K. Wir <u>machen</u> jetzt zehn Kniebeugen. Ende.

T: 1,2,3,4,5,6,7,8 ...

U: Popo runter! Runter! Runter!

T: ... 9,10. Reinkommen!

U: Oh!

D: O.K. Wir *haben's geschafft*. Ende!

11.3.6 „Flohmarkt" vom 27.05.1992

1. D: Wir warten schon selig. Stimmt's, Rainer?

2. U: So. Jetzt wartet der Rainer eine Minute lang draußen, und wir räumen ganz schnell so zwei tolle ...

3. D: Jaaahhh! (begeistert)

4. U: Und der Rainer _ der kommt und darf einkaufen. Und schau mer mal Daniel! Ich bin heut 'ne starke Konkurrenz. Schau mer mal! Der Daniel (Versprecher: Rainer) kennt das Spiel nicht. Der ist ganz neu. Jetzt hängt es ganz davon ab, Daniel, wer die besseren Angebote macht, und wer besser handelt.

5. D: Ahh!

6. U: Du hast es jetzt schon mal gemacht. Schau mer mal, von wem der Rainer nachher mehr kauft.

7. D: Halt! Der Geldbeutel ihm geben. Wart, Rainer! (laut, aufgeregt)

8. U: Ja.

180

9. D: Der Geldbeutel immer recht wichtig, weisch? Ohne Geldbeutel nichts einkauft man.

10. U: Der Geldbeutel ist sehr wichtig. Fühl mal, wie viel Geld da drin ist.

11. D: 10.000 Mark.

12. R: Poohh!

13. D: Also, an die Arbeit!

14. U: (zu R.) Bis gleich! Wir beeilen uns.

15. D: Ich den. (rückt einen Tisch an die richtige Stelle) Uauh! Was ist denn das? (räumt meine Tasche aus)

16. U: Komm! Räum schnell auf! Schau dir die Sachen nicht an, sonst wird's dem Rainer langweilig. Das ist unfair, Daniel, hm?

17. D: Ich räum schon mein Zeug auf. (benennt die Dinge singend, während er sie auf den Tisch stellt) Hängemond. Hampelmann.

18. U: Komm, schau dir das nicht alles an! Komm! Räum auf! Du kannst dir das nachher anschauen.

19. D: Warum? Ich ä a ä aufräume! (empört)

20. U: Aber schnell, Daniel! Er wartet.

21. D: Heey! Ich kenn sowas. Uauuh!

22. U: Komm, beeil dich!

23. D: Jaha! Gleich, Rainer! So. Dadadada! (singt) Süß. (lacht) XXXXX Wart! Bei mir noch nicht alles drauf ist. (singt weiter; läßt sich nicht aus der Ruhe bringen)

24. U: *Dann kriegst* du noch die, *wenn* ich die Bücher *krieg*.

25. D: Gerne. Ja, bitte! Was Neues?

26. U: Du kriegst noch die Uhr.

27. D: XXXXX

28. U: So. Jetzt aber. Komm!

29. D: Komm, Rainer! Rainer, reinkommen!

30. R: M-hm!

31. D: Ja! Hahaha! Kaufen Sie bei mir ein! Guten Tag! Was wollen Sie denn?

32. U: Hey, junger Mann! *Wenn* Sie bei mir *kaufen, dann ist* alles billiger.

33. D: Bei mi _ *Wenn* Sie bei mir *einkaufen, dann* alles billiger *kostet*. (R. stöbert in den Sachen rum) Was wollen Sie denn?

34. R: Mmm. Das.

35. D: Das kostet 5 Mark.

36. R: (zählt das Geld ab)

37. U: (flüstert R. zu) Du kannst auch handeln. Du kannst auch sagen: *Wenn* das 5 Mark *kostet, dann kauf* ich's nicht. Vielleicht kriegst du's dann billiger. Schau mer mal.

38. R: Ja. Hm.

39. D: Hm, ich gebe für eine Mark her.

40. U: Junger Mann! *Wenn* Sie bei mir *kaufen, dann kriegen* Sie für einen Preis zwei Dinge.

41. R: (kommt an meinen Stand und betrachtet das Angebot)

42. D: *Wenn* Sie bei mir *kaufen,* drei Dinge für einen Preis.

43. R: (steht unentschlossen da, schaut mal zum einen, mal zum anderen)

44. U: Ja, kommen Sie nur! Bei mir sind die Sachen viel neuer, viel schöner, viel attraktiver.

45. R: Mmm. (wendet sich wieder mir zu)

46. U: Was hätten Sie denn gerne?

47. R: (wühlt in einem Kästchen mit Schmuck)

48. U: Sie hätten gerne eine Kette. Ja, wunderbar. *Wenn* Sie diese Kette *kaufen, dann schenke* ich Ihnen noch einen Ohrring dazu.

49. R: Hmm.

50. D: *Wenn* Sie bei mir *kaufen,* alles billig. Letzte Angebot.

51. U: *Wenn* Sie bei mir *kaufen, dann ist* es auch billig. Das kriegen Sie doch für 1 Mark.

52. R: Hm. Tja. (kehrt zu mir zurück)

53. D: (schnaubt erbost)

54. U: Du mußt dir schon noch was anderes einfallen lassen. Das mit dem Billigen, das ist _ das reicht nicht aus, um die Kunden anzulocken.

55. D: (sehr laut) *Wenn* Sie bei mir *kaufen, kriegen* Sie bei mir drei Sachen für einen Preis.

56. U: Bei mir gibt's nur zwei Sachen. Die Kette und den Ohrring.

57. R: (geht zu D.) Was gibt es denn für einen Preis?

58. D: Also, den XXXXX, (R: M-hm) den Kalender, den Alf, oder den die Tasche, oder den Bär oder, SpielXXX, oder das Meerschweinchen, oder die Vase, die Kette, die Uhr oder ein Ding, oder den Socken, oder den Bär, oder das.

59. U: Ja, junger Mann! *Wenn* Sie Spielsachen *kaufen wollen,* (R: Ja?) *dann sind* Sie bei mir richtig.

60. D: *Wenn* Sie bei mir *kaufen, kriegen* die zwei Videocassetten.

61. U: *Wenn* Sie was zur Unterhaltung *kaufen wollen, dann kaufen* Sie doch lieber Bücher.

62. D: *Wenn* Sie bei mir *kaufen _ Wenn* Sie was *einpflanzen wollen, kriegen* Sie das zum Einpflanzen. (bietet Gartengeräte an)

63. R: (sieht sich unentschlossen um und geht zu U.'s Stand)

64. U: Bitteschön! Für wen möchten Sie denn gerne etwas kaufen?

65. D: *Wenn* Sie bei mir _ (fegt aus Versehen ein Holzkästchen vom Tisch)

66. U: Ja?

67. R: Was soll sie kosten?

68. U: Diese Uhr _ diese Damenuhr kostet 2 Mark 50.

69. D: Kaufen Sie nicht! Bei mir eine viel bessere _ Männerarmband äh uhr.

70. U: *Wenn* Sie bei m ...

71. D: Sie kostet nur 1 Mark. Und bei denen kostet 2 Mark 50! Geldverschwendung!

72. U: Sie müssen sich das überlegen. *Wenn* sie eine Herrenuhr *wollen,* _ *dann müssen* Sie bei ihm *kaufen. Wenn* Sie eine Damenuhr *wollen,* _ *dann müssen* Sie bei mir *kaufen.*

73. D: Sind keine Dame! Sind ein Herr! Nicht eine Dame!

74. R: Ho?

75. U: Ja, komm! Berat ihn doch ein bißchen.

76. D: Ja äh _ äh _ das äh ist aus echtem Leder. Und die Zeiger aus echtem Kunststück. Und dann kann man sie reparieren lassen. Für 1 Mark!

77. R: Na gut. Ich kauf sie.

78. D: (pfeift fröhlich und zufrieden vor sich hin) Stimmt's? Wir überziehen heut die Stunde.

79. U: *Wenn* es uns gut *gefällt...*

80. D: Ja. Mir gefällt's. Und dir, Rainer?

81. R: Auch.

82. U: *Dann überziehen* wir.

83. D: Ja! Super! Zwei Stunden mehr!

84. U: Wir überziehen nicht um eine ganze Stunde.

85. D: Hm

86. R: (bezahlt die Uhr)

87. U: Hey! Der Rainer, der kann das ja ganz genau abzählen. Oh! Der ist ein tüchtiger Käufer.

88. D: Halt! Moment! Was kriegst du raus? Bitte!

89. R: M-hm.

90. U: Wir haben immer nur reingegriffen und so gemacht als ob.

91. D: Genau.

92. U: Sauber!

93. D: Aufwiederschauen!

94. U: Da kennt sich einer gut aus mit Geld.

95. R: Aufwiedersehen!

96. U: Ja, junger Mann! Ja, haben Sie denn überhaupt keinen Wunsch mehr?

97. R: (stöbert in den Sachen rum) Sehr schön.

98. U: Vielleicht wollen Sie ja auch für jemand anderen etwas kaufen.

99. R: (sucht weiter)

100. D: *Wenn* Sie bei mir *kaufen* für anderen _ (bricht ab)

101. U: *Dann?* Was ist *dann?*

102. D: *Dann kriegen* Sie zwei Dinge. Ganz schöne. Können Sie aussuchen sich.

103. U: Also hören Sie jetzt mal genau her. Dieser junge Mann möchte Schmuck kaufen.

104. D: Ja! Bei mir auch Schmuck gibt's.

105. U: *Wenn* er Schmuck...

106. D: XXXXXXX (unterbricht mich lautstark) Muscheln!

107. U: *Wenn* er Schmuck *kaufen will, dann ist* er bei mir richtig.

108. D: Bei mir richtig sind auch!

109. U: Sie sind bei mir richtig, weil meine Auswahl viel größer ist.

110. R: Tja! Muß ich ihnen recht geben.

111. U: Er muß mir recht geben. (grinst schadenfroh zu D. rüber) Er hat gesagt, er muß mir recht geben.

112. D: Lasch mal! Nn n nachher gibt's Rache.

113. U: (lacht)

114. D: Na wart!

115. U: Ja, Daniel...

116. R: Ich nehme diese Kette.

117. U: Da haben Sie eine sehr gute Wahl getroffen. Das ist eine besonders wertvolle Kette. Und *wenn* Sie die Kette *kaufen* ...

118. D: Nach dem Verkauf komm ich dann dran, O.K.?

119. U: M-hm.

120. D: Du musch dann hinter.

121. U: Jetzt laß ihn doch erstmal einkaufen.

122. R: Jaaa! (ungeduldig)

123. U: Also, *wenn* sie diese Kette *kaufen, dann kriegen* Sie diese süßen Ohrringe noch dazu.

124. R: M-hm! Nehm ich.

125. U: Bitteschön! *Wenn* Sie...

126. R: Und was soll die Kette kosten?

127. U: *Wenn* Sie das *kaufen, dann müssen* Sie mir 1 Mark 50 *geben*.

128. R: Bitteschön! (zählt das Geld genau ab)

129. U: Greif so rein (in den Geldsack). Das machen wir immer so. XXXXX Dankeschön! Ich hab aber heute viel verdient. Einen schönen Tag wünsch ich Ihnen noch.

130. R: Aufwiedersehen!

131. U: Aufwiedersehen!

132. D: Wechseln wir jetzt.

133. U: Bitte?

134. D: Die Rolle wechseln wir jetzt. Superangebot müßt ihr mir dann machen.

(Rollentausch)

135. D: Jetzt kommst die Ute. Halt! Du bleibsch hier. Grüß Gott!

136. U: Grüß Gott!

137. D: Was wollen Sie? Diese da.

138. R: Kaufen Sie doch einen wunderschönen Kalender. Dann wissen Sie immer, ob's Februar oder Januar ist.

139. U: Ja, einen Kalender XXXX

140. D: *Wenn* Sie bei mir *kaufen* den wunderschönen Kalender, jeden Tag...

141. R: (unterbricht) XXXXX

142. U: Ähm, dieser Kalender ist aus Holz äh ja. Gibt es nicht auch noch andere Kalender?

143. D: *Wenn* Sie bei mir *kaufen,* den praktischen Kalender zum an die Wand hinhängen.

144. U: Was *ist dann, wenn* ich den Kalender an die Wand *hänge?*

145. D: Ja, Sie könnten jeden Tag schauen, welchen Tag haben wir. Und äh da steht auch abends Vollmond oder M _ halt wo ma M Mond.

146. U: Das ist schon gut...

147. D: Aber was?

148. U: Das kann der (andere) Kalender auch. Ich überleg jetzt...

149. D: Aber da steht nicht Vollmond und Abend äh Vollmond oder nicht Vollmond.

150 U: Ja, *wenn* da mehr *draufsteht, dann muß* ich den Kalender *kaufen.*

151. D: Für 1 Mark.

152. U: *Wenn* der 1 Mark *kostet, wenn* dieser windige Kalender aus Papier 1 Mark *kostet, dann können* Sie ihn *behalten.*

153. R: Dieser hier kostet nur 50 Pfennig.

154. U: M-hm!

155. D: Jeam! (ärgerlich)

156. U: Bitteschön! Danke!

157. D: *Wenn* Sie bei mir Schmuck *einkaufen,* b bei mir richtig *sind.* _ *Wenn* Sie bei mir Schmuck *einkaufen,* die schöne...

158. R: Kaufen Sie doch eine schöne Herrenuhr!

159. U: Ja, das mit dem Schmuck ist schon eine gute Idee. Ich möchte einen schönen Schmuck, weil meine Freundin am Wochenende Geburtstag hat.

160. D: M-hm.

161. U: Was haben Sie mir da anzubieten?

162. D: Jaaa, die schöne Kette. Die.

163. U: Das ist leider nicht so ganz mein Geschmack. Es tut mir leid.

164. D: Oder die.

165. U: Aber da gibt's noch ganz andere Arten von Ketten.

166. R: Hier gibt es einnn _

167. U: Was *krieg* ich, *wenn* ich bei Ihnen *einkaufe?*

168. R: Sie kostet nur 1 Mark. Ganz billig. Reine Muscheln.

169. U: Ach, *wenn* ich drüben *einkaufe, dann bekomm* ich eine Muschelkette.

170. R: Sie ist aus reinen Muscheln.

171. D: *Wenn* Sie bei mir *kaufen* einen Muschelohrring und ein Stecker, ein Sand äh ein Seestern.

172. U: Äh, wie bitte? Das hab ich nicht verstanden.

173. D: Also, *wenn* Sie bei mir *kaufen,* ein Ohrring und ein Seestern _

174. U: Was heißt das? Was *ist, wenn* ich das *kaufe?*

175. D: ... *kostet* nur 50 Pfennig.

176. U: Ja, gut. Äh, ich mag sowieso lieber einen Muschelohrring.

177. D: Hihihi!

178. R: Kaufen Sie doch einen XXXX

179. D: *Wenn* Sie bei mir ein Tier...

180. R: Kostet nur 50 Pfennig.

181. D: *Wenn* Sie bei mir äh Zahnpasta mit ein mit ein na mit _ („Becher" fällt ihm nicht ein) *Wenns* du diese schöne _ Tasche *kaufst, dann ist* was da drin.

182. U: Oh, das möchte ich jetzt aber wissen. (ich begutachte einen Taschenofen) Was kann man denn damit machen?

183. D: (beginnt, den Taschenofen zu zerlegen)

184. U: Warte mal! Nimm das nicht auseinander, Daniel. Das ist ein Taschenofen.

185. D: Ah, ja! Das ist ein Taschenofen.

186. U: M-hm.

187. D: Das der kostet nur _ 5 Pfennig.

188. U: Ja, wofür ist der denn gut so? Ich mein, wir haben ja jetzt Sommer.

189. D: Ja, *wenn* mal dir im Bett kalt *ist, dann kann* man den da a da (deutet) *anzünden* und *dann* ...

190. R: Nehmen Sie doch eine wunderschöne Sparbüchse.

191. U: Das ist eine gute Idee. (zu R.) Eine Sekunde, ich komm gleich zu Ihnen. Ich möchte nur diesen Ofen kaufen, weil das eine sehr gute Idee ist. Wissen Sie, *wenn* mir kalt *ist*...

192. D: Äh, muß ...

193. U: ... *muß* ich den *anzünden* und kann mich aufwärmen. Wunderbar!

194. D: Genau! Hm, hm, hm, hm! (summt vor sich hin)

195. R: Die können Sie nicht zerbrechen. *Wenn* sie auf den Boden *fliegt,* nicht *zerbrechen.*

196. U: Die Sparbüchse ist unzerbrechlich!? Ja, wunderbar!

197. D: *Wenn* sie *runterfällt, dann* geht sie *kaputt.*

198. R: Eben nicht!

199. D: Eben schon!

200. R: Eben nicht!

201. D: Eben schon!

202. R: Eben nicht!

203. D: Eben schon!

204. R: XXXX

205. U: Also, Moment! *Wenn* diese Sparbüchse *runterfällt, dann zerbricht* sie.

206. D: Ja!

207. R: Nein!

208. U: Oder, *wenn* sie *runterfällt, dann zerbricht* sie nicht.

209. D: Wett mer?

210. R: *Dann zerbricht* sie nicht.

211. D: Wett mer? Rainer! Für 1 Mark!

212. U: Ähm.

213. D: Sie geht kaputt.

214. U: Ich bin mir da nicht ganz sicher. *Wenn* ich sie für den halben Preis *kriege, dann* würde ich sie *kaufen.*

215. D: Chchchrrr! (knurrt empört)

216. U: Ja, wunderbar. Ich hab ja toll eingekauft. So ...

217. D: *Wenn* _

218. U: Jetz möchte ich noch etwas für meine kleine Tochter kaufen.

219. D: *Wenn* Sie bei mir Spielzeug *kaufen,* das *kostet* nur 50 Pfennig. Sie können ...

220. R: Diese Videocassetten kosten nur 5 Pfennig.

221. D: Sie könnten bei Spielzeugen für Ihre kleine Schwester was aussuchen. Autos, Schiff oder Seife.

222. U: Ich kaufe nicht so gerne Videocassetten, weil äh mein Töchterchen erst zwei Jahre alt ist. Haben Sie vielleicht noch _ ? Ich geh mal rüber. Oder haben Sie auch was für kleine Kinder? Er hat

gesagt, *wenn* ich bei ihm *einkaufe, dann hab* ich ,ne große Auswahl an Spielsachen. (U. geht rüber) Ja.

223. D: Was wollen Sie denn? Die Haarspange. Da kann man die Haar stecken.

224. U: Ah, darf ich das mal ausprobieren?

225. D: Ja, gerne.

226. U: Oh, die XXXX. Die mag ich nicht. Ich kann mich nicht entscheiden. Soll ich den Zwerg kaufen, oder soll ich das Krokodil kaufen?

227. R: Kaufen Sie einen Geldbeutel! Der sieht sehr schön aus.

228. D: Wieviel Uhr?

229. U: Klingelt's schon?

230. D: Ja. Die erste Stunde vorum.

231. U: Ein bißl machen wir noch. Ähm, Moment! Ich hab Ihr Angebot jetzt nicht verstanden.

232. R: Kaufen Sie den Geldbeutel. Fürs Kleingeld.

233. U: Ach, *wenn* ich den *kaufe, dann verlier* ich mein Geld nicht mehr. Das ist gut. Ich verlier nämlich dauernd mein Kleingeld.

234. R: XXXX

235. U: *Wenn* ich den Geldbeutel *kaufe, _ dann _ hätte* ich aber gerne _ den kleinen Bären dazu für meine Tochter.

236. R: Ja.

237. U: Ja?

238. R: Der kost nur 5 Pfennig.

239. U: Also, *wenn* ich beides *kaufe, dann muß* ich 55 Pfennig *zahlen.*

240. D: Neeiiinn!!! Kaufen Sie nicht des! Das ist _ das lo _ wurde gestohlen!

241. U: Das glaub ich nicht. Der Mann sieht ehrlich aus.

242. R: Aufwiedersehen!

243. U: Aufwiedersehen!

244. D: Ha! Na warte! Na warte nur!

245. R: XXXX!

246. D: Geh halt du ins XXXX!

247. R: Schnauze!

248. D: *Wenn* Sie einen Garten *haben, da hab* ich was für Ihnen. Eine Schaufel, eine Gabel und eine Schaufel für Schnee und ein Rechen. Und ein Besen.

249. U: Und was *ist, wenn* ich bei Ihnen *einkaufe?*

250. R: Sie kriegen es...

251. D: 50 Pfennig kostet.

252. U: Ruhe, Ruhe, Ruhe! Ich möchte jetzt von beiden ein Angebot hören.

253. D: Also, *wenn* Sie bei mir *kaufen, dann kostet* das 50 Pfennig.

254. U: Und Sie, junger Mann?

255. R: Sie kriegen das und die Uhr.

256. U: Aber für den Garten brauch ich doch keine Uhr. Außerdem, *wenn* ich die ähm Samen im Kaufhaus *kaufe, dann krieg* ich sie sowieso ganz billig.

257. R: Das kostet ja nur 5 Pfennig.

258. U: Ach, 5 Pfennig? Das is ,n Angebot. Dann möchte ich die Samen. Dankeschön! Und was kosten die Gartengeräte?

259. D: 50 Pfennig.

260. U: Bitteschön! Danke! So, jetzt hab ich mein ganzes Geld ausgegeben. Jetzt muß ich nach Hause gehen. Aufwiedersehen!

261. R: Aufwiedersehen!

262. D: Aufwiedersehen!

(Rollentausch)

263. R: Guten Tag!

264. D: Guten Tag! Kaufen Sie bei mir ein. Alles billig. Sie können aussuchen. Eine Edel _ uhr. *Wenn* sie *runterfällt,* nichts kaputt. Und das ist...

265. R: Was haben Sie denn an Schmuck?

266. D: Ja, eine Kette, eine Perlenkette oder die feine Kette.

267. U: *Wenn* Sie eine Kette *kaufen wollen, dann kann* ich Ihnen diese *empfehlen.*

268. D: Und ei _ den Meerst _ sch _ stern. Mit Edelsteinen drin.

269. U: Und das ist eine Kette aus Muscheln.

270. D: *Wenn* Sie eine Frau *haben* _ *Wenn* Sie eine Frau *haben*, eine Muschel o ohr.

271. U: *Wenn* Sie eine Frau *haben, dann wünscht* die sich doch sicher eine Muschelkette. Die kostet ähm 2 Mark.

272. D: XXXX (empört)

273. U: Ja, mach doch ein anderes Angebot. Haha.

274. D: O.K.! Jetzt reicht's! Jetzt mach ich Ernst. *Wenn* Sie bei mir *kaufen* für Ihre Cousine oder für sein deine Frau, *da _ bist* bei mir richtig. Was wollen Sie? Den Stern noch.

275. R: Was soll sie kosten?

276. D: 50 Pfennig.

277. R: Ich nehm sie.278. D: Hohohoho! (stolz) Danke!

279. U: *Wenn* Sie kleine Kinder *haben*...

280. D: *Wenn* Sie kleine KInder *haben,* bei mir richtig *sind.* Kuscheltiere oder Puppen oder Spielzeug _ können Sie auswählen.

281. U: *Wenn* Sie kleine Kinder *haben, dann haben* Sie sicher Freude an dem süßen kleinen Hampelmann.

282. D: Der geht sehr schnell kaputt.

283. R: XXXX

284. U: Der Snoopy kostet 1 Mark 50.

285. D: *Wenn* Sie mal _

286. R: Billig. Den nehm ich.

287. D: Haahh! (wütend) *Wenn* Sie mal äh am Abend sehr kalt *ist,* diesen Ofen da *anzündet* man, und *dann* da *neisteckt* man, und *dann bist* du sauwarm. Der kostet hier 50 Pfennig.

288. U: *Wenn* Sie...

289. D: Und noch was dazu!

290. U: *Wenn* Sie am Abend *frieren, dann brauchen* Sie sicher warme Socken im Bett.

291. D: Das ist _ Das ist Betrug! Das ist äh das ist äh ein ein Tier, oben mit Haaren! (es handelt sich tatsächlich um einen lustig verzierten Sparstrumpf, und nicht um einen Socken zum Anziehen)

292. U: Das sind besonders lustige Socken. Das sind Bettsocken.

293. R: Ich suche etwas für meine Tochter. Sie liest gern.

294. D: Ha, ah ja! Ich habe so verschiedene Bücher. Bücher. Dieses Buch oder dieses Buch.

295. R: Ich nehme dieses Buch XXXX

296. D: Das kostet 50 Pfennig.

297. R: XXXX

298. D: Und hier! (gibt das Wechselgeld raus) Aufwiedersehen!

299. U: *Wenn* Sie zu Hause viele Bücher *haben, dann brauchen* Sie sicher Bücherständer.

300. D: Hahahaha!

301. U: Schauen Sie mal.

302. D: Die hab _ *Wenn* _ *wennst* einmal du einmal *wennst* Sie einmal mit dem Hammer *draufschlagen,* die ge die *gehn kaputt.*

303. U: *Wenn* man da *draufschlägt, dann gehn* die gar nicht *kaputt.* Und außerdem ist der Mann doch nicht bescheuert und schlägt mit dem Hammer auf seine Bücherständer. Also, bitte!

304. R: Wieviel soll das kosten?

305. D: Hmm! (ärgerlich)

306. U: Die gibt's für 10 Pfennig.

307. R: Hm.

308. D: Jetza! *Wenn* Sie ein _ *Wenn* Sie beim Frühstück Licht *brauchsch,* bei mir schön richtig.

309. U: *Wenn* Sie beim Frühstück Licht *brauchen, dann sind* Sie bei mir richtig!

310. R: Was soll diese Uhr kosten?

311. U: Die Uhr ist noch äh ziemlich neu. Die kostet 5 Mark.

312. D: Fünf!!?

313. R: Ich nehm sie.

314. D: Hooh! Hmm. (enttäuscht)

315. U: Ja, laß dir halt was einfallen. Dankeschön!

316. R: Aufwiedersehen!

317. D: *Wenn* Sie bei miii _ (bricht ab und blickt zu U.)

318. U: Was willst du?

319. D: Abwechseln. Willst du da nüber oder wieder da bleiben?

(ich konnte Daniels Wunsch nach einer weiteren Spielrunde leider nicht erfüllen, weil inzwischen Schulschluß war)

11.4 Informelle katamnestische Spontansprachanalyse (09.1993)

Im Rahmen der Förderung von Daniels schriftsprachlichen Fähigkeiten hat sich der Junge zusammen mit seiner studentischen Therapeutin Tanja Informationen zum Thema „Dinosaurier" erlesen und in einer „Experten-mappe" notiert. Als motivierenden Abschluß dieses arbeitsreichen Unter-fangens hatten sich die beiden die Durchführung eines „Fernsehinter-views" ausgedacht, das sie auch tatsächlich auf eine Videokassette auf-zeichneten. Ein Auszug aus diesem Gespräch vor laufender Kamera soll einen Eindruck von Daniels spontansprachlichen Fähigkeiten ein Jahr nach Beendigung der geschilderten Therapiemaßnahmen vermitteln.

11.4.1 Transkript

T: Guten Abend, Herr Prof. Dr. Brontosaurus.

D: Ja.

T: Ich möchte Sie ganz herzlich bei unserer Sendung „Umwelt" begrüßen – Sie, als Fachmann auf dem Gebiet der Dinosaurier ...

D: Ja.

T: ...und der Zeiten. Ich möchte Sie bitten, sich kurz vorzustellen.

D: Ja. Ich *heiß* Brontosaurus. Da _ ich *arbeite* in München in einen im ein _ im ein Ausstellungsgebiet für Dinosaurier. Da *stellt* man halt die Kno-chen von Dinosaurier *aus*. Und da *hat* man halt ein kleines Büro, wie ich. Und da durch _ da *nimmt* man halt die Knochen die die Knochen nochmal ganz *durch*. Und dann dann da *hat* man wenig Freizeit für sich selbst. Und da *kann* man halt da *muß* man halt *schauen* am Dinosaurierkno _ am Skelett von Dinosaurier _ da *schaut* man halt, *fehlen* Knochen oder *fehlen* keine Knochen am Dinosaurier?

T: Ist ja hochinteressant! Herr Prof. Dr. Brontosaurus, wie schaut denn dann Ihr Tagesablauf aus?

D: Ja. Ich *bin* oft nicht zu Hause. Ich *bin* in meim kleinen Büro. Und dann *nehm* ich halt die ganzen Knochen *durch* und und die Kno _ die ganze Skelette von Dinosaurier. Und dann *bin* ich _ *hab* ganz wenig Freizeit zum halt nach Hause zum fahren.

Eine Transkription des weiteren Gesprächsverlaufs erscheint in diesem Zusammenhang wenig sinnvoll, da Daniel zur Beantwortung der folgenden Fragen häufig in seiner „Expertenmappe" nachschlägt, um „fachliche Details" nachzulesen. Es handelt sich dabei also nicht mehr um ein freies Gespräch, welches für Daniels spontansprachliche Fähigkeiten repräsentativ wäre.

11.4.2 Kriterienorientierte Analyse

Zu Anfang soll die Sprachprobe anhand jener Kriterien durchgesehen werden, die zu Anfang der Intervention als vorrangige Therapieziele bestimmt worden waren (vgl. Kap. 6).

Die *Subjekte* fehlen in keiner der Äußerungen Daniels und stehen korrekterweise am Satzanfang bzw. bei Topikalisierungen durch die notwendige Subjekt-Verb-Inversion an dritter Position („Da stellt *man* halt die Knochen von Dinosaurier aus.").

Daniel verwendet die *Verben* ausnahmslos regelgerecht flektiert („Ich *heiß'*..." und „Dann *nehm'* ich..." sind umgangssprachlich unauffällig) und an der richtigen Stelle im Satz: Vollverben in Zweitstellung in Aussagesätzen („Ich *heiß* Brontosaurus. Ich *arbeite* in München in einen im ein _ im ein Ausstellungsgebiet für Dinosaurier."), Modalkonstruktionen („... da *muß* man halt *schauen* ...") und Präfixverben („Da *stellt* man halt die Knochen von Dinosaurier *aus*." „Da *nimmt* man halt die Knochen die die Knochen nochmal ganz *durch*.") getrennt als sogenannte Verbalklammer. Auch Negationen („Ich *bin* oft *nicht* zu Hause.") und Topikalisierungen („Da *hat* man halt ein kleines Büro, wie ich.") gelingen fehlerlos. Auch *Adverbiale* und *Objekte* stellen für Daniel kein größeres Problem mehr dar („*Da* stellt man halt *die Knochen von Dinosaurier* aus." „*Da* hat man *wenig Freizeit für sich selbst*."). Daniels ehemals unflexibel verwendetes kanonisches Muster taucht in keiner der Äußerungen auf.

Obwohl Daniels vorliegenden Äußerungen in vollem Maße den angestrebten Therapiezielen entsprechen, erscheinen sie weiterhin auffällig. Einige der in Kap. 5 beschriebenen sprachlichen Probleme, die jedoch nicht zu expliziten Therapiezielen erhoben wurden, hat er beibehalten. Dazu gehören z.B. seine *Wortfindungsstörungen*. Der Abruf der intendierten Wortgestalt gelingt ihm nicht mühelos, was er durch *Wiederholungen* des vorangehenden Wortes („...*in einen im ein _ im ein* Ausstellungsgebiet...", „Und *dann dann da* hat man wenig Freizeit...") oder durch *Abbrüche und Aussagerevisionen* („Da kann man halt _ da muß man halt ...", „...am Dinosaurierkno _ am Skelett von Dinosaurier", „...die Kno _ die ganze Skelette von Dinosaurier.", „Und dann bin ich _ hab ganz wenig Freizeit...") zu meistern versucht. Der Eindruck der *Unflüssigkeit* seiner Sprache darf keinesfalls als Stottersymptomatik mißinterpretiert werden (Begründung vgl. Kap. 5.2).

Auch die *Kasusmarkierungen* des Deutschen beherrscht Daniel noch nicht fehlerfrei. Umgangssprachlich korrekten Formen („...am Skelett...", „...in meim kleinen Büro...") stehen falsch deklinierte gegenüber („...in einen im ein _ im ein (in einem) Ausstellungsgebiet...", „Da stellt man halt die Knochen von Dinosaurier(n) aus.", „...die ganze(n) Skelette von Dinosaurier(n)..."). Diese besondere Schwierigkeit des Spracherwerbs (vgl. CLAHSEN 1986) würde bei Daniel wohl einer spezifischen Intervention bedürfen.

Was Daniel anhand des Konditionals über *Nebensatzkonstruktionen* gelernt hat (Verwendung einer Konjunktion und Verbendstellung im Nebensatz), kann er offensichtlich nicht ohne weiteres auf andere Nebensatzarten übertragen („Da schaut man halt, (ob) fehlen Knochen oder fehlen keine Knochen am Dinosaurier (?)"). Daß Daniel anstatt der eigentlich erforderlichen indirekten Informationsfrage in Form eines Nebensatzes eine direkte Informationsfrage als Hauptsatz formuliert, zeigt jedoch, wie er gelegentlich pragmatisch geschickt und sprachlich unauffällig seine grammatischen Schwierigkeiten zu umgehen weiß.

Nachwort

Bei meinem letzten Zusammentreffen mit Daniel im Oktober 1993 (also 15 Monate nach der letzten Therapieeinheit) war das Auffälligste an seiner Sprechweise die quietschend-brüchige Stimme. Dem nun 13-jährigen stimmbruchgeplagten Jungen entglitt häufig die Tonhöhe, seltener die Grammatik. Die während der Therapie erworbenen Regeln hatten sich innerhalb des darauffolgenden Jahres weiterhin generalisiert und stabilisiert (vgl. Anhang 11.4), so daß Daniels Bemühen und das seiner studentischen Therapeutin zur Zeit hauptsächlich der Verbesserung seiner Schriftsprache gilt, Daniels aktuellem Hauptproblembereich. Soviel zu den Daniel betreffenden Therapieeffekten.

Abschließend zu der Wirkung auf mich. Was ich persönlich aus den geschilderten zwei Jahren intensiven Erlebens und abschließender Reflexion der Sprachtherapie mit Daniel auf meinen weiteren Weg als Sprachtherapeutin mitnehme, sind im wesentlichen zwei Dinge. Einerseits das „Handwerkszeug" der Spontansprachanalyse und der Techniken des Modellierens; beides erlernbare Fertigkeiten, die unverzichtbar für eine individuelle, d.h. auf das einzelne Kind abgestimmte Erstellung von Therapiezielen und deren Vermittlung sind. Andererseits die Erkenntnis: „Dingen offen gegenüberstehen ist zwar unbequem, aber lebenswichtig." (Van Riper 1982)

Offen sein sollte man m.E. gegenüber:

➢ den Erkenntnissen verschiedener wissenschaftlicher Disziplinen (z.B. Spracherwerbsforschung, Psycholinguistik usw.)

➢ den eigenen Intuitionen

➢ den Impulsen des Kindes

Offenheit in diesem Sinne ist erforderlich, um der Gefahr der Operationalisierung eines Therapiekonzepts entgegenzuwirken, das nicht operationalisiert werden kann und darf, weil alle handlungsleitenden Prinzipien das Kind selbst stellt. Das bedeutet, daß sich sowohl Interaktionsformen als auch Inhalte grundlegend von Kind zu Kind und von Therapeutin zu Therapeutin unterscheiden werden, weil sie von beiden mitgetragen werden müssen.

Interaktionen wie die Zauberwettkämpfe, die Lügengeschichte oder die Stickertauschgeschäfte können (für mich und andere) lediglich als Anregung für die Planung zukünftiger Sprachlernsituationen dienen. Ob sie in ihrer Lebendigkeit und dadurch in ihrer Effektivität wiederholbar sind, hängt davon ab, in welchem Maße sie der Natur der vorliegenden Sprachstörung, dem Wesen und den Fähigkeiten des Kindes und der Persönlichkeit der Therapeutin gerecht werden.

Letztendlich diktieren uns diese drei Instanzen, was wir zu tun haben, nicht das Konzept. Im Gegenteil – es fordert die Therapeuten geradezu heraus, eigenständig zu handeln. Es kann und will einem nicht die notwendigen fortlaufenden Entscheidungen abnehmen.

Literatur

Allen, D./Rapin, I.: Language disorders in preschool children: predictors of outcome – a preliminary report. Brain Development 2 (1980), 73-80

Bandura, A.: Sozialkognitive Lerntheorie. Stuttgart 1979

Bandura, A./Harris, M.B.: Modification of syntactic style. Journal of Experimental Child Psychology 4 (1966), 341-352

Bates, E.: Pragmatics and sociolinguistics in child language. In: Morehead, D.M./ Morehead, A.E. (eds.): Normal and deficient child language. Baltimore 1976

Baumgartner, S.: Sprechflüssigkeit. In: Baumgartner, S./Füssenich, I. (Hrsg.): Sprachtherapie mit Kindern. München 1992

Baumgartner, S./Füssenich I. (Hrsg.): Sprachtherapie mit Kindern. München 1992

Bloom, L./Lahey, M.: Language development and language disorders. New York 1978

Bloom, L./Lahey, M./Hood, L./Lifter, K./Fiess, K.: Complex sentences: aquisition of syntactic connectives and the semantic relations they encode. Journal of Child Language 7 (1980), 235-261

Breckow, J.: Die Rolle der reaktiven Sprachtherapie innerhalb sprachheilpädagogischer Interventionen. Der Sprachheilpädagoge 18 (1986) 2, 1-7

Bruner, J.: Child's talk. New York 1983

Clahsen, H.: Spracherwerb in der frühen Kindheit. Tübingen 1982

Clahsen, H.: Die Profilanalyse. Ein linguistisches Verfahren für die Sprachdiagnose im Vorschulalter. Berlin 1986

Clahsen, H.: Normale und gestörte Kindersprache. Amsterdam 1988

Clark, H.H/Clark, E.V.: Psychology and language. New York 1977

Courtright, J.A./Courtright, I.C.: Imitative modeling as a language intervention strategy: the effect of mediation variables. Journal of Speech and Hearing Research 22 (1979), 389-402

Crystal, D./Fletcher, P./Garman, M.: The Grammatical Analysis of Language Disability: A Procedure for Assessment and Remediation. London 1976

Dannenbauer, F.M.: der Entwicklungsdysgrammatismus als spezifische Ausprägungsform der Entwicklungsdysphasie. Historische, sprachheilkundliche und sprachpsychologische Perspektiven. Birkach 1983

Dannenbauer, F.M.: Techniken des Modellierens in einer entwicklungsproximalen Therapie für dysgrammatisch sprechende Vorschulkinder. Der Sprachheilpädagoge 16 (1984a), 35-49

Dannenbauer, F.M.: Überlegungen zur Bedeutung des Verzögerungsfaktors in der Sprachentwicklung dysgrammatisch sprechender Kinder. Der Sprachheilpädagoge 2 (1984b), 27-35

Dannenbauer, F.M.: Einige Gesichtspunkte zur Modifizierung der Verzögerungs-Abweichungs-Dichotomie von Störungen der grammatischen Entwicklung. Die Sprachheilarbeit 30 (1985), 234-238

Dannenbauer, F.M.: Spezielle Probleme der Sprachtherapie bei dysphasischen Kindern. In: Deutsche Gesellschaft für Sprachheilpädagogik (Hrsg.): Spracherwerb und Spracherwerbsstörungen. Hamburg 1987

Dannenbauer, F.M.: Patholinguistische Phänomene der Entwicklungsdysphasie als Zielbereiche der Sprachdiagnostik. In: Günther, K.B. (Hrsg.): Sprachstörungen. Heidelberg 1988

Dannenbauer, F.M.: Ist der kindliche Dysgrammatismus grammatisch? Zu den Sprachproblemen entwicklungsdysphasischer Kinder. Die Sprachheilarbeit 34 (1989), 151-168

Dannenbauer, F.M.: Vom Unsinn der Satzmusterübungen in der Dysgrammatismustherapie. Die Sprachheilarbeit 36 (1991), 202-209

Dannenbauer, F.M.: Grammatik. In: Baumgartner, S./Füssenich, I.(Hrsg.): Sprachtherapie mit Kindern. München 1992a

Dannenbauer, F.M.: Von der Sprachproduktion zum Multiperformanzprinzip: Der Stellenwert der Spontansprachanalyse in der Dysgrammatismustherapie. Der Sprachheilpädagoge 24 (1992b) 1, 1-24

Dannenbauer, F.M.: Zur Praxis der entwicklungsproximalen Intervention. Unveröffentlichtes Vortragsmanuskript. Universität München 1992c

Dannenbauer, F.M.: Zur Praxis der entwicklungsproximalen Intervention. In: Grimm, H./Weinert, S. (Hrsg.): Methoden der Intervention bei dysphasisch-sprachgestörten Kindern: Theoretische und praktische Perspektiven. (in Vorbereitung) 1992d

Dannenbauer, F.M. / Kotten-Sederqvist, A.: Sebastian lernt Subj+Mod+XY+V(inf): Bericht von einer entwicklungsproximalen Sprachtherapie mit einem dysgrammatisch sprechenden Kind. Vierteljahresschrift für Heilpädagogik und ihre Nachbargebiete 1 (1990), 27-45

Dannenbauer, F.M./Künzig, A.: Aspekte der entwicklungsproximalen Sprachtherapie und des Therapeutenverhaltens bei entwicklungsdysphasischen Kindern. In: Grohnfeldt, M. (Hrsg.): Handbuch der Sprachtherapie, Bd. 4, Störungen der Grammatik. Berlin 1991

Deutsche Gesellschaft für Sprachheilpädagogik (Hrsg.): Zentral bedingte Kommunikationsstörungen. Ursachen und Therapie von Dysgrammatismus, Aphasie, Dysphasie. Hamburg 1985

Deutsche Gesellschaft für Sprachheilpädagogik (Hrsg.): Spracherwerb und Spracherwerbsstörungen. Hamburg 1987

De Villiers, J./De Villiers, P.: Language Acquisition. London 1978

De Vries, V.: Lernvorgänge und Merkmale des Sprachtherapeutenverhaltens im Sprachunterricht. In: Deutsche Gesellschaft für Sprachheilpädagogik (Hrsg.): Störungen der Sprachentwicklung. Hamburg 1977

Duden Band 4: Die Grammatik. Hrsg. von Drodowski, G.. Mannheim/Zürich/Wien 1984, 4

Fey, M.E.: Language intervention with young children. London 1986

Fiedler, P./Standop, R.: Stottern. Ätiologie – Diagnose – Behandlung. München 1986

Füssenich, I.: Semantik. In: Baumgartner, S./Füssenich, I. (Hrsg.): Sprachtherapie mit Kindern. München 1992

Füssenich, I.: Wider den schlechten Ruf von Sprachtherapie. Mirco erwirbt grammatische Strukturen des Deutschen. Grundschule 1 (1992), 36-38

Füssenich, I. / Gläß, B. (Hrsg.): Dysgrammatismus. Theoretische und praktische Probleme bei der interdisziplinären Beschreibung gestörter Kindersprache. Heidelberg 1985

Füssenich, I./Heidtmann, H.: Probleme bei der Diagnose dysgrammatisch sprechender Kinder. In: Füssenich, I./Gläß, B. (Hrsg.): Dysgrammatismus. Theoretische und praktische Probleme bei der interdisziplinären Beschreibung gestörter Kindersprache. Heidelberg 1985

Grimm, H.: Kognitions- und interaktionspsychologische Aspekte der Entwicklungsdysphasie. Sprache und Kognition 3 (1983), 169-186

Grimm, H.: Der Spracherwerb als Lehr-Lern-Prozeß. Unterrichtswissenschaft 1 (1985), 6-16

Grimm, H.: Sprachliche und kognitive Probleme dysphasischer Kinder. Frühförderung interdisziplinär 7 (1988), 57-66

Grunwald, A.: Dysgrammatismus im Jugendalter. Fallstudie mit Gesprächsprotokoll als Längsschnittuntersuchung. Die Sprachheilarbeit 26 (1981) 3, 168-179

Grohnfeldt, M. (Hrsg.): Handbuch der Sprachtherapie, Bd. 3, Störungen der Semantik. Berlin 1991

Grohnfeldt, M. (Hrsg.): Handbuch der Sprachtherapie, Bd. 4, Störungen der Grammatik. Berlin 1991

Grohnfeldt, M.: Störungen der Semantik als lange vernachlässigtes Teilgebiet gestörter Sprachentwicklung. In: Grohnfeldt, M. (Hrsg.): Handbuch der Sprachtherapie, Bd. 3, Störungen der Semantik. Berlin 1991

Günther, K.B. (Hrsg.): Sprachstörungen. Probleme der Diagnostik bei mentalen Retardierungen, Entwicklungsdysphasien und Aphasien. Heidelberg 1988

Hanke, S.: Kritische Anmerkungen zur Profilanalyse von Clahsen. Die Sprachheilarbeit 32 (1987) 5, 206-211

Hansen, D.: Semantische Konzepte und kindlicher Grammatikerwerb. In: Grohnfeldt, M. (Hrsg.): Handbuch der Sprachtherapie, Bd. 4, Störungen der Grammatik. Berlin 1991

Homburg, G.: Pädagogische Förderung dysgrammatisch sprechender Kinder – Modelle und Perspektiven. In: Deutsche Gesellschaft für Sprachheilpädagogik (Hrsg.): Zentral bedingte Kommunikationsstörungen. Hamburg 1985

Homburg, G.: Konzepte und Ansatzpunkte der Dysgrammatismustherapie. In: Grohnfeldt, M. (Hrsg.): Handbuch der Sprachtherapie, Bd. 4, Störungen der Grammatik. Berlin 1991

Hubbel, R.D.: Children's language disorders. Englewood Cliffs 1981

Johnston, J.: The language disordered child. In: Lass, N./McReynolds, L./Northern, J./Yoder, D.: Speech, language and hearing. Vol. II. Philadelphia 1982

Johnston, J.: Fit, focus and functionality: an essay on early language intervention. Child Language Teaching and Therapy 1 (1985), 125-134

Johnston, J.: The language disordered child. In: Lass, N. / McReynolds, L. / Northern, J. / Yoder, D. (eds.): Handbook of speech-language-pathology and audiology. Philadelphia 1988

Kamhi, A.G.: The effect of self-initiated and other-initiated actions on linguistic performance. Journal of Speech and Hearing Research 25 (1982), 177-183

Kotten-Sederqvist, A.: Sprachbehindertenpädagogik im interdisziplinären Problemfeld lautsprachlicher Kommunikation. In: Voces Amicorum Sovijärvi. Helsinki 1982

Künzig, A.: Entwicklungsproximale Sprachtherapie mit einem dysphasischen Kind – eine Fallstudie. Unveröffentlichte Magisterarbeit, Universität München 1989

Lenneberg, E.H.: Biologische Grundlagen der Sprache. Frankfurt/M. 1986,2

Lund, N./Duchan, J.: Assessing children's language in naturalistic contexts. Englewood Cliffs 1988, 2

Merits-Patterson, R./Reed, C.: Disfluencies in the speech of language-delayed children. Journal of Speech and Hearing Research 46 (1981), 55-58

Molouf, R.E./Dodd, D.H.: Role of exposure, imitation and expansions in the acquisition of an artificial grammatical rule. Developmental Psychology 7 (1972), 195-203

Nebel, A.: Entwicklungsproximale Diagnose und Sprachförderung bei Schülern mit Problemen im Erwerb grammatischer Strukturen. Der Sprachheilpädagoge 32 (1990), 26-49

Nelson, K.E.: Facilitating children's syntax aquisition. Developmental Psychology 13 (1977), 101-107

Nelson, K.E.: Strategies for First Language Teaching. In: Rice, M.L./Schiefelbusch, R.L. (eds.): The Teachability of Language. London 1989

Oerter,R./Montada, L.: Entwicklungspsychologie. Ein Lehrbuch. München 1982

Rice, M.L./Schiefelbusch, R.L. (eds.): The Teachability of Language. London 1989

Scherer, N.J./Olswang, L.B.: Role of mother's expansions in stimulating children's language productions. Journal of Speech and Hearing Research 27 (1984), 387-396

Scherer, N.J./Olswang, L.B.: Using structured discourse as a language intervention technique with autistic children. Journal of Speech and Hearing Disorders 54 (1989), 383-394

Schlosser, R.W.: Meta-Analyse. Sonderpädagogik 21 (1992) 1, 48-50

Slobin, D.J.: Psycholinguistics. Glenview III 1979, 2

Speidel, G./Nelson, K.E.: The many faces of imitation in language learning. New York 1989

Szagun, G.: Sprachentwicklung beim Kind. München 1983

Van Riper, C: Sprechstunde in der Praxis eines Sprachtherapeuten. München 1982

Whitehirst, G.J./Valdez-Menchaca, M.C.: What is the role of reinforcement in early language acquisition? Child development 59 (1988), 430-440

Wygotski, L.: Denken und Sprechen. Frankfurt/M. 1977

Zollinger, B.: Spracherwerbsstörungen. Bern 1987

Zollinger, B.: Förderung des Sprachverständnisses als Integration symbolischer und kommunikativer Prozesse. In: Grohnfeldt, M. (Hrsg.): Handbuch der Sprachtherapie, Bd. 3, Störungen der Semantik. Berlin 1991

Raum für Notizen:

Raum für Notizen:

Raum für Notizen:

Raum für Notizen:

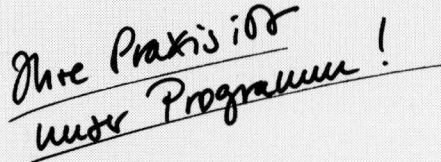
Ihre Praxis ist unser Programm!

Otto Braun / Gerhard Homburg /
Jürgen Teumer
Sprachtherapeutische Berufe
1991, 88 S., Format DIN A 5, kt
ISBN 3-8080-0266-2, Bestell-Nr. 1901, DM 19,80

Matthias Marschik / Christian Klicpera
**Kinder lernen
lesen und schreiben**
Ein Ratgeber für Eltern und LehrerInnen
1993, 160 S., Format DIN A 5, br
ISBN 3-86145-045-3, Bestell-Nr. 8364, DM 35,00

Gisela Röttgen
**Spielerlebnisse zum
handelnden Spracherwerb**
– Tier-Theater-Texte
1993, 140 S., Format DIN A 4, Ringbindung
ISBN 3-86145-039-9, Bestell-Nr. 8510, DM 38,00

Dolores Claros Salinas
Texte verstehen
Materialien für Diagnostik und Therapie
1993, *Grundausgabe:* Manual 24 S. und
Material (4 Blocks à 53 Blatt), Format A4,
ISBN 3-86145-048-8, Bestell-Nr. 8513, DM 69,80

Einzelner Materialblock zum *Nachkaufen:*
ISBN 3-86145-054-2, Bestell-Nr. 8515, DM 17,80

Wolfram Ziegler / Marion Jaeger
**Materialien zur
Sprechapraxietherapie**
Wortlisten mit 2400 ein- bis viersilbigen
Wörtern und Verwendungsleitfaden.
1993, 40 S., DIN A 4, geh, ISBN 3-86145-046-1,
Bestell-Nr. 8511, DM 29,80

Heidrun Schröter-Morasch
**Anamnesebogen zur klinischen
Erfassung von Schluckstörun-
gen nach Hirnverletzungen**
Manual
1994, 28 S., DIN A 4, geh, ISBN 3-86145-067-4,
Bestell-Nr. 8517, DM 19,80
Fragebögen
• Verlauf, Status, Empfehlungen (a), 2 Seiten A4
• Patientenbefragung (b), 4 Seiten A4
a+b nur zusammen als Satz à je 10 Stk
Bestell-Nr. 8532, DM 19,80

Deutsche Gesellschaft für
Sprachheilpädagogik (dgs) Hrsg.
Redaktion Wolfgang Scheuermann
**Einrichtungen für Sprachbehin-
derte in der Bundesrepublik
Deutschland**
Eine Übersicht
1995, VI/214 S., Format DIN A 5, br
ISBN 3-8080-0343-X, Bestell-Nr. 1902, DM 19,80

●

Die Sprachheilarbeit

Erscheinungsweise:
*6x jährlich (Februar, April, Juni, August, Ok-
tober, Dezember)*
Jahresbezugspreis:
DM 68,00 inkl. Versandk. und MwSt.
Die Zeitschrift „Die Sprachheilarbeit" wird von
der Deutschen Gesellschaft für Sprachheilpädagogik e.V. (dgs) herausgegeben.

Sie versteht sich als Fachzeitschrift, in der Unter-
suchungen, Abhandlungen und Sammelreferate
veröffentlicht werden, die für die Sprachheilpädagogik und Logopädie relevant sind.

Der Magazinteil enthält aktuelle Informationen
und Nachrichten für die beteiligten Berufsgruppen.

Die Zeitschrift verbindet von ihrem Selbstver-
ständnis ein fachwissenschaftliches Interesse mit
praxisrelevanten Fragestellungen. Sie wendet
sich an alle im Rahmen des Sprachheilwesens
tätigen und daran interessierten Personen und
Berufsgruppen.

*Bitte fordern Sie unser kostenloses
Verlagsprogramm an!*

verlag modernes lernen *borgmann publishing*
Hohe Straße 39 • D - 44139 Dortmund • ☎ 0180 / 534 0130 • FAX 0180 / 534 0120